힘내라! 중학생

힘내라! 중학생

초판 1쇄 인쇄 2012년 3월 13일 / 초판 1쇄 발행 2012년 3월 20일
글 김진희 / 그림 문지현
콘텐츠디렉트 이영근(THE DESk cafe.naver.com/desk9)
펴낸곳 북스마니아 / 펴낸이 임지호 / 디자인 최혁재
주소 서울시 마포구 서교동 353–1 서교타워 1501호
팩스 02–6378–8700
출판등록 2009년 10월 23일 등록번호 105–18–65598

ISBN 978–89–97329–03–8 13300

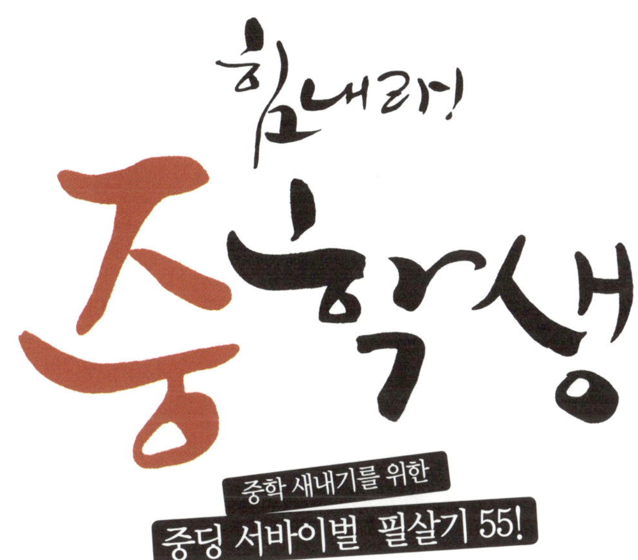

김진희 글 · 문지현 그림

BOOK's
마니아

설렘으로만 가득한 중학생이 되기를 꿈꾸며

학창 시절, 저는 늘 봄을 꿈꾸며 살았습니다. 새 학년, 새 학기, 새로 만나는 친구, 새로운 담임샘이 궁금해서 밤잠을 설치기도 했습니다. 새 봄을 기다리며 자란 저는 어느새 교사가 되었고, 어느 날 아이들 앞에 서게 되었습니다. 처음 교단에 섰을 때, 아이들의 눈동자를 잊을 수 없습니다. 중학교 1학년 병아리들이었지요. 초롱초롱한 눈동자에는 설렘, 긴장, 꿈, 두려움으로 가득했습니다. 한마디로 바들바들 떨고 있는 것이지요. 아이들 눈동자에서 제 어린 시절의 모습을 읽는 것은 아주 쉬운 일이었습니다. 그렇습니다. 초등학교를 졸업하고 중학교에 입학하는 아이들의 마음은 설렘 더하기 두려움입니다. 그리고 중학교 신입생 아이들의 그런 모습은 세월이 흘러도 변함없더군요.

중학교 입학을 앞둔 아이들의 마음을 온통 설렘으로만 가득하게 해줄 수는 없을까?
아이들은 왜 두려워할까?
왜 종합적인 계획을 세우지 못하고 오직 선행학습에만 매달려야 할까?
중학교 생활을 좀 더 구체적으로 대비할 방법은 없을까?

이 책의 출발은 이런 생각에서 비롯되었습니다. 인터넷을 검색해 보고 대형 서점에 나가 하루 종일 책들을 뒤적거려도 '중학교 생활'을 종합적으로, 아이들 눈에 맞춰, 쉽고 간단하게 정리해 놓은 책은 없더군요. 오직 '선행학습'밖에 없었습니다. 필요하다면 선행학습도 해야겠지만, 사실 아이들이 중학교 입학을 앞두고 알아야 할 것은 더 많이 있습니다. 두려운 생각을 하는 것은 그 세상을 전혀 모르기 때문입니다. 모르고 입학하는 것과 알고 들어가는 것의 차이는 상상을 초월합니다. 중학교 입학을 앞둔 아이들에게 필요한 것은 선행학습이 아니라 중학교 생활 전반에 걸친 정보입니다.

이 책은 현직 교사와 학생들이 생생하게 경험하고 느끼고 갈등하고 문제 해결하는 현장의 목소리와 사례를 담고 있습니다. 이를 위해 학교 교단에서 아이들을 가르쳤고 지금 방과 후 학교 교사로 일하는 저의 경험과 생각, 현직 교사들의 조언, 그리고 가장 중요한 '지금 중학생으로 살아가는 평범한 학생들의 이야기'를 듣고 정리했습니다.

이 책이 중학교 입학을 앞둔 초등학생, 또는 아직 중학교 생활에 적응하지 못한 아이들의 애매하고 막연하고 두려운 생각을 거둬내고 주인공으로서의 중학생, 친구들에게 인기 있는 중학생, 선생님과 원만히 지내는 중학생, 용감하게 자신의 꿈을 만들어가는 중학생, 부모님과도 대화가 통하는 중학생, 왜 공부를 해야 하는지 그 이유를 즐겁게 알아차리는 중학생이 되는데 작은 도움이 되길 바랍니다.

원고 쓰는 내내 저를 응원해 주셨고 제 인생 가장 든든한 지원자였던, 이제 고인이 되신 사랑하는 아버지, 방과 후 학교도 좋지만 이제 다시 교단으로 돌아가면 안 되냐고 하시며 여전히 학교 선생님에 대해 미련을 두시는 딸바보 엄마, '김 작가! 책 언제 나와?' 하며 원고에 집중하는 나를 늘 으쓱하게 만들어 준 사랑하는 남편, 이우학교 교사로 알토란 같은 조언을 아끼지 않은 동생, 성심성의를 다해 자기들의 이야기를 풀어준 중학생 친구들, 책의 기획부터 마무리까지 함께 의논해 주신 나의 짜부 이영근 작가, 멋진 디자인으로 좋은 책을 만들어 주신 최혁재 실장님, 언제나 청소년 생각으로 가득하신 출판사 북스마니아 임지호 대표님께 고맙다는 인사 말씀 드립니다.

그리고 원고 집필 도중에 들어선 뱃속의 소중한 복덩이에게 '사랑하는 마음'을 전합니다.

2012년 2월 감사한 마음 가득한 날 오후에

김 진 희

Contents

Contents

06. 미래의 멋진 나를 위한 한 걸음

중딩 키워드 태그 100으로 엿보는 중학교 3년 세상

1학년

중1?
아놔 중딩
입학식 완전 졸림
교복, 괜히 뿌듯
키 번호 궁금
비매너 7교시
선생님 뭥미
짝꿍, 제발
여드름 오크
헐, 어린이날 해당 없음?
선배 앞에 눈 깔아라잉!
방과 후 뭐임?
특기 적성 뭐임?
멘토링 뭐임?
집에 오면 11시 느헝
아놔 함수
치마 줄임
중간고사 3일
시험 3일 은근 좋음, 일찍 끝나
여름방학 달랑 4주

덥다, 봉사활동 어쩔
내일 개학, 수고
공부가 대체 뭐임?
겨울방학은 언제?
1학기 수학이 기억 안남
영상 보는 시간=쉼 시간
C.A 꽤 재밌음
내신 준비······ 이제?
2학기 수학 듬보잡
나도 인강 되고 싶음
교복 바지 줄임
기말고사 4일
벌써 1년, 세월 빠름
2학년 궁금

2학년

벌써 중2
베프랑 제발 같은 반
제발 착한 담탱으로
1학년 비매너
선배, 후배 다 있다
이제 눈 안 깔아도 됨
유리수?
순환소수?
방과 후 능숙 선택
특기 적성도 익숙
수준별 학습 완전 적응
학교생활 재밌음
수다는 활력소
헉, 한 달 뒤 중간고사
스트레스 만빵
내신 걱정
시험 뒤, 나 몰라라 세상
놀기

또 놀기
방학 때 특기 적성
봉사활동 완전 열심
방학 숙제 미리미리
어쩔 수 없다 선행학습
1학년 때 열심히 할 걸
1학년 수학 젤 후회
방학 하자마라 개학
반가운 친구들
2학기 되자마자 폭풍 공부
벌써 기말고사 준비
내신 스트레스 완전 쌓임
일찍 끝나는 중3 부러움
학교 축제 준비의 핵
시험 뒤 학교는 영화관

3학년

내가 중3?
이제 학교는 우리 것
이제 진짜 공부해야 하나?
고민만 하루에 열 개씩
수업 땡땡이는 더 능숙
2학년 내신 어떻게 메꿈
수학 완전 헷갈림
2학년 방황 완전 후회
컴퓨터 자격증 하나씩?
교복은 너덜너덜
교복 위 후드 집업은 기본
1학년 완전 귀요미들
중간고사 퍼펙트 준비
하기 싫은데 해야 하고 미치겠음
친구들이랑 놀고 싶음
시험 끝나면 미친 듯이 놀거임
시험 뒤 노래방, 쇼핑 완전 홀릭

벌써 여름방학
친구들이랑 놀러갈 계획 짬
자꾸 친구 부모님과 비교
봉사활동 다 채워감
체험 학습 이제 즐김
2학기 선행 어쩔
고민만 하다 개학
진로에 대한 고민 증폭
벌써 중간고사
내신 땜에 죽을 것 같음
중간고사 끝나자마자 기말고사
시험 끝나면 완전 대학생 모드
고등학교 어쩔
자사고냐 일반 인문계냐
인문계냐 실업계냐
내 꿈은 도대체 뭐?

01
초딩 끝,
새 세계가 열린다!
닥치고
공부
2012

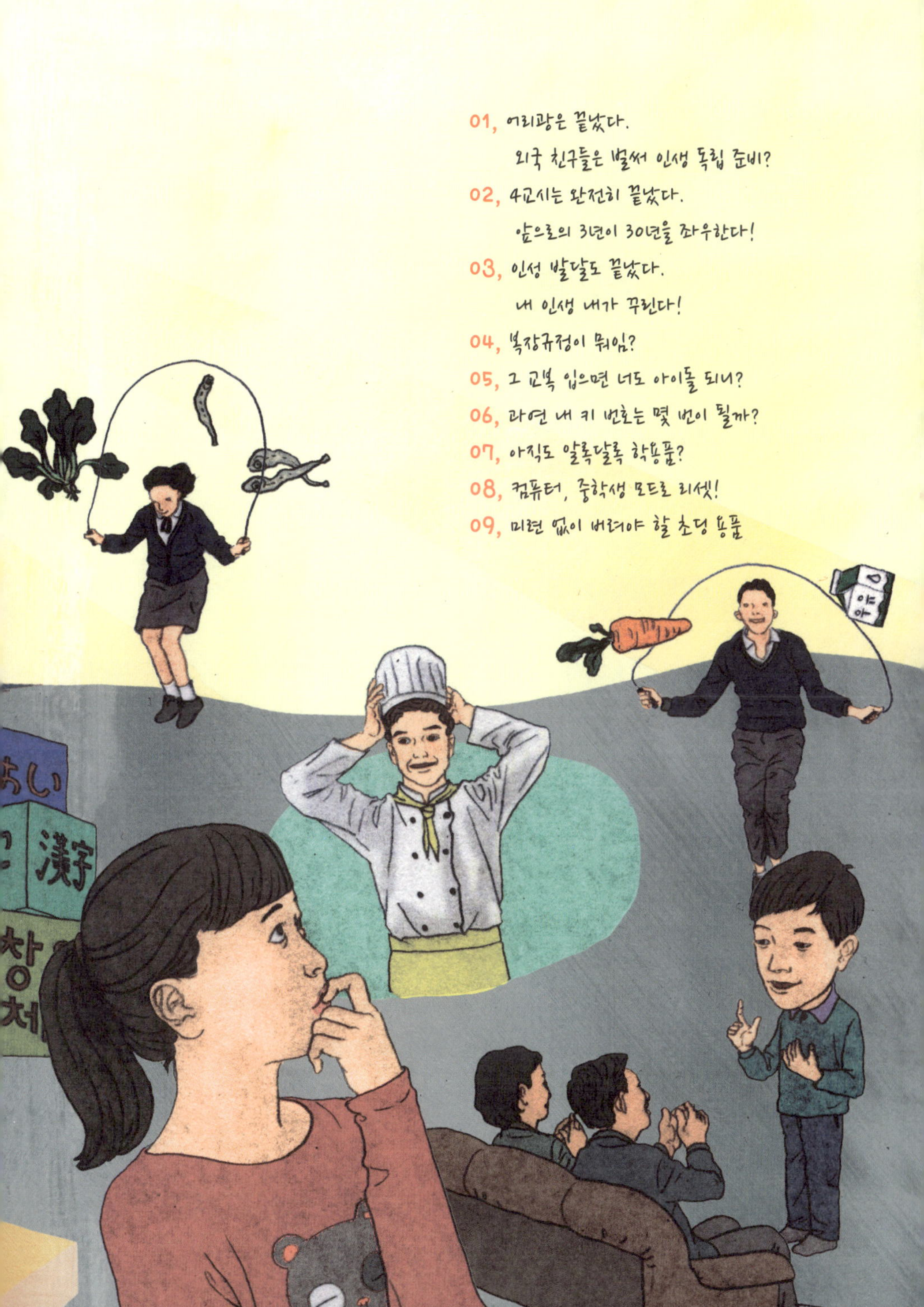

01, 어리광은 끝났다.
외국 친구들은 벌써 인생 독립 준비?
02, 4교시는 완전히 끝났다.
앞으로의 3년이 30년을 좌우한다!
03, 인성 발달도 끝났다.
내 인생 내가 꾸린다!
04, 복장규정이 뭐임?
05, 그 교복 입으면 너도 아이돌 되니?
06, 과연 내 키 번호는 몇 번이 될까?
07, 아직도 알록달록 학용품?
08, 컴퓨터, 중학생 모드로 리셋!
09, 미련 없이 버려야 할 초등 용품

01 어리광은 끝났다. 외국 친구들은 벌써 인생 독립 준비?

소년 제빵사?

늘어져라 늦잠을 자고 일어난 진희, 천국이 따로 없다. 초딩을 졸업하고, 중딩 입학까지는 아직 보름 남짓 남았으니, 이렇게 달콤한 방학이 있을까? 숙제도 없지, 일찍 일어나서 허겁지겁 가야 하는 학교도 없지, 시간이 이대로 멈춰버렸으면…….

진희는 혼자서 대충 밥을 챙겨먹고, 곧 컴퓨터 앞에 앉았다. 메신저에 접속하자마자 즉각 말을 걸어오는 구트. 구트는 유학차 독일에 갔다가 독일인과 결혼해서 낳은 이모의 아들이었다. 동갑내기 구트가 한국에 왔을 때 우리는 금세 친해졌다. 자주 볼 수 없는 아쉬움을 달래기 위해 메신저를 주고받았는데, 오랜만에 구트가 말을 걸어온 것이다. 구트는 지금 독일에서 중등 I 과정을 마치고 중등 II 과정 진학을 준비 중이다. 독일의 중등 II 에서는 직업 교육과 대학을 갈 교육을 정할 수가 있는데, 보통 직업 교육을 선택하면, 거의 평생 직업이 정해진다고 한다.

헐, 벌써? 겨우 14살인 구트가 평생 직업을 벌써 결정한다고? 구트의 이야기는 신기하기도, 자극을 받기도 하는

그런 이야기였다. 직업 교육으로 갈 것은 확실히 정해진 구트는 지금
제빵 학교를 갈 것인지, 소시지 학교를 갈 것인지 고민 중에 있다고.
"난 네가 제빵 학교에 가는 게 좋을 것 같아!" 평소 이모에게 구트의
손재주도 익히 들었던 터, 구트가 맛도 좋고, 예쁜 빵을 만들면 좋겠
다는 생각이 들었다.

고민 하나 추가요!

구트와의 대화를 끝내자 슬슬 배가 고파 라면을 끓여 먹고 있는 진희.
마침 TV에서 독일 마이스터 학교 이야기가 나온다. 아하, 구트가 저
걸 하는 거구나. 라면을 먹으며 TV를 보다 갑자기 '나는 뭐하고 있는
거지?'라는 생각이 든다. 사실 진희는 초딩을 졸업하는 것이 많이 아
쉬웠다. 정들었던 학교, 선생님, 그리고 친구들과 헤어지는 것도 그
렇고, 마냥 '어린이'라는 것이 편했다. 그렇기 때문에 아쉬웠고, 중딩
이 된다는 압박감과 고민도 적지 않았다. 친한 친구들도 뿔뿔이 다른
학교로 흩어지니, 새로운 친구도 사귀어야 하고, 새로운 학교에 적응
해야 하는 것 등 말이다.

하지만 구트의 이야기를 듣고 나니, 동갑내기 구트의 고민을 나도 해
야 할 때가 된 것이 아닌가 싶다. 도대체 난 어떤 것을 좋아하는 걸까?
어느 분야에 소질이 있지? 누군가가 자세하게 "찐, 너는 이런 재능이
있으니까 이런 쪽으로 나가면 좋겠어!"라고 말해 주면 속이 편하겠
는데……. 가뜩이나 중딩으로 올라가는 것에 대한 부담감이 컸는데,
미래에 대한 고민까지 하게 되다니. 으악, 여기 고민 하나 더 추가요!

이런 저런 생각 때문에 복잡해져 있는데, 시장에 갔다가 들어오신 엄마의 인기척이 들린다. 엄마는 주방에서 물건들을 정리하시면서 진희에게 그동안 뭐했냐고 물어보시는데, "아, 몰라, 고민이 너무 많아!" 도통 무엇을 좋아하는지, 어떤 것을 하는 것이 나의 길인지 모르겠다는 이야기에 엄마의 대답이 이어졌다.

"진희야, 엄마가 생각하기에도 아직 진희가 어떤 것을 할 때 행복한지 잘 모르겠네. 이제 중학생이 되는 진희는 그래서 더 답답하겠지. 하지만 엄마는 진희가 너무 조급해하지 않았으면 좋겠어."

엄마의 이야기에 그래도 한결 마음이 놓인다. 엄마는 나의 시기에 이러한 고민은 당연한 것이고 꼭 필요한 것이라고 한다. 오히려 이런 고민을 하고 있는 모습이 더 대견하다고 말씀해 주시니 마음의 부담이 덜어졌다. '그래! 나는 정상이야!'라는 위로가 더해져서 말이다.

"엄마는 진희가 아직 하고 싶은 것이 무엇인지 모르니까 중학교 생활을 보내면서 그것을 찾는 시간이 되었으면 좋겠어. 중학교에 올라가면 초등학교 때보다 더 다양한 과목을 깊이 있게 배우게 되겠지. 그런 과목들에 관심을 기울여 보고, 내가 더 즐겁게 공부하는 것은 어떤 것인지 찾아보면 되지 않겠니? 그리고 공부 과목들을 단지 시험을 보기 위한 내용이라고 생각하지 말고, 이 세상의 많은 분야가 요약되어 들어가 있다고 생각하고, 그 안의 여러 가지 내용들을 살펴보면서 진희가 좋아하는 분야를 찾으면 좋겠네."

진희는 머리를 굴려보기 시작한다. 엄마의 이 이야기가 혹시 공부를 더 잘하라는 이야기인가? 어쨌든 엄마도 내가 행복해 하는 것을 앞으로도 선택해서 해 나가기를 원하는 것이니까 다행이다. 그리고 늦은 것이 아니라, 이제 시작이고, 설렘이 있을 수 있는 시간이라는 생각이 들었다.

Tip 인생이란?

첫째, 내가 좋아하는 것, 행복한 것으로 미래를 준비해라!
직업에 대한 만족도를 조사한 결과, '작가'와 '사진작가'가 1, 2위를 차지했다고 한다. 그들은 자신이 좋아하는 일을 하기 때문에 이런 결과가 나오지 않았을까? 그 외에도 다양한 분야에서 인정받고, 잘 해내는 사람들은 자신이 좋아하는 일을 하는 사람이라고 한다.

둘째, 학교 교과목에 내가 한 발 다가가면, 교과목은 두 발 다가온다!
교과목은 세상을 요약해 놓은 요약집과 같다. 시험을 위한 과목이 아니라, 세상에 대한 이해로써 교과목을 접근하게 된다면, 내가 좋아하는 분야가 어떤 것인지 찾을 수도 있으며, 교과목은 나에게 더 많은 것들을 알려줄 것이다.

셋째, 학교 교과목 외에 다양한 분야의 독서와 체험 활동으로 생각의 폭을 넓힌다!
아직 어떤 것을 좋아하는지 모르는 나! 사실 세상이 얼마나 넓고 깊은지조차 모른다. 세상에 존재하고 있는 다양한 것을 대한다면, 분명 내가 좀 더 관심이 가는 분야가 어떤 것인지 알 수 있을 것이다. 책을 통해서 다양한 세계를 경험할 수 있고, 봉사활동이라든지 창의적 체험 활동을 통해서도 경험할 수 있을 것이다.

넷째, 주변의 다양한 멘토들을 활용해라!
우리 주변엔 다양한 직업을 가진 어른들이 존재한다. 가깝게는 엄마! 아빠! 삼촌! 고모! 그리고 학교 선생님들! 우리보다 먼저 인생을 살면서 느꼈던 생생한 이야기들을 가진 주변의 멘토들과 상담하는 것은 미래를 준비하는 우리가 값진 교훈을 얻을 수 있는 기회가 될 것이다.

4교시는 완전히 끝났다.
앞으로의 3년이
30년을 좌우한다!

내 사랑 4교시여 안녕!

초딩의 수요일 4교시를 세상에서 가장 좋아했던 정훈이. 정훈이의 4교시 사랑은 아무도 못 말렸다. 조금이라도 종례를 늦게 끝내 주는 선생님에게 야유는 기본이었다. 잠시 주어진 예비중의 방학으로 잠시 4교시의 사랑에 대한 기억이 잊힐 때쯤, 축구나 할까하고, 옆집 형인 중학교 1학년 승민이 형을 부르러 집을 나섰다.

잠시 들어오라는 승민이 형. 이리저리 승민이 형 방을 구경하고 있던 중, 정훈이는 아주 끔찍한 것을 발견하였다. "흐힉!" 정훈이의 짧은 비명에 승민이는 무슨 일이냐며 정훈이에게 다가왔다. 정훈이가 발견한 것은 다름 아닌 중딩의 시간표였다. 승민이는 깜짝 놀랐다며 뭘 이것 가지고 그렇게 놀라냐고 되묻는다. 중딩 시간표에 선명하게 보이는 '7교시'의 위압은 정훈이에게는 너무도 충격적인 것이었다. 게다가 '4교시'는 눈을 씻고도 찾아볼 수가 없었다. "오! 마이 갓!"

승민이는 정훈이의 모습을 보며 깔깔댄다. 완전 초딩 취급을 당하고 있는 정훈이, 정훈이는 방학은 좋지만, 중학교 입학이 어째 꺼려진다. "형, 중딩 시간표 뭐임? 왜 이렇게 늦게 끝나?" 승민이는 정훈이의 뒤통수를 한 대 때리며 일장 연설에 들어간다.

"야, 넌 뭐 중딩이 초딩이랑 똑같은 줄 아냐? 이 형이 한 수 가르쳐 주마. 초딩이랑 중딩이 다른 점! 첫째, 수업 시간! 45분 수업에 10분 쉬는 시간이다, 이거지. 둘째, 교과목 수의 증가! 초딩 때의 실과가 없어지고 기술, 가정이라는 과목도 생기고, 한자! 그리고 뭐였더라……, 아 맞다! 창체도 있어. 2학년이 되면 제2외국어도 공부하게 될 거야." 승민의 이야기에 머리가 어질어질한 정훈이. 창체는 도대체 뭐야?

"창체는 창의적 체험 활동이라고 봉사활동이랑 보드게임 같은 것도 하면서 여러 가지 활동하는 거야. 창체가 제일 재밌어." 게임이라는 말에 귀가 솔깃했지만 그래도 한숨이 나오는 것은 어쩔 수 없었다. 수업 시간도 늘어난 데다, 과목도 늘어나는 중딩 생활을 과연 어떻게 버텨야 할까? 정훈이의 얼굴에 그늘이 드리워진다. 정훈이에게 청천벽력과도 같은 중딩 형의 시간표는 그야말로 암울한 시대를 보여주는 예고편과 같은 것이었다. 심각해하는 정훈이를 보며 승민이는 이제 축구하러 가자며 옷을 잡아끌었다.

"인마, 중딩 되면 다 하게 돼 있어. 나도 맨 처음엔 너처럼 띵 했는데, 어케어케 적응되더라고, 크크크. 그리고 벌써 2학년이 된다니 시간이 진짜 빠르다." 어느덧 중딩 생활에 완전히 적응한 승민이 형이었다. 그러다가 갑자기 궁금한 것이 있었는데,

"형! 막 지각하고 수업 시간 빼먹고 하는 형들도 있지?"

"여기가 초딩이냐? 물론 그런 애들이 아주 없는 것은 아니지만, 초딩 때랑 달라. 초딩 때는 모든 것들을 봐주고 그랬지만, 중딩은 얄짤없어. 학주한테 걸리면 끝이야." 수업 땡땡이는 물론 외출까지 허용되었다면서 정훈이의 초딩 자랑은 끝이 없었지만, 승민이의 이야기는 단호했다. 승민이 형이 갑자기 진지하게 한 누나의 이야기를 시작했다. 승민이 형이 무척 좋아하는 선생님께 들은 이야기라고 했다.

"샘이 고등학교에 있을 때였대. 상업학교였는데, 너무 학교생활에 적응을 못 하는 한 누나가 있어서 이유를 물어봤대. 그랬더니 원래 가고 싶었던 학교가 요리고등학교였는데, 면접 보러 가는 날 접촉 사고를 당해서 못 갔다는 거야. 그래서 관심도 없는 상업학교에 와서 의욕이 없다고 그랬대. 알고 봤더니, 누나가 자격증도 있고 준비를 좀 했나 보다 생각이 들어서 샘이 요리고등학교에 직접 전화를 걸어서 자리가 있냐고, 전학생 받느냐고 물어보셨다는 거야." 아, 요리고등학교도 있어? 그래서? "다행히 자리가 있다고, 면접을 보러 오라고 했대." 잘됐네. "근데 면접 보러 오기 전에 먼저 중딩 때 생활기록부를 팩스로 보내라고 했는데, 그것 보고는 요리고에서 면접 보러 오지 말라고 했다는 거야." 엥? 이건 무슨 소리? 도대체 생활기록부가 어땠기에……. "그 누나의 생활기록부는 출결 상태가 지저분했대. 지각에, 결과에……. 수업을 빠지는 것을 결과라고 하거든. 거기에 조퇴랑 결석까지 무진장 많았나 봐. 좀 놀다가 뒤늦게 정신차린 케이스인가 봐." 아, 그럼 그 누나는 원래 그 학교 못 가는 거였네. 근데 갈 줄 알았나 보다. 그래서 샘이 뭐라고 했대? "샘이 그랬대. 너무 안타깝다고. 근데 또 지금 성실하게 하지 않으면, 또 원하는 것을 할 수 있는 기회조차 얻을 수 없으니까, 지금 현재의 자리에서 열심히 최선을 다하

라고 했대. 솔직히 난 그 얘기 듣고 좀 충격 받았거든. 지각이랑 결석
이 뭐 그렇게 중요한 건가 그랬는데 말이지……."

굳이 출결이 중요하다면, 개근상을 타기 위해서라는 생각을 했던 정
훈이였다. 쉬는 시간에 문구점에 가서 수업에 늦게 들어오는 것은 일
쑤고, 어디가 조금이라도 아프면 조퇴하기 일쑤고, 4교시가 끝나자
마자 부리나케 집으로 가서 컴퓨터를 켰던 정훈이였다. 승민이 형 이
야기에 아찔해진 정훈이는 중딩은 정말 초딩과 다르구나 하는 생각
이 들었다. 뭔가 앞으로의 삶과 계속 연결된다는
느낌이랄까?

4교시의 실종과 더불어 땡땡이와 무단 외출
의 시대가 끝나버린 것은 정말 아쉬운 일
이었지만, 승민이 형의 말대로 금방 적응
도 하겠고, 7교시는 뭐, 1주일에 뭐 두 번
이니까 괜찮다. 앞으로 또 하고 싶은 것
을 하며 살아가려면, 열심히 해야겠다는
생각도 조금 든다. 승민이 형의 이야기를
미리 들어서 마음의 준비를 할 수 있어서
너무 다행이다.

03 인성발달도 끝났다. 내인생 내가 꾸린다!

내 맘 속의 갈등

이놈의 컴퓨터엔 귀신이 붙었나 보다. 착 달라붙는 지남철 귀신이랄까? 아니면 졸졸 따라 다니는 그림자 귀신이랄까! 형석이가 학교에서 집으로 돌아오자마자 가방 내팽개치고 하는 일은 컴퓨터 게임이다. 유일한 할 일이자 인생 최대의 즐거움을 만끽하는 시간. 직장인인 형석이 엄마는 하루에도 몇 번 씩 전화해서 컴퓨터를 하는지 안 하는지 확인하지만, 그게 아무 소용이 없음을 엄마도 형석이 자신도 잘 알고 있는 일이다.

생각해 보면 컴퓨터 게임을 몇 살 때부터 시작했는지 기억도 가물가물하지만, 분명한 것은 게임을 시작하고부터 습관이 되어 버린 게 '컴퓨터 안 해.'라는 거짓말이다. 처음에는 '솔직히 말하라.'라는 엄마 말씀대로 솔직하게 '사실은 지금 게임 땜에 무지 바쁘니 끝나면 전화할게.'라고 말했다가 거의 사망 직전까지 혼쭐난 뒤로는 게임을 하든 안 하든 아예 '컴퓨터 켜지도 않았다.'는 거짓말을 하기 시작했다. 그리고 집안이 평온하고 엄마와 갈등 없이 지내려면 역시 이 정도의 거짓말은 미덕으로 삼아야 한다는 명분까지 만들어내게 되었다. 또한 엄마와의 관계를 떠나 형석이도 게임에 한번 몰입하면 헤어나지 못하는 자신이 불안하다. 그러나 '컴퓨터 안 해.'는 엄마를 향한 거짓말일 뿐 아니라 자신에게 던지는 '거짓말이자 바람'이기도 했다. 괴로웠다.

컴퓨터 게임은 주말용!

그런데 형석이 형은 달랐다. 형은 주말이면 대놓고 컴퓨터 게임을 하고 있으며, 엄마는 한마디 잔소리도 하지 않으실 뿐더러, 간식까지 하사하신다. 우씨, 이게 어찌된 일인가? 똑같은 형제를 이렇게 차별해도 되는 거임? 그런데 이 요상한 일은 형이 중학교에 올라가고 나서 벌어진 상황이다.

형이 중학교에 진학하자 자연스럽게 컴퓨터는 형석이 차지가 되었다. 중딩들은 수업이 많아서 늦게 끝나니 형이 집에 올 때까지 컴퓨터는 자연히 형석이가 독점하게 되었고, 그 시간이야말로 꿀맛 같은 게임 삼매경에 빠질 수 있었다. 그런데 놀란 것은 초딩 때만 해도 게임을 위해 형석이를 패대기쳐 버리기까지 했던 형이 중학생이 되더니 평일에는 전혀 게임을 하지 않는 것이다. 어떻게 저렇게 끊어버릴 수가 있을까? 형석이는 그게 정말로 궁금했다. 어떻게 평일에는 게임을 한 번도 안 하고 주말에만 엄마한테 대접 받으면서 게임을 즐길 수 있을까? 나도 저절로 저렇게 될까? 아놔, 그렇게만 된다면 좋겠는데……

내 문제를 스스로 생각해서 결정한다?

형석이가 형에게 물어봤다. "형, 형도 옛날에 게임 좋아했잖아? 그런데 어떻게 주말에만 하게 된 거야? 엄마도 되게 잘해 주시던데?" 그러자 형이 귀찮다는 표정으로 대답한 내용은 대충 이렇다.

게임이 싫어져서 갑자기 안 하게 된 게 아니다. 중학교에 입학하면서 과목이 늘어나고 숙제도 늘어나고 영어와 수학은 학원까지 다녀야 하면서 일단 바빠졌다. 처음에는 학원+숙제+게임을 병행하느라 정말로 정신없는 하루하루를 보냈는데 너무 피곤했다. 온라인 게임 하다 조는 일까지 생겼다. 게임과 학원과 숙제 셋 중 뭐 하나는 버려야 한다는 결론에 도달하게 되었다. 꼭 버려야 하는 게 있다면 게임뿐이었다. 엄마가 게임 확인하면 무조건 거짓말을 했는데, 몸이 피곤해지자 이제 엄마한테 거짓말하는 것 자체가 고단했고 싫었다. 그래서 생각했다. 월요일부터 주말까지는 학교 공부만 하며 지내자. 그리고 주말에는 내 마음대로 게임을 즐기자. 그러나 억지로 게임을 하지는 말자. 이런 생각은 순전히 혼자 한 것이며 그 원인은 피로 때문이었다. 형석이 형은 생각을 그렇게 정리해서 엄마 아버지한테 말씀드렸다. 부모님의 반응은 단 한마디였다. '우리 형철이 다 컸다!'

희한한 것은 그 뒤로 부모님이 형에게 공부해라, 컴퓨터 적당히 해라 등 우리가 그렇게 싫어하는 잔소리를 한마디도 안 하신다는 것이다. 그래서 엄마한테 물었다. 도대체 형이랑 무슨 얘기를 했기에 형은 게임을 해도, 놀아도, 일찍 잠자리에 들어도 한 번도 야단치지 않냐고. 엄마는 웃으며 말씀하셨다. '우리 형석이도 형 닮아서 인성 발달이 끝나가는 모양인데? 호호호.' 인성 발달은 학교에서도 배운 적이 있지만 사실 그게 정확히 무슨 뜻인지는 몰랐다. 그런데 엄마가 그 뜻을 한마디로 가르쳐 주셨다. 그것은 '내 생각대로 사는 것'이라고 했다. 형에게 잔소리하지 않는 이유는 형이 '자기 생각을 말했고 실천하기 때문'이라고 엄마가 말씀하셨다. 부모의 말씀을 듣고 사실은 그 말씀대로 하고 싶지는 않지만 원만하게 지내기 위해 적당히 거짓말하는 게 아니라, 자신의 문제에 대해 스스로 생각해서 결정한 것, 바로 '그 생각을 존중'하신다는 말이다. 그러면서 형석이가 형의 생활과 자신의 생활이 다르고, 부모님의 형제에 대한 다른 대우를 고민하는 것 자체가 '좋은 일'이라고 말씀하셨다. 그리고 인성의 발달이 결코 어른이 되었다는 뜻은 아니며 앞으로 '생각하고', '결정하고', '실천하고',

'어려운 일은 어른과 상의하고', '결정했으면 본인이 책임지는' 생활
을 하다 보면 멋진 남자로 성장할 것이라고 말씀하셨다.

거짓말부터 끊어 봐?

인성, 내 생각대로, 내 책임……, 특히 책임 부분……, 별로 좋은 것 같
지는 않다. 게다가 복잡하다! 에효, 어쩌지? 그런데 형을 보니 그게
나쁜 건 아닌 게 확실하다. 공부를 잘하지 못해도, 일단 엄마한테, 아
버지한테 잔소리 듣지 않는 게 어디야? 나랑 두 살밖에 차이나지 않
는데…….

그런 생각을 하자 갑자기 내가 더 어린애가 된 기분이 들었다. 하지
만 형석이는 아직 피곤하지 않다. 학원도 다니지 않는다. 딱히 고민
되는 일도 없다. 그러니 스스로 생각해서 실천할 일도 없는 것 같다.
단지 허구한 날 게임 때문에 부모님한테 거짓말하며 사는 자신이 옳
은 건지에 대해서는 조금 생각하기로 했다.

거짓말을 끊어 봐? 그러면 초딩 마지막 겨울방학이 심심해질
텐데……. 에이, 일단 게임 한 판하고 생각해 보기로 한다. 주
변 눈치 보며 컴퓨터 방으로 들어가는 형석이를 보는 엄마 입
가에 살짝 미소가 돈다.

초딩이 그리워라!

드디어 수정이의 초딩 졸업 앨범이 나왔다. 평소 뷰티에 대한 조언이 남달랐던 사촌 언니와 앨범을 보면 좀 더 재밌을 것 같아 앨범을 들고 근처에 사는 사촌 언니 집으로 향했다. 언니랑 졸업 앨범을 정독하다 보니, 폭탄 머리부터 샤기컷까지 어째 일관성이라고는 하나도 없는 초딩 친구들의 모습이 단연 재미가 있었다. 맨 뒷장 활동 사진을 보니 6학년 봄 소풍 때 베이비 펌을 한 수정이의 모습도 보인다. 수정이는 파마를 어지간히도 많이 했다. 간간히 브릿지에 물결펌까지 안 해 본 파마가 없었다. 사실 파마가 풀리는 족족 엄마가 미용실에 데리고 갔었다. 게다가 모자도 다양하게 쓰고 다녔기 때문에 정말 그냥 하고 싶은 대로 하고 살았던 초딩이었다. 이제 곧 중딩이 되니 제법 길고 굵은 웨이브가 이 아까운 머리를 이제 어찌하면 좋을까 고민이 된다.

용의복장규정?

사실 얼마 전까지만 해도 당연히 중학교에 가면 파마나 염색은 못 하는 것으로 생각했기 때문에 수정이 친구들도 6학년 2학기 때부터 헤어스타일을 생머리로 바꾸곤 했다. 그때 갑자기 '딩동' 언니네 집에 누가 왔나 보다. 현관문이 열리자 대박! 대전에 사는 동갑내기 사촌 은지의 등장이다! "다들 중학교 가면 놀 시간도 없어진다면서 어찌나 겁을 주던지. 그래서 재밌게 놀려고 이렇게 상경을 했지!" 그런데 잠시 정신을 차리고 보니, 허리까지 오는 머리를 자랑하던 은지가 머리를 싹둑 자른 것이 아닌가! 수정이는 은지에게 어찌된 일이냐며 헤어스타일의 변화에 대해 물었다. "아, 왜 그러긴, 이제 중학생 되니까 머리를

Tip

1. 교복

가. 교복은 춘추복, 하복, 동복으로 구별한다. 단, 각 교복의 착용 시기는 기온을 고려하여 학생 들의 의견수렴 후 결정한다.

나. 학생은 반드시 학교에서 규정한 교복을 단정하고 깨끗하게 입는다.

다. 교복 위에 입는 코트는 별도로 지정된 것이 없으며, 기온에 따라 외투를 착용할 수 있는 기간은 학교에서 정한다.

2. 두발

가. 남학생

❶ 두발 길이는 자유롭게 하며 청결하고 단정하게 한다.

❷ 파마, 염색, 탈색 등은 금한다.

❸ 헤어 제품을 이용한 학생의 신분에 어긋나는 헤어스타일은 금한다.

나. 여학생

❶ 두발 길이는 자유롭게 하며 청결하고 단정하게 기른다.

❷ 두발 길이가 견갑골을 넘었을 경우 단정하게 하나로 묶는다.

❸ 파마, 염색, 탈색 등은 금한다.

❹ 헤어 제품을 이용한 학생의 신분에 어긋나는 헤어스타일은 금한다.

※ 남·여 공통으로 귀걸이 착용을 금지한다.

3. 신발

끈이 달린 운동화, 단정한 학생용 단화 등을 신는다.

4. 양말

양말착용을 권장하고, 여학생은 기온에 따라 추위에 견딜 수 있는 스타킹을 권장한다.

5. 가방

양 쪽 어깨에 멜 수 있는 검소한 학생용 가방을 사용한다.

6. 명찰

명찰은 일과 시간 중에는 항상 왼쪽 가슴에 패용(박음질)하고 다닌다.

7. 교사의 거듭된 지도

거듭된 지도에도 학생이 불응하면 선도규정 징계 기준에 의해 학교 내 봉사, 사회봉사, 특별교육까지 줄 수 있다.

잘랐지. 내가 갈 중학교가 긴 머리가 되긴 하는데, 왠지 허리까지 긴 건 안될 거 같아서 말야." 그러면서 은지는 가방에서 꼬깃꼬깃해진 종이 한 장을 꺼낸다. "이거 배치고사 보러가서 중학교에서 받은 '용의복장규정'이야. 근데 애매한 게 너무 많더라고."

애정녀애매한 것을 정해주는 여자 등장!

언니에게 그 종이를 보여주자 언니의 얼굴에 웃음이 돈다. "언니 때

Tip

자, 도대체 청결하고 단정하라는
애매~한 복장규정 언니가 정해준다잉~

〈파마머리〉
웨이브 (X)
아이롱펌 (X)
레게머리 (X)
볼륨매직 (O)
매직 (O)
*천연곱슬이 아닌 이상,
곱슬거리는 파마는 다 안됨,
펴지는 파마만 됨.

〈염색〉
갈색 (X)
와인색 (X)
흰색 (X)
브릿지 (X)
검은색 (O)
단, 새치는 인정해 줌

〈그 외의 머리〉
삭발 (X)
스크래치 (X)
가발 (X)
붙임머리 (X)
검은색 핀, 검은색, 갈색, 흰색 머리띠 (O)

〈신발〉
바퀴달린 운동화 (X)
부츠 (X)
축구화 (X)
스니커즈, 런닝화, 워킹화 (O)
(색상 상관 없음)

〈스타킹〉
성인용 반짝이 스타킹 (X)
그물, 무늬있는 스타킹 (X)
학생용만 가능

〈가방〉
캐리어 가방 (X) -초딩용
크로스로 매는 백 (X) -대딩용
전체 가죽(X) -어른용

에 비하면 새 발의 피지만, 그래도 이 정도는 되어 줘야 중학생 티 좀 나겠네. 언니가 아까 인터넷에 들어가서 찾아보니까, 서울은 2012년 1월에 '학생인권조례'가 공포가 되었더라고. 수정이는 이제 신경 안 써도 되겠네. 서울시에 있는 '초, 중, 고' 학교라는 학교는 이제 두발 규정에서 프리하다는 말씀! 그럼 이제 은지의 '용의복장규정'에 대해 이야기 해볼까? 요거요거 은지가 보면 애매~하다고 생각할 것이 많은데 말야. 언니가 정리 좀 해줘야겠다.

일단 학생인권조례가 없는 지역의 학교는 학교마다 용의복장규정의 차이는 조금씩 있을 거야. 은지네처럼 대부분의 '용의복장규정'의 주제는 청결과 단정! 요 애매~한 복장규정 언니가 정해준다, 잉!

중딩으로 가는 발걸음!

언니 이야기를 듣고 있자니, 은지도 수정이도 너무 재미있었다. 처음에 은지는 수정이의 이야기를 듣고 좀 부럽다는 생각이 들었는데, 언니의 이야기를 듣고 보니 뭐 나쁘지 않은 것 같다. "초딩 때는 아무런 제재가 없어서 편했는데, 중딩은 규정대로 해야 하는 것도 많지만 나름 재미있을 것 같아. 혼자 하는 것도 아니고, 친구들과 함께 하는 거니까. 울 엄마가 말씀하시길, 일생 중, 유일하게 쫀쫀한 간섭을 받아보는 (그나마도 옛날보다는 자유스러운) 때가 가장 재미있고, 편안한 때라고 하시더라고."

은지의 이야기를 들으니, 맨 처음에는 은지가 안 됐다는 생각도 들었던 수정이의 생각이 바뀌어졌다. 학생들을 생각하는 마음에서 그런 규정을 만들었을 수도 있다는 생각이 들어서였다. 뭐, 지역별로 차이가 있는 '용의복장규정' 이지만, 중요한 것은 우리가 주어진 환경에 잘 적응하며, 스스로 학생답게 살아가는 것이겠지?

05 그 교복 입으면 너도 아이돌 되니?

제발, 제발 OO중학교에 배정받게 해주세요! 진희가 이렇게 간절히 OO중학교에 가기를 원하는 것은 당연히…… OO중학교 교복이 제일 예쁘기 때문이다. 중학교 배정 발표일, 진희는 눈을 얼마나 꼭 감고 기도했던지, 안면 근육이 후들후들 떨릴 지경이었다. 사실 여자아이들이라면 모두 OO중학교에 가기를 소원하고 소원한 터였다.

드디어 중학교가 정해지는 그 순간! 역시 간절한 기도는 이루어지는 법! OO중학교가 배정되었다. 그 순간, 진희는 OO중학교 교복을 입고 하늘을 날고 있는 자신의 모습을 상상해 보고 있었다. 게다가 동네에서 가장 교복이 이쁜 OO중학교니까! 뭔가 순정만화의 주인공이 될 것만 같은 생각까지 하게 되었다.

교복 구입 프로젝트!

중학교가 결정되자 진희는 어서 교복을 사야겠다고 호들갑을 떨었다. 엄마를 조르고 아빠를 닦달하기 시작했다. 그런데 이미 시장 조사를 마친 친구들이 똑같은 OO중학교 교복이라도 브랜드마다 조금씩 다르다는 고급 정보를 전해 주었다. 그래서 모두들 망설이고 있는 중. 아직 교복 산 애들이 없어서 어느 회사의 교복이 예쁜지 비교하기가 어렵고, 교복을 늦게 사자니 딱 맞는 사이즈가 없을까 봐 걱정이었다.

어쩌지? 혼자 고민하고 또 고민하고 있었는데, 엄마가 돌아오는 휴일에 교복을 사러 가자고 하셨다. 날짜가 잡혔는데도 왠지 모를 불안감은 가시질 않았다. 나중에 후회하면 안 되는데. 어느 브랜드 교복을 사지? 진희의 이런 고민에 대해 친구들의 반응은 의외였다. 좋아하는 아이돌이 모델로 나온 교복을 사면 된다는 것이었다. 브로마이드에 각종 선물까지 주니 일석다조라나? 하지만 진희 생각은 달랐다. 아이돌이 무슨 소용이람? 나한테 어울려야지! 음핫핫, 나는 역시 아이돌 따위에 끌려다니지 않는 대인배야! 그렇게 자뻑 모드에 빠져 있는 것도 잠시. 나의 교복에 대한 모든 바람과 고민은 같은 동네에 사는 중3 유나 언니를 만나는 순간 모두 물거품이 되고 말았다. 긍정적물거품.

진희는 학원에서 만난 중3 유나 언니에게 교복에 대해 묻기 시작했다. 어느 브랜드가 예쁘냐, 어디 브랜드가 날씬해 보이냐, 수선은 해야 하냐, 재킷 사이즈는 어떤 게 예쁘냐? 등 나의 질문은 끝이 없었지만, 유나 언니의 대답은 의외로 간결했다.

"찐! 미친 거 아냐? 왜 교복 갖고 진상이야? 교복은 편안한 게 최고야! 걍, 넉넉한 거 사! 중1 애들 입학하면 맨 먼저 하는 일이 교복 줄이는 일인데, 그거 참 한심한 일이다. 교복값이 얼만데, 그걸 또 줄이느라고 몇 만 원 씩 낭비하다니. 너희가 무슨 부모님 피 빨아먹는 좀비 뱀파이어들이냐? 이런 철부지들을 보았나! 니들 몸이 언제나 그 사이즈로 머무는 줄 알아? 너네 키 안 클 거냐? 그냥 그 150도 안 되는 기럭지로 평생 살 거야? 조금만 지나 봐라, 키 막 크지, 가슴도 커진다고. 수업 시간이 길어서 살집도 퍽퍽해지고, 나중에 조절하지 않으면 뚱보 되는 거 시간문제야. 지금은 헐렁해 보이지만, 그 교복 금세 터질 것처럼 빡빡해진다고. 그때 가서 엄마한테 교복 또 사달라고 할 거니? 이 언니도 그런 짓 했다가 지금은 단추 풀고 다녀야 할 지경이 되었다고."

언니가 한숨 돌리는 사이에 잠시 멍 때리고 있었는데, 언니의 충고는 계속 이어진다.

"그리고 교복 회사 상관없어. 우리의 선배의 선배들은 워낙 촌스러운 족속들이라 브랜드 따라가고 아이돌에게 침흘리며 살았지만, 우리가 그 세대는 아니잖아. 그건 20세기 유물이야. 브랜드? 어차피 다 거기서 거기라고. 어떻게 입어도 튀는 디자인을 입을 수는 없어. 교복에 대인배가 돼야 진짜 중학생이 될 수 있어. 솔직히 말해줄까? 이 언니는 사실 사촌 언니 교복을 물려 입었어. 덩치 차이가 좀 많이 나서 줄여 입었지만, 대신 교복 살 돈으로 사복 사달라고 했거든. 교복은 어떻게 입어도 도드라질 수 없지만, 사복은 잘 입으면 옷태가 확 살잖니? 호호호. 요즘 교복들이 얼마나 튼튼하게 나오는데, 가격도 만만치 않은 거 알지? 그래서 웬만해서는 헤지거나, 찢어지거나, 닳지도 않아. 물려 입어도 아무렇지 않게 거뜬하게 입는다고. 근데 이 언니가 학원가에서는 나름 간지녀로 유명하거든. 이게 바로 이게 바로 실속이라는 거다, 알간?"

언니는 교복에 대해 몇 가지 원칙을 말해 주었다.

교복의 원칙

✚ 교복 광고에 절대 현혹되지 마라!

그거다. 교복 가격이 비싼 것은 아이돌에게 나가는 모델비와 광고비까지 몽땅 우리 부모님이 지불하기 때문이다. 광고에 현혹되는 친구들이 많은데, 그동안 모델로 등장했던 'X백', 'X스트', '아이X', 가 교복 입고 다니는 거 봤니? 그 오빠 언니가 좋으면 노래를, 연기를 지지하고 응원하면 되지, 왜 교복을 따라하는 거냐고! 그 오빠 언니들이 모델로 나와 입은 교복을 입는다고 너희들도 그렇게 멋져지는 건 아냐. 절대 아니거든. 그러니 교복에 집착할 필요 없어. '교복으로 스타일 낸다는 건 도토리 키재기'라는 말 들어봤지? 그러니까 교복의 대인배가 되라고!

✚ 블라우스는 두 개 사서 깨끗하게 입어라!

중 1, 2학년들은 교복에 엄청 신경 써서 잘 입고 다니려고 하는데, 깨끗한 게 제일 예뻐, 3학년 되면 다 귀찮아지거든, 치맛단이 터지든 말든 신경도 안 쓴다고. 근데 깨끗이는 입고 다녀야지. 나도 많이 반성한다. 그래도 숙녀인데 말이지. 깨끗하고 단정한 교복이 그냥 스타일 그 자체야. 교복의 정석은 간단해. 교복으로 백 번 멋 부려봤자 아무도 봐주지 않는다. 3년 입으려면 헐렁한 거 사라. 대신 블라우스는 두 장 사서 늘 깨끗이 입어라. 복장 문제로 선생님들과 티격태격 해봤자 학교생활만 고달파진다.

✚ 교복의 대인배 되기

그러고 보니 언니가 흘리듯 해준 이야기가 진짜 교복을 말해주는 것 같았다. 와, 중3인 유나 언니가 오늘처럼 어른으로 보인 적은 처음이었다. 그러고 보니 유나 언니는 언제나 사복은 '간지'나게 입어도 교복은 늘 다른 언니들처럼 민망하게 안 입고 단정하게 입어왔던 것 같다. 유나 언니 말처럼 나도 교복의 대인배가 되어, 아직 초딩티를 벗어나지 못해 헤매고 있는 나의 친구들에게 교복에 대해 새롭게 세운 나의 소신을 이야기해 줘야겠다. 아, 유나 언니 멋지다!

06 과연 내 키 번호는 몇 번이 될까?

누군가가 정훈이에게 고민을 물어본다면, 정훈이는 주저 없이 '키'라고 대답할 것이다. 친한 친구 창윤이는 벌써 170cm에 가까워져 가는데, 여전히 150cm에 머물러 있는 정훈이였다. 가장 민감한 이야기 '키', 가장 듣기 싫은 호칭 '꼬마'. 요즘 들어 더욱 고민인 것은 중딩이 되어서도 키가 크지 않으면 어쩌지 하는 것이었다. 중딩이 되면 분명 입학 첫날 담임이 줄을 세울 것이고, 그것대로 번호를 정한다면, 1번은 정훈의 차지일 것이 분명했다. 생각만 해도 끔찍한 일이다. 1번은 선생님들과 친구들 사이에서 놀림감이 될 것이 분명하다고 생각했기 때문이다.

예비 중딩들의 관심사, 성장판!

학원에서 예비 중딩들이 모여서 이야기꽃을 피우고 있었다. 이야기의 주제는 성장판이었다. 주먹 쥔 손이나 무릎을 만져서 성장판이 닫혔는지, 열렸는지를 판가름 할 수 있다며 서로의 주먹을 만져보고 있었다. 친구들 사이에서도 단연 정훈이에 대한 관심은 컸다. 과연 정훈이는 언제쯤 클지 친구들도 정말 궁금하게 생각했다. 그러던 중, 학원에서 가장 키가 큰 이진범 선생님이 들어오셨다. 그러자 아이들이 성장판 이야기를 꺼내면서, 선생님은 언제 키가 컸냐며 예비 남자 중딩들의 질문이 쏟아져 나온다. "선생님은 중학교 때 다 큰 키야. 그때 진짜 잘 먹었거든. 샘 부모님 키가 다 작으신데, 나 완전 성공한 거 맞지?" 진범샘은 183cm였기 때문에, 정훈이는 선생님의 말씀이 큰 위로가 됐다. 이어지는 진범샘 이야기에 모두들 초 집중을 했다. "녀석들, 수학 시간에 이렇게 집중을 좀 해봐라."

키 번호가 아니라고?

'진범샘의 키 크는 비법'을 듣고 마음에 큰 위로를 받은 정훈이. 정훈이뿐만 아니라 다른 아이들도 비장한 각오를 다지고 있는 것 같았다. 매일 편의점에 도장을 찍을 정도로 인스턴트 마니아였던 정훈이는 이제 멸치랑 야채와 과일도 많이 먹어야겠다고 다짐을 해본다. 아, 어쩔 수 없다. 키 번호 1번은 정말 싫다. 그리고 진범샘 정도는 커야 멋진 남자가 될 것 같다. 이런 저런 생각에 머릿속을 정리하고 있는데, 2학년 민재 형이 지나가면서 한마디를 날린다. "야! 우리 학교 키순서대로 아니고 이름순으로 번호 매겨!" 오잉! 이건 대박 소식! 키 멀대 김기얼 녀석, 그 자식이 1번 이겠는걸? 후후.

진범샘의 키 크는 비법!

1. 성장판을 자극하는 운동을 해야 해

예를 들면 농구, 줄넘기, 수영 등 폴짝폴짝 뛰는 운동이나, 무릎을 편 상태에서 힘을 주는 운동들이 성장판을
자극하는데 좋아. 하지만 뛰는 운동을 할 때, 주의해야 할 점은 반드시 운동화를 신고 해야 한다는 것!
슬리퍼처럼 전혀 쿠션 없는 신발로 뛰면 오히려 다칠 수가 있거든. 그리고 운동과 더불어 스트레칭을 해주면
큰 도움이 될 거야!

2. 음식을 골고루 먹어야지

너희들 만날 피자, 햄버거 이런 것만 좋아하는데, 음식을 골고루 섭취해야지 키가 커. 샘은 시골에서 자라서
피자 같은 건 많아 못 먹었지만, 혹시 키가 안 클까봐 엄마가 매일 멸치를 갈아서 밥에 넣어 주셨어. 샘은, 밥에는
원래 멸치가루가 있는 걸로 알았을 정도였어. 반찬도 시금치, 콩나물 등 나물 반찬들을 많이 해주셨는데, 고추장
넣고 쓱쓱 비벼 먹으면 어찌나 맛있던지! 아, 배고프다 그치? 우유도 매일 빼먹지 않고 먹었어. 칼슘 섭취는
기본이니까! 생선도 잘 먹고, 너희들도 규칙적인 식습관과 인스턴트 음식을 멀리하고 엄마가 해주시는 밥과
반찬을 자~알 먹는 게 키 크는 비법이다! 아차차, 탄산음료나 카페인 들어간 음료는 피하고!

3. 충분한 잠을 자야 해

정훈이, 너 게임한다고 요즘 새벽에 자기 일쑤지? 그러면 키 크는 건 포기해야 해. 성장호르몬이 밤과 새벽에
분비된다는 거 다들 알고 있잖아? 구체적으로 이야기해 보면 10시~2시 사이에 가장 많이 분비되지. 그때
안 자고 게임에 몰두하면 다 크서글 생기지. 성장호르몬이 제대로 활동을 못 해서 키도 못 큰다, 아거지! 미인만
잠꾸러기가 아니라, 키 큰 훈남들도 잠꾸러기라고. 샘을 봐라!

4. 편안한 옷, 명랑한 마음! 이것도 중요해

사실 뭐 샘이 얘기해 준 것은 키에 관심 있는 학생들이면 다 아는 거였겠지만, 요건 모를걸? 스키니처럼 꽉
조이는 옷보다 편안하게 입을 수 있는 옷이 키 크는데 도움이 돼. 왜냐! 혈액 순환이 잘 돼야 성장호르몬도 잘
나오는데, 꽉 끼는 옷은 그걸 방해하거든. 그리고 늘 즐겁고 명랑한 생활도 호르몬 분비를 촉진시킨대. 그러니까
스트레스 받지 말고 즐겁게 신나게 잘 먹고 운동 잘 하고, 잘 입고 잘 자면, 성장판에서 최대치의 키가 나올 거야!

5. 겨털, 성장 끝? 천만의 말씀, 키는 계속 자랄 수 있다!

너희들 겨털 나고 그러면 키 안 클까봐 걱정이지? 물론 2차 성장 전에 급격하게 체격이 자라긴 하지만 그게
다는 아니야! 겨털 났다고 당장 키가 멈추는 것은 아니거든. 겨털이 나는 것도 지금 성장하고 있는 중이라는 것을
이야기하는 것이기 때문에, 2차 성징이 끝날 때까지도 성장판은 열려 있어서 샘이 말한 것 잘 지키면 키가 더
클 수 있을 거야. 2차 성징이 다 끝나기 전까지 잘 관리해야 해.

아직도 알록달록 학용품?

예비중의 용돈 세례!

지갑에 쌓이는 돈을 보니 '훗훗훗.' 웃음밖에 나오지 않는다. 잘 가지도 않던 친척집이건만, 진희는 지금 조금이라도 더 가고 싶어 안달이 났다. 초딩을 졸업한 순간 예비 중학생이 되어 버린 신분. 곧 불어닥칠 중딩의 압박을 느끼기도 전에 일단은 용돈 세례가 이어지고 있다. 큰아버지부터 고모, 삼촌들까지 중학교 올라가는데 필요한 것 있으면 사라고 세종대왕님을 두둑이 챙겨주시는 것이 아닌가! 초딩 때는 어른들에게 받은 돈은 고스란히 엄마 주머니로 들어간 뒤 감감 무소식이었지만, 이제는 예비 중학생으로서 엄마와 '반띵'이라도 할 수 있게 되었다.

주머니에 돈이 생기자 가장 먼저 떠오른 곳이 문구 팬시점이다. 문구 팬시점에서 신상 학용품을 사는 일은 나에게 늘 즐거운 일이었고, 언

젠가는 종류별로 다 사버리는 꿈을 꾸곤 했다. 특히 캐릭터가 있는 상품들만 보면 미치곤 했었다. 이렇게 용돈이 왕창 생겼으니 지름신 손잡고 '샤-핑'하러 갈 일만 남았다. 즉시 친구들에게 문자를 날린다. '멤버들! 내일 1시에 문구 팬시점에서 봐!'

드디어 문구 팬시점에 가기로 한 그날! 어젯밤에 머릿속으로 '샤-핑 리스트'를 작성한 진희. 일단 좋아하는 캐릭터 필통이랑 샤프, 그리고 지우개랑 캐릭터가 잔뜩 들어간 공책도……. 아, 막 다른 것도 사고 싶음 어쩌지? 흐흐흐, 생각만 해도 심장이 벌렁거린다. 그렇게 잔뜩 부푼 마음으로 문구 팬시점으로 달려간 진희. 어헛? 그런데 이게 누구인가? 혜정이가 언니와 함께 나와 있는 게 아닌가! 쇼핑왕 혜정이 걱정에 일찌감치 애늙은이가 되어 버린 혜정이 언니가 우리의 쇼핑 약속을 듣고 떡 하니 나온 것이다.

"야, 니들 또 초딩처럼 이것저것 쓸데없는 것만 잔뜩 살까 봐, 이 언니가 좀 도와주려고 왔당." 아, 우리끼리 재밌는 시간 보내려고 했는데……. 약간의 압박감이 일어났지만, 언니가 있는 것도 나쁘진 않다. 혜정의 언니는 우리보다 두 살 많은 예비 중3으로 이제 중딩 생활의 최고봉 자리에 올랐으니, 뭐 언니로써 선배로써 도움이 많이 될 것은 사실일터. 이왕지사 이렇게 된 거 언니한테 중딩 학용품에 대해 조언을 구하면 될 것 같다.

혜정의 언니와 친구들과 함께 들어간 문구 팬시점. 동네에서 가장 큰 곳이기에 무척 넓고, 볼 것도 많았다. 계획대로 한 바퀴를 쭉 훑어보는데, 오호! 키티 청소기 지우개가 내 눈을 확 사로잡았다. 이것부터 바구니에 퐁당 집어넣고 있는데, 등 뒤에서 따가운 시선이 느껴진다. 혜정의 언니였다. 한숨을 푸욱 내쉬더니, "야, 그거 말고 이거 사!" 이런 물건이 이곳에 있었나 싶을 정도로 관심 밖의 모양새인 조그맣고 네모난 A*지우개를 집어주는 것이 아닌가. '엥?' 언니는 '학용품을 장식품으로 살 거냐?'며 휴대도 편리하고, 사용하기도 편한 지우개를 사라고 권하는 것이다. '아, 놔, 중학생은 이렇게 까다로워?' 생각을 하는데, 여기저기서 친구들이 담은 물건들이 언니에게 퇴짜를 맞고 있었다. 이대로는 안 되겠다고 생각하는 언니, "야, 니들 다 이리로 모여 봐. 니들 지금 초딩과 중딩 사이에 있는데, 초딩 취향과 중딩 때 정작 필요한 물건을 제대로 구별하는 게 애매하지? 이제부터 이 언니가 깔끔하게 정리해 줄 테니 잘 들어라."

그 외에도 1학년 수학에 나오는 작도 때문에 컴퍼스와 각도기도 필요하고, 필통은 철제보다는 천 필통이 좋다느니, 볼펜을 쓰니까 수정테이프도 필요하다고 한다. 와! 언니는 무슨 학용품박사 같다. 그냥 캐릭터 달린 샤프랑 지우개, 볼펜 등 귀여운 것만 사려고 했던 나에게 언니의 얘기는 좀 갑작스럽고, 뭔가 좀 이상한 기분이 들긴 했지만, 나쁜 느낌은 아니었다. 중딩은 이런 거구나, 하는 왠지 모를 뿌듯함? 친구들도 약간 당황한 눈치였으나, 금세 중딩 학용품에 빠졌다. 학용품 하나만으로 다들 벌써 중딩이 된 기분이다. "오늘 득템한 거 빨리 가서 다 펼쳐 놓고 써 보고 싶은 걸?"

학용품 구입 팁

첫째, 촘촘한 노트!

"요건, 다섯 권 이상 사야 한다. 중딩 되면 과목별로 선생님아 달라지는 거 알지? 그래서 과목별로 필기를 해야해. 검사하시는 선생님들도 계시니까. 그렇다고 너무 많이 사지는 마, 굳이 노트가 필요없는 과목들도 있으니까, 그리고 영어량 한자랑 음악은 노트가 따로 있으니까 그걸로 사고, 그리고 초딩 때처럼 칸 넓은 것 사면 안 된다. 촘촘한 거 사야 해. 그리고 앞 장에 인덱스 속지 있는 것 사면 편리해. 거기에 과목별 선생님들 이름과 특징, 그 과목 수업 시간에 주의할 점을 적어두는 게 좋아."

둘째, 스프링 노트!

"요건 한두 권만 사도 될 것 같은데, 일단 과목별로 노트는 있지만, 그 외에 너희가 자습하거나 혹시 따로 정리해 둬야 할 것 같은 것을 적는 용도로 있으면 좋아, 중딩은 알림장 안 쓰는 거 알지? 너희 스스로 스케줄 잘 체크해야 한다."

셋째, 샤프와 색 볼펜, 형광펜!

"요즘은 뭐 초딩들도 다 샤프를 쓰지만, 볼펜은 얀 쓰지? 중딩이 되면 볼펜 쓸 일이 은근히 많다. 교과서나 노트에 중요 표시 할 때 말이지. 이런 때 쓰는 거니까, 굳이 색칠 공부할 것처럼 분홍색, 보라색 이런 것은 필요없어. 간단하게 검! 빨! 파! 이 정도? 그리고 좀 더 사고 싶다면, 고체 형광펜을 추천할게. 부드럽고, 뚜껑 열어 놓아도 마를 일이 없는 형광펜이니까 함 써 봐."

넷째, 포스트잇!

"뭐 초딩 때도 캐릭터 포스트잇 쓴 애들도 있겠지만, 공부에 쓴 건 아니잖아? 간결하고 심플한 포스트잇이랑 포인트 포스트잇을 약간만 사서 교과서나 노트에 보충도 하고, 진도 표시도 하면 좋을 듯."

다섯째, 견출지 or 네임펜!

"자기 학용품에 이름을 잘 써 놔야 나중에 잃어버려도 잘 찾을 수 있으니까, 교과서, 학용품에 견출지를 붙여서 이름을 써 두든지, 아님 네임펜으로 잘 적어 둬야 해. 지워지지 않는 펜은 네임펜뿐이야."

여섯째, 일명 '쫄대 파일!'

중딩에 올라가면 과목별로도 그렇고 담임이 주는 유인물이 엄청 많아. 이런 것들 그냥 가방에 쑤셔 넣으면 잃어버리기 쉽거든. 몇 개 사서 과목에 필요한 것이나, 가정통신문 같은 거 정리해 두면 완전 깔끔 중딩이 되는 거지. 뭐 굳이 쫄대 파일아 아니어도 종이로 된 파일철도 있고, 플라스틱 파일철도 있으니까 알아서들 구입해. 어쨌든 파일철은 과목별로 꼭 있어야 한다는 사실!

08 컴퓨터, 중학생 모드로 리셋!

웹툰은 내 사랑!

예비중 원재에게 메이*, 서든어*, 메배*, 런어웨*를 뺀 컴퓨터는 상상할 수도 없다. 버릇처럼 컴퓨터를 켜고 접속하는 이 게임들은 원재에게는 꼭 필요한 일이자, 해야 할 일이자, 혼자 집에서 있는 시간을 때우기 딱 좋은 장난감이다. 예비중 다애는 4학년 때 알게 된 '웹툰'에 푹 빠져 산다. 스마트폰의 주 기능도 웹툰 보기다. 창윤이는 인터넷에 접속하자마자 '실시간 검색어' 탐색을 시작, 기본 한 시간, 평균 두 시간을 그 안에서 논다. 한편 정훈이는 초딩 전용 카페를 아직도 매일 간다. 늘 웃긴 동영상이 많기 때문이다. 정훈이는 자습 시간에 살짝 빠져 나와 컴퓨터를 하러 가고 있었는데, 2학년 주희 누나가 컴퓨터를 하고 있는 모습을 보게 된다. 주희 누나 컴퓨터로 뭐하는 거지? 혹시? 혼자 이상한 상상을 하면서 주희 누나에게로 가보는데, 헐! 주희 누나가 보고 있는 것은?

진지한 표정으로 컴퓨터를 집중, 주시하고 있던 주희 누나의 앞에 펼쳐진 모니터의 내용은, 바로 EBS 강의였다. 헐! 학교, 학원 수업도 모자라 주희 누나는 EBS를 보고 있단 말인가! 정훈이에게 EBS는 겨우 초딩 저학년 방학 숙제 할 때, TV로 보던 것이 전부였는데, 주희 누나가 컴퓨터로 할 수 있는 재미있는 모든 것을 뒤로 한 채 EBS를 보고 있는 모습이 신기했다.

정훈이가 온 것을 눈치챈 주희 누나는 이어폰을 빼며 정훈이에게 말을 건다. "정훈아, 왜? 컴퓨터 쓰려고?" 주희 누나가 고개를 돌려 말을 거는데, 헉! 갑자기 누나가 너무 예뻐 보였다. 엄친딸 김태희가 눈앞에 있는 느낌이랄까? "누나, 학원에서 공부하는 데 EBS는 왜 봐?" "아, 학원에서는 영, 수만 하니까, 사회 같은 것이 좀 부족해서 보고 있는 거야." "누나는 컴퓨터로 EBS만 봐?" "아니. 숙제할 때 이것저것 찾아보기도 하고, 강의도 듣고 그러지." 아, 그렇구나……. "정훈이도 이제 곧 중학생 되니까, 중학생에게 도움이 될 만한 사이트들 좀 알려줄까?" "어? 그럼 좋지(사실은 절실하지도 않았지만 호기심 발동!)." "이제 게임도 좀 줄이고, 컴퓨터를 활용해서 다양한 것들을 배우면 좋을 거야." 천사 같은 주희 누나의 말을 듣고, 정훈은 누나가 알려주는 사이트들과 친하게 지내볼까 결심해 본다.

"정훈아! 일단 집에서 사용하는 컴퓨터를 다시 잘 관리해야 할 필요가 있어. 중요한 작업을 하다가 갑자기 컴퓨터가 바이러스가 걸린다든지, 고장 날 수가 있으니까 말이야."

컴퓨터 관리의 철칙!

❶ 컴퓨터를 시원하고 깨끗이!
이건 무슨 얘기냐면, 컴퓨터는 먼지나 열에 약하거든, 그래서 본체의 뚜껑을 열고 정기적으로 한 번씩 먼지를 제거해 줘야 해. 에어브러시 같은 것을 사용한다면 쉽게 청소할 수 있어. 그리고 본체를 책상 밑에 놓지 말고 책상 위 또는 보조 책상 등 공기가 잘 통하도록 놓아야 해.

❷ 필요 없는 파일이나 프로그램들은 가차 없이 삭제!
우리가 인터넷에 접속할 때 수시로 접근하는 응용프로그램들이 쌓이면 컴퓨터 머리가 복잡해져서 속도가 느려지곤 해. 문서 파일 정도야 그냥 삭제하면 되는데, 프로그램은 제어판에 들어가서 프로그램을 제대로 삭제해 줘야 해, 그래야 컴퓨터에 필요 없는 것들이 쌓이지 않거든.

❸ 백신 프로그램은 늘 최신 버전으로 다운, 정기적으로 검사!
컴퓨터에는 정품 백신 소프트웨어를 꼭 설치해야 해. 그래야 자동으로 업데이트도 해주고, 바이러스가 침투하면 즉시 제거해 주기도 하지. 이런 것을 철저히 해주지 않으면 너희들이 싫어하는 렉에 자주 걸리게 돼.

❹ 활성화되지 않은 사이트나 프로그램들은 다운받지 않기!
검증되지 않고 활성화되지 않은 것들을 함부로 다운 받으면 안 되거든. 괜히 이상한 사이트 들어갔다가 컴퓨터 고장 나는 경우 많아. 이게 무슨 망신이냐?

❺ 폴더 정리를 깔끔히!
폴더는 책장 서랍과 같은 거야. 앞으로 중딩이 되면 과목도 많아지고 숙제도 다양해지니까, 정훈이가 편리한대로 폴더를 정리해 두지 않으면, 나중에 뒤죽박죽되고 불필요하게 시간을 낭비할 수 있기 때문에 잘 정리해 둬야 해. 예를 들면 과목별로 폴더를 만들거나, 아니면 숙제의 성격에 따라 폴더를 만들거나 하면 좋겠지?

주희 누나의 이야기를 듣자니 뭔가 새로운 세상을 만난 것 같았다. 중딩은 초딩과 정말 다르구나, 그리고 주희 누나는 중딩 생활을 잘해 나가고 있는 것 같아서 더욱 멋졌다. 이제 컴퓨터로 게임과 웹툰 보는 것에만 그치는 것이 아니라, 나름대로 하고 싶은 취미도 살리고, 학습도 잘할 수 있도록 해야겠다.

Tip

✚ 학교 공부와 관련된 웹사이트

http://www.ebs.co.kr EBS, 공부면 공부 ! 교양과 상식 ! 다양한 직업의 세계도!
http://www.gongbuwarac.com/ 대교에서 운영하는 중등 공부 시이트
http://www.tsmartlearning.com SK에서 운영하는 공부 콘서트 및 정보 사이트
http://www.mbest.co.kr/ 메가스터디에서 운영하는 중등 공부 사이트.
http://www.isherpa.co.kr/ 천재교육에서 운영하는 중등 공부 사이트
http://www.inet-school.co.kr 초,중,고등 공부 사이트 아이넷스쿨
www.hipercent.com 교원그룹에서 운영하는 중등 공부 사이이트

✚ 취미, 자격증, 직업 관련 사이트

http://cafe.naver.com/elemidcafe/ 그림그리기에 관련된 카페
http://license.korcham.net 각종 자격증 관련된 정보가 있는 상공회의소 사이트
http://www.q-net.or.kr 각종 자격증 접수 사이트
http://ogogago.com 컴퓨터 자격증 온라인 공부에 관련된 사이트
http://laborstat.molab.go.kr/sub03_04.jsp 직업 검색 웹사이트

✚ 취미 사이트

http://cafe.daum.net/gkskslaqlalf/ 역사, 발명에 관한 카페
http://cafe.daum.net/flute/ 플롯 배우기 카페
http://cafe.daum.net/rmreksdusdk/ 청소년 연극극단 '연아'
http://cafe.daum.net/stagemaroo/ 청소년 YMCA 극단 '마루'
http://cafe.naver.com/teenagerphoto/ 청소년 사진 동호회

미련 없이 버려야 할
초딩 용품

초딩을 비워라!

아침부터 엄마의 잔소리가 시작됐다. 학교를 안 가면 일찍 일어나서 식구들과 같이 밥도 먹고, 방 청소도 좀 하라는 엄마의 잔소리에 귀가 따가워 이불을 푹 뒤집어쓰고 마는 민정. 엄마의 '쿵쿵' 거리는 발자국 소리가 가까워진다. 이불을 확 걷고는 "일어나!"를 외치는 엄마. 마지못해 일어나기는 했으나, 아! 어차피 중딩 되면 초딩 때보다 더 일찍 일어나야 할 텐데, 지금은 좀 봐주시면 안 되나? 자기를 이해해 주지 않는 엄마가 야속하기도 했지만, 방을 둘러보니 정말 돼지우리가 따로 없었다. 주섬주섬 옷을 챙겨 입고 거실로 나가서 소파에 앉으려는 찰나, 엄마의 불호령이 떨어졌다. "김민정! 너 얼른 가서 니 방 치워! 이제 중학생 될 날이 얼마나 남았다고 아직도 방 정리도 하나 못하고, 그렇게 쓰레기통처럼 해 놓고 살 거야? 너 화성인이야?" 으, 우리 엄마는 절대 지존 목청 퀸이다. 알았다고, 알았다고…….

민정이는 다시 방으로 들어간다. 도대체 어디서부터 어떻게 정리를 해야 할지 막막하기만 하다. 이때 또 들이닥친 엄마, "이거 먹고 방 정리해, 첫째! 중학교 올라가서도 사용할 것들 따로 정리, 둘째 아름다운가게에 기증할 만한 것들 따로 정리, 셋째 동생한테 물려줄 것 따로 정리, 이도저도 아닌 것들은 전부 분리수거해서 버려라, 알았어?" 한 차례 쓰나미가 밀려왔다 간 기분이다, 크크크.

추억이 가득한 초딩 물건

초딩 때 1주일에 한번 엄마한테 받는 용돈으로 친구들과 함께 이것저것 사는 재미에 들렸었던 민정이었다. 학년이 올라갈 때마다 용돈이 천 원씩 더 늘어났기 때문에 갈 수록 약간씩 비싼 것들을 구입하기도 했다. 최근에 구입한 리락쿠마 핫팩 세트부터 언제 샀는지 기억도 안 나는 스티커 옷 입히기 놀이도구까지 정말 많고 많은 것들이 있는 방이었다. 갖고 있자니 딱히 쓸 곳이 없고, 버리자니 괜히 아까운 것들……. 돌이켜 보니 쓰지도 않을 것들을 그저 예쁘다는 이유 하나로 생각없이 산 것이 한두 가지가 아니었다. 나름 추억이 깃든 물건들도 많이 있지만, 엄마 말씀대로 이제는 정리할 때가 된 것 같다. 좋아! 이제 곧 중딩이 되는데, 오늘 대청소 한번 해 보자! 그럼 오늘은 공부할 시간은 없겠네? 크크크.

초딩 동생에게 물려줄 것?

동생한테 줄 수 있는 것은 무엇이 있을까 살펴보니, 예쁜 그림들이 한가득 그려 있는 노트가 수두룩 나왔다. 단 한 장도 쓰지 않은 것은 물론, 아마도 문방구 세일 때 생각 없이 집었을 게 뻔한, 비닐 랩도 뜯지 않은 다섯 권 세트 스케치북도 나왔다. 이런 알록달록이들은 중딩인 내가 학교에 들고 간다는 것은 상상조차 하기 싫은 일, '동생이 있어 너무 행복해요.'를 중얼거리면서 녀석에게 줄 학용품들을 챙겨 본다. 알림장 노트도 이젠 필요 없으니 동생에게 주고, 엄마를 조르고 졸라서 샀던 캐릭터 연필, 연필 끝에 디즈니 캐릭터들이 달린 필기도구, 비눗방울 놀이세트, 금색 은색이 번쩍번쩍한 고급 색종이, 빨강, 파랑, 노란색 외에는 전부 새 걸로 남아있는 크레파스도 줘야겠다. 이렇게 물려줄 물건들을 챙기다 보니 정말로 이제 초딩과의 작별이 실감

필요 없는 것은 과감히 버리라고?

어디 보자, 정말 필요 없는 것이 무엇일까? 첫 번째 바구니엔 버릴 것들을 담아 보려고 한다. 일단 찍찍이가 다 날라가 버린 몇 군데 비어 있는 옷 갈아입히기 스티커, 듬성듬성 쓴 글씨와 낙서로 거의 끝까지 쓴 캐릭터 수첩 세트, 손때가 묻어 숯덩이가 되어버린 지점토 놀이 세트, 이제는 아저씨가 되어버린 왕년의 아이돌 오빠들의 캐릭터 편지지 뭉텅이, 어느 겨울에 샀던 성능 다 떨어진 핫팩, 그리고 미술 시간에 쓸지도 모른다고 모아두었던 아이스크림 나무막대와 두루마리 휴지심, 요거트 껍데기도 나왔다. 흠, 이런 것은 나름 나의 절약정신을 보여주는 부분인데 말이지. 흐뭇한 생각도 있었으나, 결국은 바구니로 골인! 그리고 발견된 용돈 기입장! 헉, 7개나 된다. 용돈을 받을 때마다 잘 관리를 해보겠다고 샀다가 그만두고, 또 마음먹고 사곤 했던 것이 7개까지 될 줄이야! 어지간히도 많이 샀다. 대부분 두어 장만 기입된 상태. 에이, 그 돈으로 맛있는 떡볶이나 사 먹을 것을…… 쿠헐헐헐! 알이 엄청 큰 캐릭터 반지를 보자 유치뽕, 저절로 웃음이 빵 터졌다. 거실에서 엄마가 혼자 중얼거리신다. 쟤가 왜 저래? 지가 봐도 어이가 없는 것이지, 호호호. 반지뿐이 아니다. 도대체 저 참사 수준의 팔찌는 무슨 생각으로 샀으며, 과자피규어는 또 왜? 내가 보아도 도대체 왜 저런 것들을 샀는지 이해할 수 없는 것들이 줄줄이 나왔다. 이게 철이 들어가는 징조일까? 아, 내 자신이 한심하기도 하고, 제정신으로 돌아오는 것 같아 기특하기도 한 순간이었다. 그래, 이제 유치한 친구들과는 안녕, 철없는 나 자신과도 안녕, 안녕!

났다. 어? 갑자기 콧등이 시큰해지는 것은 무슨 현상? 그러나 지금은 감상에 빠질 때가 아니다. 책꽂이를 보니 눈앞이 다시 캄캄해진다. 정말 좋아했던 마법천자문, 메이플스토리, 베리베리뮤우뮤우, 만화로 보는 그리스로마신화, 달팽이 과학동화, 살아남기 시리즈와 마법의 시간 여행 등 많기도 많다. 동생방에 놓을 곳이 있으려나 모르겠다.

나 이제 중딩이야!

쓸 수 있는 물건이라?

중딩이 돼서도 쓸 수 있는 물건이 어떤 것이 있을까. 일단, 초6 때 아빠가 사주신 샤프펜! 이건 계속 쓸 수 있겠고, 아, 로켓 연필은 어쩌지, 그냥 쓸까? 말까? 중딩도 이런 것 쓰나? 쓰지 뭐, 아까운데…… . 그리고 색연필과 색볼펜들은 중딩이 돼서 오히려 많이 쓰겠지? 이런 것들은 챙겨 놔야겠다. 줄무늬 없는 연습장도 쓸 수 있을 것 같다. 이것저것 그림

이 많이 그려 있는 포스트잇은 동생 주고,
무늬 없는 포스트잇은 계속 써야겠다. 그리
고 아빠가 회사에서 잔뜩 갖다 주신 볼펜들
도 중학생이 돼서 쓰면 되겠다. 이정도 분류
면 완벽한가?

중딩으로 채워라!

방 정리를 어느 정도 끝내고 보니 속이 다 후련했다. 엄마들이 이런
맛에 청소를 하시나 보다. 버릴 물건들은 엄마와 재활용 분리수거에
분류를 해두고, 동생에게 줄 물건들은 동생 방에 갖다 두었다. 동생
은 큰 종합선물세트를 받은 것처럼 좋아라한다. 사실 동생이 달라고
해도 끝까지 안 주고 있다가 이번에 주게 된 물건들도 많기 때문이다.
많이 정리되고 깔끔해진 책장과 책상을 보면서 중딩 생활로 채워질
나의 물건들에 대한 즐거운 기대감을 가져본다.

✌ 체력 단련

중딩 생활은 초딩 생활에 비해 엄청난 체력을 요구한다. 일단 과목이 많아지고 방과 후 스케줄도 바쁘게 돌아간다. 체력이 비실비실해서는 견딜 수 없는 고통 속에 빠질 수도 있다. 중학생 시절은 또한 키가 쑥쑥 자라는 시기이기도 하다. 따라서 줄넘기, 달리기 등 성장판을 자극하는 운동을 매일 실천, 적어도 평균 성장률에 포함되도록 노력해야 한다. 태권도, 유도, 검도, 복싱 등 '심신을 단련하는 수련'을 바짝 해 두는 것도 좋다. 이런 운동은 거친 호흡을 동반하기 때문에 혈액이 두뇌로 많이 올라가 아이큐 발달에 도움이 될 뿐 아니라 눈동자를 빛나게 해주고 자신을 다스리는 능력까지 길러주며, 호신술에도 큰 도움이 된다.

✏ 선행학습 전에 복습 먼저

필요하다면 선행학습을 해 두는 것도 좋지만 그 이전에 초등학교 고학년 과정을 다시 한번 복습하는 것도 필요하다. 모든 공부는 단계가 있고, 초등학교 공부를 잘해야 중학교 수업도 무난하게 들을 수 있다. 초딩 공부 없이 중딩 공부 없다!

✈ 부모님과의 여행

기간 안에 적어도 한번은 가족 여행을 떠날 것을 권한다. 중학생이 된다는 것은 이제 본격적인 자기 세계를 만들어가기 시작하는 출발선에 서게 된다는 것이다. 가족과 함께 자연 깊은 곳에 들어가 명상과 대화를 나누며 앞으로 다가온 자신의 중학교 생활을 계획하고 가족과의 즐거운 추억을 만들어놓는 게 좋다. 경험한 사람들 말에 따르면 가족 여행을 다녀온 예비 중학생은 누가 시키지도 않았는데 자신의 일을 척척 해내곤 한다. 자연이 깊이 생각하도록 도와주었기 때문이다.

✳ 한 가지 취미를 습득한다

마술, 우쿨렐레, 그림, 랩, 춤, 파워포인트, 사진 등 일상에서 즐거움을 얻을 수 있는 취미 생활 하나를 골라 단기 연수를 받는다. 간단한 마술 몇 가지만 알아도 학교에서 인기짱 먹는 건 시간문제다. 우쿨렐레는 기타를 닮은 네 줄 짜리 미니 악기로 역시 소풍이나 교내 축제 때 친구들을 깜짝 놀라게 해 줄 필살기 특기가 될 것이다. 그림을 잘 그려 친구들 초상화를 그려주거나, 랩을 기막히게 하거나, 춤을 잘 추거나, 파워포인트 솜씨가 좋아 학급 일에 큰 도움을 주거나, 사진을 잘 찍어서 친구들의 모습을 멋지게 담아주는 일 등은 중학교는 물론 평생 많은 친구들에게 사랑받으며 살아갈 수 있는 아주 쉬운 방법이다.

✿ 자연을 닮은 생활 습관 만들기

자칫 생활 리듬이 엉망이 될 수도 있는 시기가 바로 이 때다. 밤 늦도록 컴퓨터를 하고 아침에 일어나지 못하는 습관을 가졌다가는 중학교 생활을 망칠 수도 있다. 자연이 말한다. 해 뜨면 눈 뜨고 달 뜨면 잠들라고. 10시에 잠자리에 들고 아침 7시에 일어나는 습관을 이 시기에 만들자. 11시부터 새벽 2시까지 콸콸 분출하는 성장호르몬이 키를 쑥쑥 자라게 해줄 것이고, 평생 부지런하고 여유 있는 삶을 살 수 있다.

02
중학교 교과목,
너의 존재 이유

애매합니다
Do you speak my language?

국어

한국말 잘하면 되는 거 아님?

지긋지긋한 국어 시간

책벌레이건만, 형석이는 국어 시간이 너무 괴롭다. 친구들도 의아해할 정도였다. 친구들이야 원래부터 국어를 좋아하지 않았다지만, 형석이는 책 읽는 것도 좋아하는데 국어 시간을 싫어하다니 말이다. 사실 형석이가 좋아하는 책은 거의 소설책이다. 첫 장을 펼치면 마지막 장을 덮을 때까지 쉬지 않고 읽어댄다. 근데 국어 시간은 정말 싫다. 왜냐? '분석' 하는 것이 마음에 들지 않는다. 아니, 그냥 좋아서 시를 썼겠지 저자의 생각을 구절 하나하나 살펴가면서 왜 따져야 하냐는 말이다. 이건 너무 인위적이고, 필요 없는 짓 같다. 그나마 이런 것은 좀 나은 편이다. 문법 시간은 정말 선생님의 말씀이 오른쪽 귀로 들어와서 왼쪽귀로 그냥 나간다. 괴롭다. 언제 끝나나 시계만 쳐다보게 되는 문법 시간. 그냥 책만 읽게 하면 안 되나? 책 읽는 숫자로 국어 성적을 매기면 잘 할 수 있겠는데, 그것도 장르 구별 안 하고 말이다. 만화책 같은 것도 좀 포함해서……

"야, 아니꼬우면 니가 교육부 장관해! 이 불쌍한 중딩들 좀 구제해 봐." 혼자 중얼거리는 형석이의 말에 짝꿍이 한마디 건넨다.

녀석에게도 어지간히 지겨운 시간인가 보다. 한국말 잘하고, 한글 쓸 줄 알면 되지, 책도 좀 읽어 주고, 국어 교육이야 이 정도면 된 것 아닌가? 아, 지긋 지긋한 국어 시간이 제발 빨리 지나갔으면 좋겠다.

우리 집은 예능 집안

사실 형석이가 책 읽는 것을 좋아하게 된 것은 집안 분위기 영향이 컸다. 형석이네는 요즘은 보기 드문 대가족으로, 엄마는 주부지만 옷 만드는 것을 좋아하고, 아버지는 뭐 평범한 회사 다니지만 기타를 즐겨 치고, 소설가가 되기 위해 신춘문예를 준비하는 삼촌, 피아노 선생님을 하는 고모 등 집안은 언제나 북적거린다. 그런데 다들 책을 좋아해서 거실에 있는 대형 책꽂이는 물론 방마다 책들이 많이 쌓여 있다. 집에서 가장 많이 보는 장면이 '독서'하는 모습이니 형석이도 자연스럽게 친해진 것이다. 그런데 국어 시간에 문법을 배우고, 문장을 분석하는 등, '독서의 느낌'을 획일화하는 수업 방식을 대할 때마다 답답한 마음을 견딜 수가 없었다.

그러던 어느 날, 그날도 국어 시간에 스트레스를 잔뜩 받은 날, 집에 돌아와 삼촌에게 '국어 교육의 문제점'에 대해 마구 쏟아붙였다. 당황한 삼촌은 "인마, 삼촌이 그러라고 했냐?"라면서도 "학교 국어 시간에 대체 무슨 일이 벌어지고 있냐?"며 내 말을 들어 주었다.

국어 시간의 효용성

삼촌과 나는 투덜 모드에서 진지 모드로 분위기를 바꿔 국어 과목의 중요성에 대해 이야기하기 시작했다.

"형석아, 국어 시간 말고도 학교에서 숙제 많이 내지?"

"뭐, 과목별로, 무언가를 조사해서 써오라는 게 많지요. 과학 같은 건 실험 보고서 제출하고, 수행평가 땜에 뭐 해오라는 거 엄청 많아요."

"하하하, 딱 걸렸다. 그래, 우리는 살아가면서 정말 많은 글을 쓰게 된단다. 다 작가가 되려는 것도 아닌데 말이지." 생각해 보니 그렇긴 하다. "국어는 소설을 읽기 위해 존재하는 과목은 아니야. 국어는 표현이자 논리야. 꼭 소설가나 시인이 되지 않더라도 사회생활을 하다 보면 매일 글을 쓰게 된다고. 너 하루에 문자 몇 통이나 쓰냐?"

"흠……, 많을 땐 수백 통 주고받지요."

"문자 주고받을 때 유난히 눈에 쏙 들어오는 글이 있지? 그게 바로 문장력이야. 문장력을 키우려면 좋은 글을 많이 읽는 것도 중요하지만, 자꾸 써봐야 하는 거야."

삼촌 말씀이 조금씩 이해되기 시작했다. 그러고 보니 그랬다. 인기 있는 친구들은 말도 잘하고, 쪽지 하나, 문자 한 통 보낼 때도 읽기 편하고 이해하기 쉽게 표현하는 능력이 있었다. 그리고 보니 수행평가도 결국은 무언가를 '정리'하는 일인데, 국어를 잘하면 '정리'를 잘하게 되겠구나 하는 생각이 저절로 들었다.

"너희가 숙제라고 표현하는 그것도 결국은 글쓰기야. 대학 갈 때 논술시험 보잖아? 국어를 제대로 모르면 아무리 아는 게 많아도 논리적으로 자기주장을 할 수가 없어. 너는 소설 읽기가 좋다고 했는데, 그런 재미있는 소설을 써 보고 싶은 생각을 해본 적은 없니?"

쿵! 뒤통수를 한 방 맞은 기분이었다. 나는 '읽기'는 즐겼지만 '쓰기'에 열중한 적은 없었다. 국어는 곧 이해력과 표현력, 논리력을 높여주고, 그걸 잘하면 소설의 의미도 더 빨리 이해하게 된다는 게 삼촌의 말씀이었다. 또한 글쓰기 능력까지 커진다면 시인, 소설가, 예능 프로그램의 작가, 드라마 작가, 게임 작가, 영화 시나리오 작가, 대중가요 작사가는 물론, 일반 직장에서 근무할 때 숱하게 작성해야 하는 각종 보고서도 매끈하게 정리함으로써 능력을 인정받을 수 있다고 강조했다. 엇? 짜증스럽기만 했던 국어 과목이 새삼 다르게 보이는데?

"수행평가로 보고서 쓸 때 생각해 봐. 쓰려는 것이 대충 머릿속에 그려지지만, 어떤 단어를 선택해야 할지 막막할 때 있었잖아. 단어는 떠올랐다 해도 그것을 어떻게 구성해야 하는지 캄캄할 때가 많잖아? 문법을 알면 그런 구성이 쫄쫄 나온다. 니가 재미있게 읽는 소설이 재미있고 머리에 쏙쏙 들어오는 것도 다 적절한 어휘들을 문법의 틀을 기본으로 구성했기 때문에 그런 것이었어. 많은 단어들의 뜻을 정확하게 알고, 그것을 쉽게 표현하고 나열하는 능력이 커지면 비로소 '개념 인간'으로 태어나는 것이란다. 연애편지, 고백문자 잘 쓰면 이성의 마음도 흔들린다는 거, 너도 잘 알지? 이제 국어의 중요성을 잘 알겠니?"

다시 한 번 정리해 보자. 국어를 배워야 하는 이유!

Tip

국어를 잘하면 누리게 될 6가지 행복

❶ 숙제를 편하고, 정확하게 할 수 있다!
❷ 문제의 뜻을 잘 파악해 시험 점수도 올릴 수 있다!
❸ '개념 인간'으로 일상생활에서 수없이 부딪치는 대화와 글짓기에 담대할 수 있다!
❹ 사람들에게 믿음을 주는 말을 하고, 글을 쓸 수 있다!
❺ 사랑을 쟁취할 수 있다!
❻ 직업으로 할 일도 무궁무진하다!

국어 공부 잘하는 법

❶ 책을 많이 읽는다.
❷ 책을 소리 내어 읽는다.
❸ 감동 받은 문장은 별도의 메모장에 기록해 본다.
❹ 유명 시인의 대표작 한 편씩은 암기한다.
❺ 문자를 주고받을 때 사용하는 줄임말 언어는 그렇게 즐기되, 매일 맞춤법에 따른 일기를 작성한다.
❻ 신문의 논설을 하루에 한 편 읽는다.
❼ 문제를 많이 풀어본다.

영어
대한민국에서 영어는 왜?

다애의 영어 울렁증

다애는 영어에 관심이 없다. 영어를 잘하고 싶은 마음은 늘 있지만 이미 그 때를 놓쳤음을 다애도 잘 알고 있다. 유딩, 초딩 때 학교에서 영어 수업의 맛을 보긴 했지만 학원 등 별도의 과외를 받은 적은 없었다. 전혀 못 한다고 보면 된다. 부모님도 영어 공부를 열심히 하라는 말씀을 하진 않았다. 친구들은 영어 학원에 다니거나 방학 때 영어권 나라에 사는 친척집에 가서 연수 프로그램을 체험하고 오는 등 모두들 영어 정복을 위한 나름대로의 노력을 했다. 그러나 다애 부모님은 "외국어가 필요할 때가 올 것이다. 절실하면 누구나 정복하게 된다." 며 억지로 영어에 매달리지 말라고 하셨다. 다애는 그런 부모님이 한편 멋지게 느껴지기도 했지만 훗날 대학 입시 를 생각해 보면 초조함과 원망의 마음이 드는 것도 사실이었다.

이제 중학교에 올라갈 생각을 하니 영어는 무관심과 일말의 공포를 넘어 '짜증'의 대상이 되었다. 뿐만 아니라 '한국에서 영어가 왜 필요해?'라는 저주스러운 반항심까지 생겼다. 아, 영어 과목만 없어지면 이 세상이 천국인데……

오늘도 영어 시간 이후 심드렁해진 마음으로 나머지 수업을 듣고 집으로 돌아가는 다애. 그런데 다애의 발걸음이 갑자기 빨라지기 시작한다. 다애가 간 곳은 마트. 서너 가지 음식 재료를 사더니 발길은 더욱 빨라져 거의 달리기 수준으로 집으로 들어간다. 다애를 흥분하게 만든 것은 집에 가자마자 할 '간식 만들기'였다. 집에 돌아오니 초딩 동생은 벌써 게임에 푹 빠져있다. 손을 깨끗이 씻고 주방에 들어가는 다애! 콧노래를 불러가며 간식 만들기에 돌입한다.

'요리'는 맞벌이를 하시는 부모님을 대신해서 동생에게 간식을 만들어주다 취미로 발전한 다애의 '꿈'이다. 처음 엄마에게 간식 만드는 법을 배웠을 때만 해도 복잡하고 귀찮았었는데, 한번은 다애가 만든 샌드위치롤을 먹은 동생의 눈이 갑자기 하트 모양으로 변하면서 '누나 최고, 누나 셰프!'라며 좋아하는 모습을 본 뒤로 요리는 다애의 가장 즐거운 친구가 되었다. 지금 다애의 꿈은 바로 '셰프'다. 오늘도 다애는 '떡꼬치' 만들기에 도전, 가볍게 완성하고 동생과 함께 테이블에 앉았다. 녀석의 눈이 벌써 빛을 발하고 있다. 그때 들려오는 대낮의 벨소리. "누구지? 아, 오늘은 대학생 삼촌이 동생 공부 봐주러 오는 날이었다. 잘 되었네, 내 요리 솜씨도 한번 보여드려야지!

삼촌이 들어오자 마자 다애는 삼촌 코에 '떡꼬치'를 들이대며 맛을 평가해 달라고 떼를 쓴다. 한입 먹어본 삼촌은 바로 엄지를 치켜세우며 얼른 손 씻고 올테니 다 먹지 말고 기다리라시며 칭찬을 아끼지 않

는다. 기분이 업 된 다애, "삼촌! 나, 요리사 해도 되겠죠? 그쵸? 열심
히 하면 세계적인 요리사가 될 수 있을까?" 나의 질문에 삼촌은 고개
를 한두 번 끄덕거리더니 갑자기 좌우로 고개를 흔든다? "엥? 이건
무슨 시추에이션?" 삼촌이 내게 물었다. "세계적인 요리사가 되려면,
요리만 잘하면 될까~요?" 요리사가 요리만 잘하면 되지 뭐가 더 필
요해? 하지만 삼촌이 단호한 표정으로 대답했다.

"그것은 바로 영어야. 세계 최고가 되고 싶다며? 그렇다면 영어가 필
수지. 한식으로 세계적 셰프가 되려면 영어가 돼야 너의 레시피를 퍼
뜨릴 수 있고, 서양 음식으로 승부를 건다 해도 영어를 모르면 그 과
정이 굉장히 힘들고 시간도 오래 걸릴 거야. 일본식을 배우려면 일본
어, 중국식을 배우려면 중국어, 서양 요리의 기본인 프랑스 요리를 배
우려면 프랑스어……. 그 많은 언어를 통달할 수 있다면 최고겠지만,
일단 영어라도 된다면 비교적 정확히, 빨리 배울 수 있다는 말이야."
삼촌은 내가 만든 '떡꼬치'를 계속 먹으면서 충고를 이어갔다.

"다애야, 에드워드 권 셰프 알지? 에드워드 권이 처음 요리에 입문했
을 때, 셰프가 서양 요리를 하면서 한국에서만 일을 한다는 것은 말이
안 된다고 생각했대. 그래서 무작정 미국에 갔었는데, 처음에 영어를
잘 못해서 매일 'yes' 만 해서 별명이 'yes맨' 이 되었대. 말이 통하지
않으니 무슨 공부가 제대로 되었겠니? 결국 미친듯이 영어 공부를
해서 언어와 요리법 문제를 해결했고 끝내 세계적인 셰프가 되는 데

성공했지만, 미국에 가기 전에 영어를 정복했더라면 현장에서 그 고
생을 안 해도 되지 않았을까?"
삼촌이 동생과 함께 동생 방으로 들어간 뒤에 다애는 자신의 10년 뒤
를 생각해 본다. 제이미 올리버 같은 세계적인 요리사의 조리 동영상
을 보려면 영어를 알아야 하고, 훗날 조리 연수를 가려 해도 영어는
필수였다. 다애는 삼촌이 정말 고마웠다. 그동안 이런 저런 핑계를 대
며 영어를 애써 멀리해 왔던 자신에게 삼촌은 영어 공부를 열심히 해
야 할 확실한 '동기'를 알려준 것이다.

Tip

영어를 잘하면 누리게 될 10가지 행복

❶ 영어를 못하면 숱하게 겪을 답답한 일을 피할 수
있다.
❷ 전세계 인터넷에 접속할 수 있다.
❸ 미드 등 영어권 드라마 본방 사수 가능
❹ 외국인 친구들과의 교류와 정보 검색을 통해 세상
을 더 많이 알게 된다.
❺ 서프라이즈! 세상이 얼마나 넓고 다양한지 알게
된다.
❻ 수업 시간에 스트레스 받을 일이 없다.
❼ 대학 입시 때 큰 도움이 된다.
❽ 훗날 취직도 잘 된다.
❾ 해외여행 할 때 완전 자유롭다.
❿ 세계 어디에서 살아도 불편하지 않다.

영어 공부 잘하는 법

❶ 영어 대화 친구를 만들어 매일 한 시간씩 대화한다.
교과서 내용으로 대화한 후 두 사람만의 화제를 갖
고 대화를 시도한다.
❷ 사전은 꼭 영영 사전을 이용한다.
❸ 한 권 짜리 영어 소설 또는 영어 만화를 독파한다. 번
역을 해가면서 읽으면 더욱 효과적이다.
❹ 취향에 따라 애니메이션, 미국드라마를 자막 버전
으로 한 번, 자막 없는 버전으로 한 번 시청하는 습
관을 지닌다.
❺ 인터넷 번역기를 절대 사용하지 않는다. 모두 엉터
리 번역으로 영어 공부에 방해만 된다.
❻ 게임이나 영어권 청소년 커뮤니티사이트를 통해 영
어권 메신저 친구를 만든다. 국적은 미국이 유리하
다. 한국의 영어 교과서는 미국식 영어를 기본으로
한다. 영국식 영어와 미국식 영어는 다르다.
❼ 문법의 원리를 빨리 터득해야 한다.
❽ 문제를 많이 풀어본다.
❾ 영어를 공부의 대상으로 보지 말고 인생을 폭넓고
즐겁게 살기 위한 방법으로 생각한다.

03 수학

도대체 어디에 써먹음?

수학만 보면 답답해!

도대체 집합과 음수는 왜 배우는 거야? 찢어진 달력의 날짜를 찾아내라고 하질 않나, 깨진 시계의 시간의 각도를 구하라고 하지 않나, 정훈이는 이해할 수가 없다. 알아보지 못하는 날짜가 궁금하면 다른 달력을 찾아보면 될 것이고, 시간의 각도야 다른 시계 보고 따져보면 되겠지만, 굳이 그 각도를 알아낼 필요가 무엇이냐는 말이다. 세상살이와 너무 무관해 보이는 수학의 비현실성, 그 틈새에서 정훈이는 발버둥치고 있었다. 더하기, 빼기, 곱하기, 나누기만 잘하면 되지 않나? 그건 이미 초딩 때 다 배웠는데 뭘 또 배우라는 거지? 축구 선수가 꿈인 정훈에게 수학은 정말 자신의 인생과 전혀 상관없는 학문으로 여겨졌다. 게다가 중학생이 되니 수학이 왜 이렇게 어려운 거냐고! 도대체 누가 수학을 만들었어? 그렇게 할 일이 없었나? 조그마한 정훈이의 어깨에 수학이라는 무거운 한 짐이 올려 있고, 축 쳐진 어깨는 안쓰러울 지경이었다.

용기를 내 수학 선생님께 질문하기로 했다. 정훈과 마찬가지로 '이딴 거 왜 배우냐'고 불만인 친구들이 많지만, 굳이 선생님께 여쭤보지 않고 수포자(수학포기자)되는 경우가 많았다. 정훈이는 기꺼이 친구들의 대변인이 되기로 자청했다.

"샘! 도대체 수학을 왜 배우는 거죠?" 짐짓 당황한 수학 선생님. 자고 있던 친구, 딴짓하고 있던 친구들도 화들짝 정훈이와 선생님을 주목했다.

"어떻게 세월이 흐르고 흘러도, 학창시절 고민들은 다 거기서 거긴지 모르겠다. 샘도 너희 때 수학을 왜 배우나 싶었다. 그런데 말야, 샘은 답을 찾았어. 이야기 나온 김에 오늘 담판을 짓자! 수학을 왜 배우는지. 그 대신 답을 찾고 그 다음에는 열심히 하는 거다, 녀석들!"

수업 내용만 아니면 귀가 솔깃하는 친구들. 벌써 졸던 얼굴들은 다 실종되고, 초롱초롱한 눈망울이 되살아났다. 제발 식상한 이야기는 하지 말아 달라는 간절한 고양이 눈도 보였고 말이다. 정훈이도 이번 시간만은 선생님의 이야기에 집중할 생각이었다. 나도 말이야, 할 마음만 있으면 한단 말이지!

수학 - 그 신비한 세계

선생님의 어렸을 적 꿈은 '똑똑한 사람' 이었어. 시골에서 자란 선생님의 어머니는 '꼭 똑똑한 사람에게 시집가야지.'라고 생각하셨지. 그런데 선생님은 어렸을 때 '엄마 같은 사람에게 장가들어야겠다.'고 생각했었단다. 자연히 엄마 같은 사람을 만나려면 '똑똑'해져야 했지. 근데 그 기준이 애매~했어. 엄마는 어떤 사람을 똑똑하다고 했던 것일까? 엄마는 상황에 따라 판단을 잘하는 대인배를 좋아하셨어. 그리고 앞길을 헤쳐 나갈 수 있는 지혜가 있다면, 그 사람이 경제적인 능력이 있든 없든, 믿고 따를 수 있는 사람이라고 생각했대. 어떻게 하면 그런 지혜가 있을 수 있을까 고민했는데, 어느 날 수학 선생님이 한 이야기를 들려 주셨지.

어느 식인종 마을에 수학 선생과 제자가 잡혔다. 그런데 그 식인종 부족에는 사람을 잡아먹기 전에 마지막 소원을 들어주는 관례가 있었다. 수학 선생은 '죽기 전에 수학 수업을 하고 싶다.'라고 했고 제자는 '수학 수업 전에 죽고 싶다.'라고 이야기를 했다. 식인종들은 긴급회의에 들어갔다. 선생님의 소원을 들어 주자니, 제자의 소원을 못 들어 주고, 제자의 소원을 들어 주자니, 선생님의 소원을 들어 줄 수 없어서 고민하다가 둘 다 살려 주게 되었다나?

죽음을 모면한 두 사람의 지혜가 놀랍더라고. 이런 지혜가 있다면 '똑똑'해지는 것은 시간문제라고 생각했어. 선생님은 '논리'가 '수학'이라는 학문을 만드는 원리라고 이야기해 주셨어. 수학이라면 숫자만 있는 줄 알았는데, 논리와 수학이 이렇게 연관이 있는 줄은 몰랐지. 치밀한 전자 회로를 가지고 있는 전자제품의 성능이 우수한 것처럼, 우리 뇌의 신경세포를 연결해 주는 수초들이 많을수록 머리가 좋아진다는 거야. 신경세포는 누구나 갖고 있지만, 수초를 건설하지 않으면 보석을 땅에 묻는 것과 같대. 그런데 그 수초의 건설은 수학을 공부할 때 이루어지지. 머리가 좋아서 수학을 잘하는 것이 아니라, 수학을 잘해서 머리가 좋아진다는 것이 맞는다는 거지.
선생님의 그 이야기를 듣는 순간, 빙고! 수학을 해야 하는 이유를 찾

게 되었지. 그렇게 거부감은 없애고 수학에 달려드는 순간 수학의 신
비로운 세계에 빠져들었어. 차원에 관한 이야기나 암호화를 할 때 쓰
는 수, 마방진 등 이 모든 것이 너무 신기했어. 생활 속에 콕콕 박혀 있
는 수의 세계가 흥미진진했지. 그 후로 수학 시간은 정말 기대가 되는
시간이었어. 수학 문제는 내게 신비로운 수의 세계였거든! 수학이 바
로 판타지라고!

수학에게 다가가는 한 걸음

선생님께 들은 수학 특강은 생각보다 재미있었다. 다들 시
간가는 줄 모르고 이야기에 집중했다. 식인종 이야기도 그
렇고 그 후에 들려주신 많은 이야기들은 사실 처음 듣는
이야기가 많았다. 머리가 좋은 친구들이 수학을 잘한다고
믿었었는데, 그게 아니라는 사실도 충격적이었다. 선생님
께서는 우리들이 좋아하는 보드게임도 수학과 깊은 관련
이 있으며 수초를 건설하는데 도움을 줄 수 있다고 하셨
다. 어쩌면 우리가 사는 세상과 너무나 깊은 관련을 가지
고 있는 수학이었는데, 나의 짧은 생각으로 필요 없다고
여겼던 것이 분명하다. 수학도 재미있는 퀴즈를 푸는 것처
럼 접근하면 어떨까? 그렇게 되면 뇌도 좋아지고, 세상을
살다 문제에 부딪쳤을 때 지혜를 발휘하며 똑똑해지는 것
은 시간문제 아닐까? 우하핫, 나, 답을 찾은 것 같다.

Tip

추천 보드게임

블로커스
루미큐브
러시아워
초콜릿픽스
알록달록 첩보전

과학

과학은 소질 있는 아이만……, 안 되겠니?

힘과 에너지는 내가 최곤데!

힘과 에너지라는 것은 그저 밥 잘 먹고, 우리처럼 간식 빵빵하게 먹어 주면 솟아오르는 것이다. 쉬는 시간마다 남자아이들과 놀이에 푹 빠진 유미에겐 또래 남자아이보다 강한 파워가 분명 있다. 하지만 이런 유미마저도 힘과 에너지 이야기에 쥐죽은 듯 조용히 하는 시간이 있었으니 바로 과학 시간이었다. 과학에서는 요상한 용어들과 기호들로 힘과 에너지를 이야기 하고 있다니, 레알 재미없어 죽겠다.

과학이 마지막 시간으로 들었던 날, 유난히도 지루하고 재미없는 수업이 끝나자 유미와 친구들은 부리나케 학교를 빠져 나오면서 "아, 과학을 왜 배우는지 정말 모르겠어."라며 열띤 토론을 시작했다. 초등학교 때도 뭐 과학이 재미있었던 것은 아니었으나, 중딩이 되면서 갑자기 확 어려워진 과학 때문에 다들 스트레스가 이만저만이 아니다. 장래희망이 "과학자요!"라는 친구들만 따로 과학 배우게 하면 안 되나 싶은 생각이 머리끝까지 떠올랐다. 우리의 꿈은 과학과 멀고도 멀건만, 왜! 골치 아픈 과학을 배워야 하느냐고요!

언제나 리더의 역할을 잘하는 유미. 유미는 친구들에게 과학을 왜 배우는 것 같은지 생각을 이야기해 보자고 했다. 우리끼리 이야기한다고 무슨 해답이 나올까마는, 그래도 레알 '과학을 배우는 이유의 정답'을 만들고 싶었다.

야, 너들 중학생인 우리가 과학을 왜 배우는 것 같냐?
"사람들이 호기심이 많잖아. 그래서 과학이라는 게 나와서 우리를 괴롭히는 것 같아."
"혹시 과학자가 될 수 있는 사람이 누군지 모르니까 다 배우라고 하는 거 아닐까?"
"뭐, 그냥 세상에 대한 이해……?"
"과학 선생이 되려고?"

별의별 대답이 다 나왔지만 신통치는 않았고, 친구들도 답답한 것은 마찬가지였다. 우리보다 좀 더 나은 답을 줄 수 있는 사람이 누가 있을까? 그러다가 생각난 것이 소희 아빠였다. 소희 아빠는 연구소에 다니고 계신다. 소희 아빠라면 우리에게 대답을 줄 수 있지 않을까? 소희는 아빠에게 오늘 친구들 다 데리고 집에 갈 테니, 퇴근 후에 바로 와달라고 전화를 한다. 우리는 들뜬 마음으로 소희의 전화를 지켜보고 있었다. 과학은 누가 만들었고, 과학책은 누가 만들어서 우리를 괴롭히는지도 여쭤볼까? 갑자기 흥미진진한 시간이 기대되었다. 아빠의 대답은 더욱 적극적이었다. 모두 버스를 타고 아빠가 계신 연구소로 오라는 사실! 우아, 어차피 시간 널널한데, 친구들이랑 버스 타고 소희네 아빠 연구실로 고고싱!

유미와 친구들에게 소희 아빠의 연구소는 마치 사촌 오빠와 함께 가 봤던 대학교의 캠퍼스를 연상하게도 하고, 도심 속의 공원을 떠오르게 하는 평화로운 공간이었다. 소희가 전화를 걸자, 소희 아빠는 금세 정문으로 나와 주셨다. 왠지 뿔테 안경에 하얀색 가운을 입고 계실 것만 같았는데, 평범한 옷차림에 후덕한 인상을 지니셨다.

"아저씨, 여기는 뭐하는 곳이에요? 그리고 아저씨는 과학을 좋아했나요? 우리는 과학에 흥미도 없는데, 왜 과학을 배워야 할까요?" 우리의 질문 공세에 소희 아빠는 허허 웃으시면서 말씀을 시작하셨다.

"이곳은 사람의 '뇌'를 연구하는 곳이야. '뇌'는 참 신기한 기관인데 다양한 기능들이 있지만 아저씨는 '기억'과 '잠'에 대한 연구를 하고 있어. 그래서 관련 질병에 도움이 되는 약물을 만들지. 만약 아저씨가 학창 시절에 과학을 배우지 않았더라면, 지금 이런 일을 할 수 없었겠지. 왜냐면 아저씨는 과학 시간에 인체의 기관에 대해 배우다가 '뇌'에 대한 호기심이 엄청 발동했거든."

"우와, 그런데 아저씨처럼 관심 있는 사람들만 과학을 배우면 안 될까요? 저는 머리 만지는 것에 관심 있는데, 그래서 커서 헤어디자이너 될 거거든요. 그건 과학이랑 아무 상관없잖아요."

"아이구, 나중에 아저씨 머리는 유미에게 맡겨야겠다. 그때 멋있게 좀 잘해 줘요. 유미야, 미용도 과학이야! 파마를 하기 위해 들어가는 약품들도 과학을 하는 사람들이 없었다면 만들어지지 못했겠지. 파마 약에는 어떤 성분이 들어가는지 궁금하지 않아? 그리고 처음부터 과학을 좋아하는 사람들이 분류가 되면 좋겠지만, 그렇지 않은 경우들이 많거든. 특히 중학교 때는 많은 과목들을 배우면서 자기가 관심 가는 분야를 찾는 것이 중요하지. 유미가 헤어디자이너가 되고자 하

면, 아마 과학 중에서도 화학 분야에는 관심이 갈 거야. 그리고 말야,
과학의 세계는 이 세상의 어떤 면과는 다르게 공평하거든. 실험을 통
해서 어떤 것이 증명될 때 오로지 과학의 법칙으로만 증명이 될 뿐,
다른 어떤 요소도 들어가지 않아. 과학을 이용하는 사람들의 윤리의
식이 중요한 것은 사실이지만, 과학 자체는 공평한 세계야. 요즘 존경
받고 있는 안철수 아저씨나, 스티브 잡스 아저씨도 호기심이 굉장히
많았던 사람들이지. 그 사람들의 호기심이 과학이라는 세계와 만나
바이러스를 대항하는 백신을 만들어내고, 세상에 존재하지 않았던
아이폰과 아이패드를 만들어 냈잖아. 이런 것들이 결국은 세상을 이
롭게 만드는 역할을 하기도 했지."

미인은 잠꾸러기

소희 아빠의 이야기를 들으니, 왠지 우리 사이에는 비장함이 감돌았
다. 평소에 우리가 궁금했던 것이 호기심이라면, 우리가 과학을 배우
는 이유를 찾았던 것처럼, 그 호기심을 푸는 일이 과학적 사고의 한
과정이라는 것. 어쩌면 개미의 움직임 하나하나, 머리끈이 늘어났다
줄었다 하는 것에 대한 궁금증이 과학적인 호기심이었고, 이런 것들
을 실험을 통해 이치를 알게 되고, 그 결과로 어떤 것에 적용을 하게
된다면, 또 새로운 것들이 많이 생길 수 있다고 생각을 하니, 어라?
재밌는데? 그리고 정말 저는 왜 이렇게 잠이 많은 건지 그것도 다음
에 만날 때, 알려주세요! 네? 뭐라고요? 미인은 잠꾸러기라고
요? 그거, 증명된 거 맞아요?

사회
개념 인간이 되기 위한 아주 쉬운 방법

고리타분한 사회 시간

어김없이 수업 종은 울렸다. 종소리의 에코음이 끝나기도 전에 교실로 들어오시는 사회 선생님. 흰머리가 가득한 사회 선생님은 약속을 철저히 지키시는 바람직한 인간이시다. 오늘도 민주 정치가 어쩌고, 시민 참여가 저쩌고, 초록 칠판이 흰색으로 가득하도록 판서와 함께 사회 선생님의 강의는 시작되었다. 아니 강의인지 자장가인지 시작한지 얼마 되지 않아 고개가 자꾸 책상으로 떨어진다. 자장가, 수면제가 따로 없다. 사회야 대충 찍어도 점수는 나오는데, 굳이 이렇게까지 시간을 많이 들여야 하나 싶은 생각에 원망만 커져간다.

여자 친구와 이별과 사회 과목의 상관관계

정훈이를 비롯해 친구들이 비몽사몽간에 수업을 듣고 있는데, 갑자기 교실에 아무 말 없이 정적이 흐른다. 선생님께서 말씀을 멈추신 것이다. 뭔가 위기상황에 왔다 싶어, 정훈이는 얼른 잠에서 깨어나려고 양쪽 볼을 꼬집어본다. 뭐지? 순간 흠칫 했으나, 선생님께서는 우리를 안쓰럽게 바라보시더니 말문을 여셨다. "너희들 갑자기 중학생 돼서 많이 힘들지? 이제 금방 익숙해진다. 오늘은 선생님이 이야기 하나 들려줄까?" 평소 수업 시간에 절대로 다른 이야기 하나, 농담 하나 하지 않는 선생님이셨기에 우리는 좀 당황했다. 하지만 교과서 이외의 이야기만 나오면 급 말똥말똥해지는 우리들이니까, 쉬는 시간이면 아주 잠이 확 달아나는 우리들이니까, 수업만 아니면, 무조건 좋다. 들려주세요, 샘! 할아버지 같은 샘의 첫마디는 이랬다. "너희들, 인기 좋은 사람으로 살고 싶지? 여자 친구와, 남자 친구와 이별 없는 세상에 살고 싶지?"

그것은 러브 스토리

그때가 언제였더라, 벌써 수십 년이 지난 이야기야. 그때는 이 하얀 머리가 나올 틈을 안 보였던 팔팔한 대학생이었지. 친구들과 같이 학교에서 지금의 '촛불집회' 같은 시위를 하게 되었는데, 그때 우리 학교 여대생 한 명을 만났단다. 그 여학생이 어찌나 열정적으로 참여를 했었는지, 시위 기간 내내 함께 토론하고 현장에 나가곤 했었지. 근데 그 며칠 동안 여학생들은 화장은커녕 제대로 씻지도 못했는데도 그렇게 예뻐 보이는 거야. 그게 바로 운명이었지. 우리는 그 뒤로도 함께 야학 봉사활동을 하면서 사랑을 싹틔웠고, 결혼해서 아들딸 낳고, 지금까지 자~알 살고 있단다.

그런데 말이야, 우리가 사랑을 할 수 있었던 것은 사회가 돌아가는 것에 대한 서로의 생각이 같았기 때문이었어. 서로의 신념이 같았던 거지. 너희들, 세상 돌아가는 것에 관심은 있나? 보자, 너희들 나이가 올해로 14살이니까, 100년을 산다면 86년이 남았구만. 그런데 말이야, 세상이 굉장히 빠르게 돌아가는 것 같아도 사실 크게 변하지 않는 게 세상이란다. 그리고 이런 세상을 잘 살아 나가기 위해서는 세상과 함께 사는 법을 배워야 해. 가깝게는 친구들을 사귀어서 발을 넓히며 학교생활에 적응해 가는 사회성부터, 멀게는 어른들의 세상처럼만 보이는 정치까지 너희들과 무관한 것은 아무것도 없어.

너희들 요즘 인터넷이나 뉴스를 시청하면 정치와 관련된 TV토론, 정치뉴스들로 들썩이는 거 많이 보게 되지? 너희와 전혀 상관없는 일이라고 생각하면 안 된단다. 어른이나 아이들이나 세상이 정직하고 평화롭게 돌아가야 모두가 잘 살 수 있다는 생각을 해야 해. 사람들이 정치와 사회에 무관심하면 결국 너희들의 소중한 것들을 빼앗기게 된단다. 인간의 속성 가운데 소유욕이 있고, 정치 속성에 지배 욕구가 있다는 것은 인정해야 할 진리야. 그것을 감시하고 견제하지 않으면 결국 그로 인한 손해는 무관심자가 감당하게 되지. 빼앗기기 싫다면 사회에 관심을 가져야 하고, 표현해야 하고, 참여해야 하는 거야. 주장하고, 나이가 되면 투표함으로써 자신의 권리를 지켜가는 것이지. 지금이야 사회 수업도 재미없고, 뉴스도 재미없겠지만, 우리가 눈앞에 있는 즐거움만 좇아서 산다면, 우리 사회의 미래는 걷잡을 수 없게 암담해질 수 있어.

사회생활의 원리는 간단해. 나를 소중하게 생각하고 나와 다른 상대를 인정하는 것이지. 사람은 모두 다른 존재야. 똑같다면 그게 로봇이지 인간이겠니? 그런데 나와 다른 상대와 평생 조화롭게 살기 위해서는 나의 주장과 상대의 주장이 충돌할 때가 많아. 그래서 생긴 게 상식이고 예절이야. 상식적이고 예의 바른 사람이 사회에서 대우받는 이유가 그거란다. 예를 들어 복도를 걷다 친구의 발을 밟았어. 이건 있을 수 있는 일이거든. 그렇다고 '있을 수 있으니 미안해 할 필요도 없다.'라고 생각하면 안 되겠지? '아, 미안해, 실수였어.'라고 사과하는 게 상식이지. 친구의 실수로 발을 밟힌 당사자는 '있을 수 있는 일이야. 발등이 아프지만, 괜찮아.'라고 말하는 게 상식이고 예절인 거야. 사회 과목에서는 그런 상식과 예절, 더 나아가 세상을 똑바로

알고 제대로 살기 위한 기본을 배울 수 있는, 매우 소중한 시간이란
다. 너희들은 사회 과목을 고리타분하고 지겹게 생각할지 모르지만,
사회 교육을 통해서 우리가 살아가는 세상을 정확하게, 현실적으로
보는 눈이 생기니 열심히들 해보자구. 그리고 생각과 신념이 정확해
야 사랑하는 사람도 잘 찾을 수 있어. 그냥 얼굴만 예쁘다고, 키 크고
잘 생겼다고 헤벌쭉하지들 말구, 서로의 마음이 중요해. 서로 중요하
다고 여기는 것이 같아야 하구 말이야!

사회 - 그 매력 속으로

왠지 흑백영화처럼 사회 선생님의 러브 스토리가 영화처럼 스쳐 지
나갔다. 할아버지 선생님도 열정적인 젊은 시절이 있었다고 생각하
니까 좀 신기하기도 했다. 그런데 정말 과연 우리 친구들 중에서는 이
사회에 관심 있는 친구가 얼마나 될까? 어려운 뉴스의 이야기는 정
말 딴 세상의 이야기처럼 여겼는데, 함께 사는 세상이라는 생각을 하
게 되니 좀 색달랐다. 그래도 나중에 투표권이 생기면 놀러 안 가고
도장 꾹 찍으면서 꼭 참여해야지라는 생각은 평소에 하고는 있었는
데, 일단은 학생이니 사회 수업부터 열심히 들어야겠군. 사회 교육을
통해서 세상에 대해서 더 다가가고 나중에는 내가 참여하는 사람으
로 세상을 바꿀 수도 있다는 생각! 예전에는 미처 해보지 못했다. 선
생님, 평소 수업도 이렇게 재밌는 이야기 많이 섞어서 해주시고요, 그
리고 이정훈도 파이팅!

06

도 덕
애정남은 그냥 나온 게 아님

도덕이 제일 어려워!

뭐라고? 영, 수보다 도덕이 어렵다고? 근심어린 얼굴, 힘없는 목소리로 호소한 다애의 말에 엄마는 깜짝 놀랐다. 세상에 이런 복병이 숨어 있을 줄이야. 도대체 도덕이 뭐가 어려워? 착한 것, 좋은 것만 답으로 하면 되는 거 아니야? 엄마는 중학생이 되니 도덕이 어렵다는 다애의 말이 이해가 가지 않았나 보다. 근데 다애에게 초딩 도덕에 비해 급격히 어려워진 중딩 도덕이 어려운 것을 어쩌랴. 엄마는 다애의 교과목 중에 영, 수만 챙겼지 도덕은 정말 생각도 한 적이 없었다. 늘 주요 과목을 중시하고, 다른 과목은 뒷전이었던 것도 사실이었지만, 그 중에서도 도덕은 뒷전 중에서도 뒷전이었기 때문에 어렵다는 이야기는 더욱 놀라웠다. 그리고 은근히 짜증과 불만도 생긴다. 왜 도덕을 배우라고 해서 애 발목을 잡고, 성적을 떨어뜨릴까 하는 생각 말이다. 이 생각은 다애에게도 고스란히 전해져 '도덕'에 대한 거부감이 생기기 시작한다. 뭐 여러 사람한테 착하다 소리 듣는 난데, 꼭 도덕 배워야 하는 건가? 차라리 풀이만 알면 똑 떨어지는 답이 나오는 수학이 낫겠어!

다음 날, 어김없이 도덕 시간이 돌아왔다. 선생님께서는 오늘도 칠판을 빼곡히 채우셨고, 다애는 필기할 거리를 보고 한숨을 짓는다. 적을 것도 많고, 배울 것도 많고, 어렵기도 어렵고. 사실 이런 반응은 다애만 보이는 특이한 반응은 아니었다. 이상하게도 친구들 모두 다 초딩 때에 비해서 도덕이 갑자기 어려워졌다고 불만이 이만저만이 아니다. 여기저기서 한숨 소리가 나오자, 낌새를 눈치챈 선생님, "도덕 보면 한숨만 나와? 다들 왜 그래?" "너무 어려워요!" "어려워요!" "레알 어려워요!" 사방팔방에서 흡사 선생님의 질문을 기다렸다는 듯이 외쳐댄다. "도덕을 배우는 이유는 무엇일까? 혹시 아는 사람 있어?"

사람이 되어간다는 것

주위를 둘러보니 아무도 없었다. 정적이 흐르는 교실에서 선생님께서 다시 말을 이어 가셨다. "있잖아, 선생님이 어렸을 때 말야, 음, 유치원 때였던 것 같아. 친척 중에 또래가 있었는데, 어찌나 못됐던지, 그 집에 놀러가는 날이면 내가 가지고 놀던 장난감은 모조리 뺏겼던 기억이 나. 내가 하는 것은 막 다 방해하고 못되게 굴고 그랬어. 그래서 엄마가 그 집에 가자고 하는 날이 선생님은 세상에서 가장 싫었어. 그땐 왜 그랬는지, 엄마한테 이유를 말하지도 못하고 말야. 너희들은 이런 기억 없니? 가해자거나 혹은 피해자거나." "많죠. 선생님 원재가 딱 그런 케이스에요" "정말? 원재가 어릴 때 그랬었단 말이야? 후훗, 그런데 말야, 그 막된 친구가 지금은 완전 순둥이가 되어 있단다. 참 신기해. 왜 그렇게 되었을까?" 다애는 선생님의 이야기가 흥미진진했다. 다애 오빠도 어릴 때 동네에서 소문난 악마였다. 물론 지금도 그다지 착해지지는 않았지만 그때에 비하면 거의 개과천선 수준이

다. 이런 공감대가 형성이 되면서 선생님이 어떤 말씀을 해주실지 기대가 되었다.

"어릴 때는 사고가 다 자라지 않아서 자기중심으로 생각하게 마련이거든. 그래서 자기가 좋을 대로 행동하는 것이 어릴 때의 정상적인 모습이야. 하지만 크면서 세상이 자기 혼자만의 세상이 아니라는 사실을 자연스럽게 알게 되지. 그러면서 다른 사람을 이해하고, 배려하고, 맞춰 가며 사는 것을 배우게 돼. 이걸 두 글자로 뭐라고 할까? 영어인데, 맞추는 사람 선생님이 아이스크림 쏜다!"

역시 먹는 것에 목숨 거는 우리들, 여기저기서 답을 맞히려고 기를 쓰고 있다. 문득 다애의 머리를 스치는 그것! 선생님! 매너요 매너!

"그렇지. 바로 매너라는 거야. 너희들 친구들이 뭐 잘못된 행동하면 '비매'라고 얘기하지? 너희들 세계에서도 매너라는 것들이 암암리에 정리되어 있기 때문에 그 행동들을 벗어나는 친구들에게 '비매'라고 이야기하잖아. 모든 것을 혼자 하고 혼자 살아가는 사람이 있다면, 그 세계에 '매너'라는 것이 존재할까? 그렇지 않겠지. 무인도에 혼자 살고 있는데, 굳이 어떤 매너가 발휘가 되겠고, 그걸 누가 알아주겠어. 하지만 우리가 사는 세상은 너무나 많은 사람들이 얽히고 설켜서 살고 있잖아. 지금 우리 주변만 둘러 봐도 30명이다, 그치? 30명이 즐거운 학교생활을 하기 위해서 '매너'가 필요하고 '매너'의 큰 의미인 '도덕' 교육이 필요한 거야. 각기 다른 개성을 가진 30인이 모였으니, 부딪힐 일이 어디 한두 가지겠냐고, 안그래? 아마, 어릴 때부터 도덕 공부를 해오지 않았더라면, 이 세상은 엉망진창이었을걸? 도덕 교육이 존재하는 것 자체에 감사해라, 이것들. 중학교에서는 '도덕'에 관련된 여러 개념들을 배우게 돼. 세상을 살아가는 데 필요한 아주 기본적인 소양으로 배우는 것이지. 이런 개념들이 정립이 되

면, 사람들의 본성과 인성, 그리고 사회성에 대해 배우게 될 때에 많
은 도움이 될 거야. 다른 사람들을 돌아보면서 살아가는 것이 참되다
는 것을 알게 되면서 말이야. 이렇게 훌륭한 도덕 과목에 아직도 불만
있는 사람 손 들엇!"

애정남은 도덕 교육의 1인자?

선생님의 말씀을 듣고 나니 뭔가 뭉클해졌다. 나도 그동안 자라오면
서 많이 변했겠지? 친구들도 많이 생기면서 배려심이 조금은 커진
것도 같지만, 아직 부족한 부분들도 많이 있다는 사실을 생각해 보게
되었다. 도덕 교육이 없다면 망나니가 될 수도 있는 우리 오빠 생각도
나고 말이다.

다애는 그동안 도덕 공부를 너무 시험 위주로 생각해서 의미 없이 외
우고 공부했다는 생각이 들었다. 뭔가 큰 깨달음을 얻은 것 같은 이
기분. 아, 내 마음속에 착한 기운이 가득 들어 있는 것 같다. 다시 한
번 도덕책을 읽고 싶은 욕구가 솟구친다. 집에 가서 한번 큰 소리로
읽어봐야지, 했는데 집에 들어서서 생각 없이 또 TV를 켜버린 다애.
TV에서는 개그콘서트 재방송이 나오고 있었다. 인기 코너인 '애정
남'이 나온다. 애정남의 한마디 "이거 안 지켜도 쇠고랑 안차요, 경찰
출동 안 합니다. 하지만 우리의 아름다운 약속입니다." 이거이거, 사
람끼리 다투지 않고 아름답게 살도록 애매한 것을 정해주는 개콘 애
정남, 혹시 도덕 공부의 1인자였던 거 아냐?

기술, 가정
이건 뭐임?

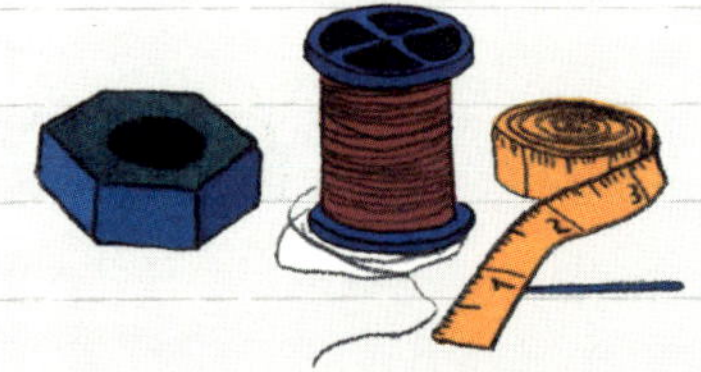

기가는 괴로워

진석이는 중학생이 되자 새로운 과목이 생겼다는 것을 알았다. '기술·가정' 이른바, '기가'라고 불리는 과목이었다. 초딩 때의 '실과'와 비슷할 줄 알았는데, 막상 겪어보니 어려웠다. 초등학교 때는 거의 실습 위주로 많이 했었는데, 중딩 때도 실습은 많이 하지만 이론 공부가 많이 늘어나서 어렵게 느껴지는 부분이 많았다. '기술·가정' 공부를 하다 보면, 도대체 이게 무슨 과목인가 싶다. 어떻게 보면 도구의 변천은 역사 시간에 나온 얘기이고, 전기 같은 것은 보면 과학 시간에 나온 이야기도 같고, 뭔가 겹치기도 하고 너무 방대한 이야기들이 나오는 것 같다. 누나는 기가 시간에 '인형 만들기'를 해서 외국에 입양-후진국을 도와주는 프로그램-도 보내면서 기가 시간에 대한 애착이 무척 늘어났는데, 도무지 내가 '기가'를 통해 흥미를 찾을 수 있는 것은 무엇이 있을까? 음식 만들기 정도? 그래서인지 '기가' 시간은 낭비라는 느낌을 지울 수가 없었다. 게다가 은근히 외울 것도 많아서 보통 성가신 과목이 아니다.

이런 저런 생각을 하다 보니, 벌써 한 주일이 금방 지나가 버렸다. 주말에 엄마와 아빠는 가구를 리폼하신다면서 아침부터 분주하셨다. 가뜩이나 좁은 집에 또 무엇을 하시려는 걸까 하며 부스스한 모습으로 나와 보니, 양쪽 문이 달린 오래된 우리의 장난감 보관용 수납장이 분해 당하고 있었다. 아기 때부터 지금까지의 장난감이 역사를 간직한 채 오래도록 나와 함께 해온 소중한 물건인데!

주말 아침의 반란

엄마! 이게 무슨 일이야! 그걸 해체하면 그 안에 있는 장난감들은 다 어떡해?

"인마, 최진석, 니가 언제까지 초딩이냐? 이거 이제 다 버리든지, 사촌 동생들 다 주고, 이거로 너희들 책장 만들어 줄 거야. 중학생 녀석이 둘이나 있으니 책도 더 많아지고, 마냥 쌓아둘 수는 없잖아. 책장을 살려도 비싸고, 또 안 그래도 비좁아서 새로 사면 놓을 데도 없고, 너도 얼른 정신 차리고 엄마, 아빠 좀 도와라, 누나도 좀 깨우고!"

헐, 나와 한마디 상의도 없이 추억을 송두리째 부숴버리는 엄마. 소중한 수납장이 뜯기고 잘리는 잔인한 모습을 진정 봐야하는 것인가? 평소 엄마 친구가 그렇게 가구 리폼을 잘한다면서 한 번쯤 해보고 싶었다는 엄마, 그리고 결혼 전부터 집에 있는 가구는 자기가 다 만들겠다며 큰소리만 쳤다던 마음만 목수인 우리 아빠였다. 하지만 오늘은 두 분, 제대로 날 잡으셨다. 바닥에 나뒹구는 이름 모를 공구들과 뜯겨진 수납장 문을 보고 있자니, 나에게도 숨겨진 남성적인 본능이랄까, 그런 것이 발동해 동참해 보기로 했다. 작업복으로 갈아입고 시작해 볼까?

하지만 어디서부터 무엇을 해야 할지 난감했다. "진석아, 직소(톱, Jig Saw)좀 줘 봐." 직소? 그게 뭐지? 아빠 그게 뭐예요? "거기, 니 발밑에 있는 거다 녀석아!" 아, 이건 뭐에 쓰이는 거지? 능숙하게 직소로 나무들을 재단하는 아빠, 오늘 땀까지 뻘뻘 흘리면서 작업하시는 모습이 왠지 멋있어 보인다.

"야, 근데 이런 거 학교에서 안 배우냐? 그 뭐더라, 기술 시간이던가? 아빠도 그때 다 배운 건데."

"아, 진짜요? 사실 난 이런데 별로 관심이 없었잖아요. 배운 것도 같은데 기억이 나질 않아요, 크크크."

"그럼, 너 이 나무는 어떤 종류인지 알겠냐?"

"네? 나무 종류? 그걸 내가 어떻게 알아요?"

"녀석, 너 공부 안 하고 만날 땡땡이만 치는 거 아니야? 기술 시간에 목재 종류도 배우고 하잖아. 엄마, 아빠처럼 이런 작업할 때 요긴하게 쓰이는 지식들이라고!"

"이런 작업이 DIY라는 것은 배웠어요!" 나의 이 말에 아빠는 앞으로 DIY는 엄청 매력적인 세계라는 말씀을 해주셨다.

"앞으로는 아마 세상이 DIY 세상이 될 거야. 자신의 공간을 소중하게 꾸민다는 자부심이 커지고, 또 요즘 사람들은 자기만의 것, 특이한 것, 하나밖에 없는 것, 이런 거 좋아하잖냐? 진석이 네가 결혼할 때는 정말 아빠가 말로만 했던 가구 디자인도 스스로 할 수 있을지도 몰라. 그러니 '기술' 시간에 바짝 잘 배워둬." 내가 결혼할 때? 순간 얼굴이 빨개졌지만, 행복한 상상의 나래가 막 펼쳐졌다. 내가 만든 집에서 나와 아내와 아이와 함께 살 행복한 집이라! 그때는 환경이 더 안 좋아질 테니깐, 완전 친환경으로 싹 만들어 줘야지. 행복한 상상을 하다 보니, 진석이는 지난 주 내내 '기가'로 인한 고민에 빠져 있었다는 사실을 뒤늦게 깨달았다. "진석아, 기술 시간에 전기랑 자동차 이런 것도 많이 나오지? 여자들도 그렇겠지만, 남자들한테는 더더욱 잘 배워 두면, 나중에 가정이나 회사에서도 예쁨 받을 일 많이 있을 거다."

아잉, 기술이 이런 과목이었다니!

이런저런 이야기꽃을 피우다 보니 어느새 낡고 오래되었던 수납장이 멋진 책장으로 변신했다. 왠지 이 책장에 꽂혀 있는 책을 읽으면 머릿속에 쏙쏙 박힐 것 같은 기분 좋은 느낌이 든다. 여기에 보너스로 필요 없게 된 수납장의 양쪽 문이 침대 머리 위쪽의 벽에 예쁘게 걸쳐져 요즘 유행하는 테두리 없고 받침만 있는 멋스런 책장으로 변신했다. 수납장 하나로 정말 책을 많이 꽂을 수 있는 공간이 탄생한 것이다. 잠자기 전에도 책을 보는 습관도 생기겠는걸? 그러고 보니 DIY는 돈을 절약하는 것 이상의 가치가 있었다.

"다들 고생했으니, 오늘 점심은 짜장면, 탕수육 세트다!"

맛있는 식사를 하고, 새 책장이 놓인 방으로 향한 진석이. 갑자기 궁금한 것이 있어 컴퓨터를 켠다. 만들기와 관련된 직업은 무엇이 있는지 검색해 보았다. 앞으로의 세상에 기술과 리빙에 관한 직업들이 중요한 직업들이 될 것이라는 전망과 함께 다양한 직업들이 있었다. 진석이는 어쩌면 나의 적성을 찾아 줄 수도 있는 '기가'를 놓칠 뻔했다는 안도감과 더불어 행복한 꿈을 찾는 소중한 오늘 하루가 되었다는 일기를 쓰고, 머리맡에 있는 오늘 만들어진 책장에 일기장을 살포시 내려놓았다.

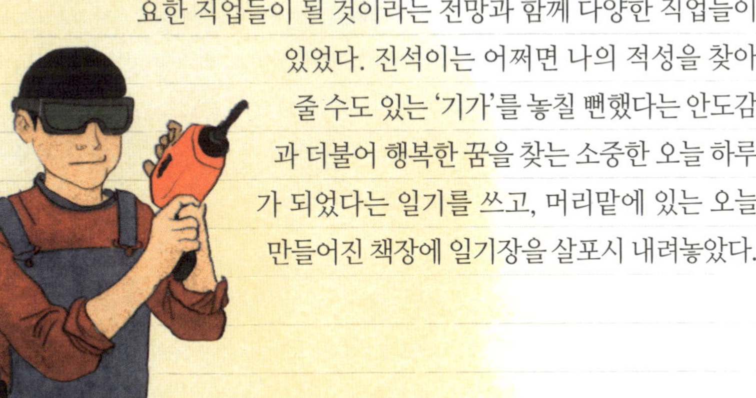

08 역사
역사 공부는 사극으로 출발?

원재는 일주일 가운데 가장 기다려지는 날이 '사극 하는 날'이다. 원재의 '사극앓이'는 그 누구도 말릴 수 없다. 사극의 대부분은 '15금'이지만 원재는 아랑곳하지 않는다. '무사 백동수', '근초고왕', '짝패', '공주의 남자', '뿌리 깊은 나무', '해를 품은 달' 등 대부분의 드라마를 섭렵했다. 가끔 드라마 영향을 받아 '뿌리 깊은 나무'를 볼 때는 입에 '우라질'을 붙이고 다녔고 '무사 백동수' 때는 눈에 번쩍 힘을 주고 다니기도 했다. 또한 사극에 빠진 뒤로 국사 시간에 관심도 커졌고 선생님께 질문도 잦아졌다.

"선생님! 무사 백동수가 실제 인물 맞아요? 그리고 사도세자가 뒤주에서 죽은 거 맞아요? 백동수에서는 그렇게 안 나오던데. 그리고 혹사초롱이 도대체 뭐예요? 샘은 국사 선생님인데 왜 백동수는 안 봐요?" 원재의 질문이 쏟아지자 여기저기서 친구들도 궁금한 점들을 한 보따리씩 늘어놓는다. 착한 우리 국사 선생님은 다행히 조목조목 답변을 잘해 주셨지만, 한 시간 내내 백동수 이야기만 할 수는 없는 법! 선생님은 주위를 환기시키고 다시 진도로 돌아갔다. 하지만 여전히 원재의 머릿속은 온통 무사 백동수에만 쏠려 있었다. 옛날이야기들을 꿰뚫고 있는 국사 선생님이 부럽기는 태어나서 처음이다.

어쨌든 국사 시간보다 '사극 하는 시간이 더 재미있는 것'은 200% 사실이다. 국사 시간을 사극 시청각 시간으로 만들어도 재미있을 텐데……. 사극을 보며 드라마와 역사적 사실과의 차이도 배우고 말이다. 선생님은 우리가 사극을 보는 것만큼 국사 공부를 해보라고 하시지만, 국사 공부가 '무사 백동수' 만큼 재미있다면 과연 우리가 국사 공부를 열심히 안 할 수 있을까?

학교에서 배우는 국사 시간은 뭔가 넘치는 듯도 하고, 부족한 듯도 하다. 너무 많은 사실들을 그것도 과거의 이야기들을 왜 외워야 하고 시험까지 봐야 하는지도 모르겠다. 지금 우리나라의 정치 판도도 모르겠는데, 과거의 정치 판도와 정치 기구들을 외우는 것이 도대체 어떤 쓸모가 있을까? 게다가 너무 현실과 동떨어진 구닥다리를 배우는 것은 아닐까 하는 생각도 든다. 국사는 너무 실용적이지 않은 과목이야! 원재의 생각은 결국 여기까지 이르렀다. "그렇게 따지면, 무사 백동수는 실용적이냐?" 짝꿍이 한마디 내뱉는데, 하긴 거기에도 할 말은 없었다. 하지만 실용적이진 않아도 재미있으니까, 보지 말래도 기를 쓰고 아마 보려고 할 것이다. 자식, 그래도 인마, 너도 '해를 품은 달'로 국사 수업하는 게 좋겠냐, 그냥 이대로 하는 게 좋겠냐?

"안 되겠다. 최원재! 오늘은 선생님이 질문할 테니 대답해 봐. 자, 우리 다 같이 원재의 말에 귀 기울여 보자! 원재야, 오늘은 어떻게 만들어졌을까?" 오늘이 어떻게 만들어졌냐고? 그걸 내가 어떻게 알아? 모르겠는데요…….

"어제가 없었다면, 오늘이 있었을까?" 아, 이런 이야기!

"그래, 맞다. 과거가 없는 현재는 존재하지 않아. 현재가 없는 미래도 존재하지 않지. 역사의 사이클은 돌고 도는데, 과거를 아는 사람이 그 사이클에 맞춰 오늘의 삶에 교훈을 얻는 거야. 바로 오늘을 살아가는 데 도움이 되는 기술이 역사 안에 있다는 말이지. 옛날이 고리타분하다고? 절대 그렇지 않아. 우리는 옛날에 만들어 놓은 문명 속에 살고 있는 거야. 한글만 해도 그게 작년에 발명된 게 아니잖니? 그렇다고 우리가 지금 사용하고 있는 한글이 세종대왕 때 반포된 한글의 형태도 아니야. 오랜 세월 한글을 연구하고, 표준어를 만들어낸 결과물이고 앞으로도 한글의 진화는 계속될 거야. 개인인증제도, 신분증 등도 옛날부터 이어온 제도야. 너희들이 매일 걸어다니는 길이 어느 날 갑자기 만들어졌겠니? 동네가 하루아침에 만들어졌겠어? 그래서 옛날의 역사를 공부하면 오늘의 내가 보이고, 그것은 곧 미래를 예측하는 힘이 되는 거라고. 복고가 괜히 유행되는 게 아니야."

선생님은 웃으시면서 말씀해 주셨지만, 어느 때보다도 진지한 표정이셨다.

"국사 첫 시간에 '나'의 역사에 대해 적어서 제출했던 것 생각나지? 너희들이 삶의 주인공 아니냐? 짧게나마 살아온 삶들을 돌아보면서 느낀 점도 적지 않았을 텐데, 벌써 잊었냐? 만날 벨튀(수업 끝 종소리만 들리면 튀어나가는) 하던 초딩의 역사를 돌아보면서, 아직도 벨튀 하는 중딩이고 싶냐? 그렇지 않겠지. 같은 실수를 저지르지 않게 하는 스승의 역할이 바로 역사라는 것이다. 나 자신의 장점과 단점을 정확히 알고 미래에 더 나은 내가 되기 위해서는 우리들과 똑같

은 삶을 살아온 선조들의 삶을 보는 것이 아주 큰 힌트가 된다, 이 말
씀이다!"
선생님의 말씀을 듣고 보니, 사극에서 단골로 등장하는 당파 싸움과
음모들은 오늘의 정치판과 다를 것이 없고, 사람을 살리는 착한 검을
휘두르는 백동수는 어쩌면 지금 세상에도 필요한 정의를 만드는 일
을 이야기하는 건지도 모르겠다는 생각이 든다.

무사 최원재?

"야야, 오늘 이야기 나온 김에 수행평가 과제 나간다. 제목은 '나의 뿌
리를 찾아서'다. 자신의 본관과 성씨 이야기, 집안의 가훈과 어르신
들의 업적을 찾아서 적고, 앞으로 너희들이 가문의 영광으로 어떤 꿈
을 가지고 살아갈지도 적어서 제출하도록." 여기저기에서 원재를 향
한 원망의 야유가 터져 나왔다. 드라마 때문에 숙제를 하게 생겼냐는
둥, 어쩄다는 둥. 하지만 왠지 원재는 궁금한 생각이 들었다. 나와 같
은 핏줄로 이어진 우리의 조상들은 어떤 모습으로 이 세상을 살아나
갔을까? 그리고 이 시대의 '백동수'가 내가 되지 말라는 법은 어디 있
는가? 흐어, 이거 흥미진진한데?

09 미술
미술은 스타일이다

1주일에 딱 한 시간인 미술 시간이건만, 원재에게는 1년과도 같다. 이번 시간은 어떤 과제로 긴 시간을 보내야 하나? 자포자기한 상태였다. 오늘의 주제는 인물 데생 시간. 원재의 얼굴에 벌써부터 어둠이 찾아온다. 사람의 얼굴을 그냥 사진으로 찍으면 될 것을 굳이 왜 비슷하게 그려야 하는 것일까? 아놔, 이런 거 왜하는 거니? 미술 시간 1시간 하는 대신 체육 시간 10시간과 바꾸자고 해도 원재는 좋다 하고 바꿀 것이다.

연필로 끼적이며 이 긴 시간의 싸움을 어떻게 해야 할지 까마득할 때쯤, 귀가 쫑긋해지는 선생님의 제안이 들린다. "앞에서 모델 할 사람은 그림 안 그려도 A+ 준다. 모델 하고 싶은 사람 나와 봐." 오잉? 이건 원재에게 신이 내려주신 간만의 선물이다. 빛의 속도로 달려서 교단에 선 원재, 아니나 다를까 다른 녀석들도 많이 나왔다. 아놔, 내가 해야 하는데 자식들 왜 이렇게 많이 나왔어? 한껏 인상을 찌푸리는데 선생님께서 제비를 만들어서 가지고 오셨다. 각자 하나씩 뽑아 드는데, 캬! 또렷한 글씨로 '모델 당첨'이라고 쓰여 있었다. 승리의 세리모니를 한 번 날려준 후, 교탁 위로 올라가 자리를 잡고 앉았다.

다들 자알 그려라. 잘생긴 내 얼굴이 니들 화첩에 간직되는 영광스러운 순간이다. 갑자기 연예인 병이 든 것처럼 원재가 우쭐한 기분으로 교탁에서 포즈를 잡았다. 그런데 아무것도 하지 않고 계속 앉아 있자니 슬슬 지루함이 몰려온다. 핸드폰이라도 만지작거리면 좋으련만, 꼼짝없이 앉아 있으려니 이 일도 쉽지만은 않았다. 하도 심심해서 애들을 하나하나 관찰해 보았다. 음, 쟤 얼굴에 저렇게 큰 점이 있었나? 내가 만약 저 녀석을 그린다면, 점만 크게 그리면 되게 웃기겠다, 큭큭. 쟨 교복이 왜 저래? 교복 맞아? 희한하네. 호, 저 헤어스타일 괜찮은데. 나도 다음엔 저 스타일로 해야겠다. 그리고 나의 천사 민지, 역시 예쁘다. 그림을 그리는 모습도 어쩜 저렇게 예쁜지! 다들 들여다보니 어찌나 개성도 강하고, 생김생김이 다양한지, 하나님은 참 창의성도 많으셨네. 창밖을 보니 나무와 꽃들도 예쁘고, 오늘따라 하늘도 참 파랗다. 한 폭의 그림 같네. 그림 안 그리려고 모델 자원했는데, 머릿속으로는 완전 디자이너 다 됐다.

이렇게 편안한 상태에서 주위를 돌아보니 창작의 욕구가 마구 솟구치는 것이, 역시 예술은 느림의 미학인가? 헉, 내가 이런 생각을 다하다니, 혼자 키득키득했다. 나의 수상한 모습을 눈치채신 선생님께서 옆으로 다가 오셨다.

"무슨 생각하면서 혼자 키득 거리냐? 앉아만 있으려면 좀이 쑤실텐데?" "그냥 애들 얼굴 살펴보니까 너무 재미있어서요." 하자 여기저기서 "좌!" "니 얼굴을 도대체 어떻게 그릴지 참 난감-하다." "니 얼굴도 웃긴 건 매한가지임." 여기저기서 아우성이었다.

선생님은 미술 시간에 원재의 밝은 모습을 처음 보셨다면서 다음 이야기들을 들려주셨다.

"우리가 신을 닮아 창조되었다면, 신이 그러하듯 우리도 창조적인 사람이야. 아마 30명의 친구들이 그린 너의 모습들도 다 가지각색일 걸? 그래서 미술이 재밌고, 사람들이 좋아하는 거거든. 자신만의 눈에 들어오는 어떤 특징들이 다를 수 있기 때문에 그렇지. 하지만 그것이 너희들 모습 중 일부니까 다른 사람들은 모르는 너의 모습을 정확하게 본 것일 거야. 세상도 그렇단다. 대충 보면 스쳐서 기억도 나지 않는 어떤 사실들을, 어떤 사람은 새로운 것으로 창조해 내지. 애플사의 사과 로고만 봐도 얼마나 신선하냐? 세상을 잘 관찰하면 좋은 디자인도 나오고, 세상의 색들을 잘 관찰하면 색감도 기를 수 있어. 나무에는 갈색 기둥과 초록색 잎들이 있지? 갈색 면바지에 초록색 얇은 집업 후드를 매치 시켜 봐. 기가 막히게 예쁠걸? 자연의 색을 알면 옷 살 때 고민할 필요가 없어. 색을 잘 아는 사람은 청바지 한 두 벌과 셔츠 몇 장으로도 최고의 멋쟁이로 살 수 있어. 패션 매장에 디스플레이 되어 있는 그대로 사다 입는 것과, 자신만의 개성을 살려 여러 매장에서 각각의 아이템을 사다 조합하는 것과 비교가 되겠니? 디자인이란 다양한 형태로 언제나 환영받는 미래 산업이야. 요즘은 뭐 하나 살려도 예쁜 것 따져가면서 사거든. 이왕이면 보기도 좋고 성능도 좋은 것들을 고르고, 그런 아이템을 소유하고 있다는 것에 사람들이 큰 기쁨과 즐거움을 갖잖아. 그만큼 디자인의 중요성은 커져 가고 있다는 거지! 디자인을 잘 하려면, 첫째는 세상을 관찰하는 눈을 키우는 것이고, 둘째는 미술 공부야. 그림, 옷, 사진 등 다양한 분야에서 미적인 가치를 발산하는 사람들은 다 어느 정도 미술에 대한 조예가 있는

사람들이거든. 더 멋지고, 예쁘게 살도록 도와주는 유일한 중딩 과목
이 미술이라는 것, 이제 알았지? 이젠 열심히 할 거지, 최원재?"
"하아, 그렇긴 한데요. 소질이 영……."
"미술이야 말로, 답이 없는 학문이거든. 그림을 못 그려도 너만의 개
성으로 그리면 돼. 그러니까 너의 머릿속에 들어 있는 편견, 선입견만
버리고 자신 있게 미술에 다가오란 말이야. 그럼 미술은 너에게 아마
달려갈 거야."

피카소의 탄생

주옥같은 선생님의 말씀이 끝나자, 미술이 참 생활과 밀접하다는 생
각이 들었다. 그저 지겨운 시간인 줄만 알았는데 말이다. 사실 나에
게도 '미'에 대한 욕구가 아주 없는 것은 아니었다. 신형 휴대폰이 나
올 때마다 바꾸고 싶어서 안달이었으니까. 게다가 옷은 얼마나 사달
라고 엄마를 졸랐던지.

즐거운 대화가 끝나고 드디어 친구들 스케치북의 내 얼굴을 확인할
시간이 돌아왔다. 헉! 내 코가 이렇게 컸던가? 헉! 내 얼굴에 점이 이
렇게 많았어? 헉! 귀가 이렇게 컸던가? 헉! 내 눈이 이렇게 풀려 있
나? 자식들, 다들 피카소 나셨다? 어디 가서 이거 최원재 얼굴
이라고 하지 마라, 잉! 안 그러면 다음 주에 내가 니들 얼
굴 다 그려서 뿌린다, 잉! 어쨌든 나는 오늘 그림 안 그
리고 A+!

교과목 없이 세상을 잘살 수는 없다!

사람이 세상에 태어나 피할 수 없는 두 가지 사실

하나는 수명이 있다는 것이다. 누구나 언젠가는 죽는다. 그래서 '하나뿐인 생명'이라고 말한다. 생명이 살아있을 때 건강하게, 자기가 하고 싶은 일을 즐기며 행복하게 살려고 노력하게 되는 것이다.

피할 수 없는 두 번째 사실은 수천 년 동안 이어져 온 세상살이의 구조에서 벗어날 수 없다는 점이다. 한국이라는 점, 고향이 특정 지역이라는 점, 대부분의 사람들이 학교에 입학해서 무언가를 배우게 된다는 점, 그렇게 해서 발견된 자신의 재능으로 평생을 살게 된다는 점 등은 누구도 벗어날 수 없는 현실이다.

중학교 교과목이 필요한 이유

중학교 교과목은 사람이 태어나 살면서 기본적으로 알아야 할 지식들이다. 자신의 생각을 제대로 표현하기 위해서는 올바른 우리말을 알아야 한다. 국어를 배워야 하는 이유다.

넓은 세상에서 더 많은 사람들과 대화하고 사귀기 위해 외국어 두세 개쯤을 알아야 한다. 영어가 세계 공용어라는 점은 부인할 수 없는 현실이다. 정복하면 더 편리하고 자유로워지는 게 영어다.

수학은 누구나 공평하게 갖고 있는 두뇌의 논리 능력을 키워내기 위한 최소한

의 학습이다. 수치에 밝으면 부자가 되는데도 유리하다.

지금 대한민국에서 가장 존경 받는 사람 가운데 한 명인 안철수 박사를 오늘의 성공으로 이끄는데 기초 역할을 한 과목은 과학이었다. 과학에 흥미를 느끼고, 궁금한 점들을 해결하기 위해 또 다른 공부를 하게 됨으로써 그는 의사에, 인터넷바이러스 백신 발명가에, 존경 받는 교수가 될 수 있었다.

편견과 차별을 뛰어넘는 선한 삶에 대한 사회 과목 교육을 받으며 버락 오바마는 올바른 세상을 위해 정치를 하겠다는 결심을 하게 되었고 결국 미국의 대통령이 될 수 있었다.

미술은 스마트폰의 멋진 디자인을 만들어냈고 아름다운 건축물을 상상하게 해주었고 수많은 청소년을 열광하게 하는 게임의 디자인을 완성하는 기초가 되어 주었다.

역사를 알아야 오늘과 내일의 삶을 알 수 있다.

필요 없는 과목은 없다

밥과 반찬을 골고루 먹고 운동과 공부도 골고루 잘해야 건강한 것처럼, 중학교에서 만나는 모든 교과목에 대한 관심을 두루두루 갖고 열심히 하는 사람의 인생도 건강할 수 있다. 내가 꼭 하고 싶은 일을 하며 살 수 있게 도와주는 것, 그것이 바로 중학교 교과목이다.

*** 자유롭고 집중적인 교육 과정 운영 학교**

두레자연중 : 인성교육, 성교육, 자연체험활동
이우중 : 생태입문, 농사체험, 지역활동과 NGO, 진로탐색, 공예, 우리춤 우리가락, 주제학습, 표현예술, 기악 합주
한겨레중 : 원예치료, 음악치료, 미술치료, 생활공예
지평선중 : 일본어, 건축, 마음공부, 예술, 한문학, 산악현장, 농사(김장), 주제탐구
성지송학중 : 마음일기, 서예, 연극, 사물, 논술철학, 애니메이션, 영화제작, 창극, 탈춤, 탁구, 볼링
용정중 : 토론, 다도, 목공예, 철학, 악기, 국선도

과학
국어
도덕

교실 생활이 궁금해!

01

중학교 담임선생님에 대한 오해와 진실

초딩에게 있는 것이 중딩에는 없다?

모든 것이 어리바리하지만, 마음만은 둥둥 떠다니는 중학교에서의 첫날, 정훈이는 입학식을 마치고 배정받은 학급 교실로 들어갔다. 모든 것이 새로운 모습, 교실도 책상도 다 익숙했던 초딩 교실의 모습과는 다른 모습이다. 지난 학기의 흔적이 남아 있기도 한 교실에서는 알 수 없는 내용의 유인물과 게시판을 꾸며 놓은 종이들이 보이고, 게시판은 초딩 때와는 정말 다르게 심플하다 못해 썰렁한 모습이다. 교실도, 칠판도, 책상도 다 커 보이는 것은 왜일까? 어쨌든 모든 것이 낯설어서 불안도 하지만, 운 좋게 같은 초, 6학년 때 같은 반이었던 원재와 한 반이 되어서 마음이 좀 놓인다.

일단 정해 진 자리도 없고, 아무렇게나 앉아서 원재와 수다를 떨고 있었다. "야, 근데 선생님 왜 이렇게 안 오시냐? 다른 반은 다 오신 것 같은데……." 원재의 말에 나도 내심 어떤 분이 담임으로 오실지 궁금증이 싹텄다. 제발 젊고, 착하고, 예쁜 여자 선생님이셨으면 좋겠는데……. 혼자 상상의 나래를 펼치던 중, 원재가 무언가를 발견했다는 듯이 "어!" "뭐임?" 다들 궁금해 하고 있는데, 원재 왈 "야! 없어! 교실에 선생님 책상이 없어!"

"오잉? 레알?" 그제야 다들 수다를 멈추고 선생님의 책상을 찾아보기 시작했다. 고개를 이리 돌려 보고, 저리 돌려 봐도, 진정 담임선생님의 책상이 없다. 이건 무슨 일이지? 초등학교 때와는 다른 교실의 모습 중 우리가 발견한 가장 큰 것이었다. 아까 교실에 올라오다 보니 교무실이 있던데, 그렇다면 선생님들이 모두 거기 계시다는 것? 그때 저 뒤에 키 큰 친구가 큰 소리로 말한다. "야, 여기가 초딩이냐? 초딩이나 담임선생님이 교실에 있지, 중딩 때부터는 선생님들 다 교무실에 계신다고. 몰랐냐? 으구, 초딩들……." 그 친구는 우리보고 초딩 졸업한 티가 팍팍 난다며 아는 척을 해대고 있다.

그랬거나 저랬거나 교무실에 선생님 책상이 없다는 것은? 그것은? 빙고! 우리에게 쉬는 시간의 자유가 찾아왔다는 말이다. 이야기가 나왔으니 말인데, 초딩 때는 쉬는 시간에도 교실에 떡 하니 앉아 계시는 선생님 때문에 마음껏 놀지 못했던 것이 사실이다. 조그만 큰 소리가 나와도 "조용히 햇!"을 외치셨던 담임선생님……, 이제 추억으로 묻어 둘게요! 중딩의 쉬는 시간은 이제 자유닷! 쉬는 시간의 담임선생님의 부재가 중딩이 되어서 알게 된 가장 첫 번째 희소식이 이것이 아닐까 싶다. 앗싸!

담임선생님 설명서

"띠리리리리리리로."

생소한 벨이 울리고, 문이 드르륵 열린다. 오 마이 갓! 우리 담임이다. 완전 아줌마. 여기저기서 소리 없는 한숨이 새어 나오고, 정훈이도 김이 팍 샜다. 엄마보다도 나이가 많은 것 같은 담임선생님. TV에 나오는 젊고 천사 같은 여자 선생님들은 도대체 다 어디에 계신 건지, 역시 TV는 현실감 0%다. 웅성거리는 우리들을 카리스마로 제압한 담임선생님께서 새로운 중학교 생활에 관해서 이야기를 해주시겠다고 한다. 그 이야기가 끝나자마자, 여기저기서 궁금한 것을 막 물어보는 친구들, 성격하나 급하다. "선생님의 이야기가 끝나고, 그리고도 해결되지 않은 궁금증이 있으면, 그때 질문 받을게요. 일단 선생님이 나눠주는 유인물을 받고, 선생님 이야기를 잘 들으세요."
짐짓 우리들의 태도에 놀라신 선생님, 교복까지 똑같이 입은 새까만 우리들이 징그럽단 듯이, 한편으론 귀엽다는 듯이 표정을 만들어 가시며, 유인물을 나눠 주셨다. 엥? 이것은 뭐? 선생님께서 직접 만드신 "담임선생님 설명서!" 난생 처음 받아 보는 유인물이었다.

친절한 담임샘

깔끔한 센스로 우리를 감동시킨 담임선생님. 일일이 이런 것을 작성해 주셔서 정훈이는 담임선생님과 우리의 관계에 대해 좀 더 분명하게 알 수 있었다. 엄마처럼 우리를 보살펴 주신다는 말에 마음이 짠하기도 했다. 언제나 우리를 든든하게 지원해 주신다는, 엄마 같은 울 담임선생님 따봉!
다사다난했던 중학교에서의 첫날이 지나고 옆 반으로 배정을 받은 같은 동네 친구와 함께 하교를 하려는데, 그 친구가 "도대체 중학교 담임선생님은 왜 있는 거야? 교실에 책상도 없더구만?"이라고 물어보는 질문에 정훈이는 가방에서 벌써 꼬깃꼬깃해진 유인물을 꺼내서 보여 준다. 여기 봐봐! 자세히 나와 있어. 너희 담임선생님은 이런 것도 안 가르쳐 주시냐? 내가 가르쳐 줄 테니깐 잘 봐봐. 후훗!

Tip

1. 정기적인 만남
❶ 조회, 종례 시간
조회 8:20~8:30
종례 3:20~3:30
내용 : 출석 체크, 공지사항 전달, 각종 가정통신문 배부 및 회수,
청소 검사
❷ 담임선생님 담당 수업 시간
내용 : 수업과 동시에 약간의 잔소리가 있을 수 있음
❸ 학교 행사 시간
내용 : 소풍 및 체험학습

2. 비정기적인 만남
❶ 조회 전 이른 아침
내용 : 잘 있나 해서.
❷ 점심시간
내용 : 급식실에서 마주칠 수 있음
❸ 불시에 교실 방문
내용 : 그냥 보고 싶어서, 잘 있나 해서.
❹ 상담 요청 시
내용 : 진로에 대한 것을 포함해, 삶에 대한 진지 고민이 있거나,
어려운 일을 당했을 때, 쌍방 간(담임↔학생)에 요청할 수 있음.
❺ 조퇴, 외출증 끊을 때
내용 : 개인적인 사정으로 조퇴할 일이 있거나, 외출할 일이 있을
때 담임과 상의
(*층 교무실 오른쪽에 선생님의 자리가 있음)

✚ 기타사항 1 : 학생이 불가피하게 결석을 해야 할 일이 있을 시 온
라인상으로 연락이 필요함(휴대폰 번호 010-0000-0000), 지
각을 할 경우 담임선생님이 집으로 연락을 취함.

✚ 기타사항 2 : 담임선생님은 학교에 있는 엄마와 마찬가지임, 따
라서 학교생활 전반에 관해 언제든 이야기 나눌 수 있음.

02

매 시간 달라지는 선생님 얼굴?

궁금한 수업 시간

혹시라도 잃어버릴 새라 꼼꼼하게 칠판을 보며 필기 중인 유미, 그 내용은 중학교 시간표였다. 초딩 때보다 좀 더 늘어난 시간표를 보고 한숨이 나왔던 것도 사실이지만, 설렘이 아주 없는 것은 아니었다. 와, 과목이 많기도 많네. 뭐 어디서 주워듣기로는 중학교는 과목마다 선생님이 따로 계신다던데, 이 많은 과목의 선생님들이 다 있는 건가 의문도 든다. 물론 초딩 때도 담임선생님이 대부분의 과목을 하셨지만, 영어, 체육, 음악 정도는 다른 선생님이 해주셨다. 하지만 전 과목을 다른 선생님들께서 들어오신다면 헉, 어지럽진 않을까? 선생님들을 다 기억할 수는 있을까? 오만가지 생각이 머릿속을 오가는 동안, 손은 부지런히 움직여 시간표를 다 완성해 놓았다.

두렵고 떨리는 첫 시간!

유미는 새로 사귄 짝꿍과 단박에 마음이 맞아 새로 산 학용품들을 이리저리 살펴보면서 즐거운 시간을 보내고 있었다. 종이 울림과 동시에 센스 없이 바로 들어오시는 중학교 첫 수업 시간의 주인공, 수학샘이 납셨다. 많지 않은 머리숱에 매서운 눈매, 꾹 다문 입술, 무성한 소문의 주인공 쌍칼 선생님이 분명했다. 선배들을 수업 시간에 꼼짝 못하게 했던 주인공이시라는데, 헉 우리 수학을 가르치실 줄이야. "선생님 이름은 '신인섭'이다. 교과서 펴도록! 3페이지 목차부터 본다. 실시!" 오잉? 실시? 저것은 어느 나라 말이다냐? 첫 시간부터 수업? 첫 시간은 슬슬 소개와 이것저것 이야기들로 때울 것이라는 예상이 빗나가기 시작한다. 게다가 숙제가 줄줄……. 아, 괴로운 시간이 될 것 같다. 앞으로 한 학기 동안 수학 시간을 어떻게 버티지? 눈물이 날 것만 같다. 가뜩이나 제일 싫어하는 과목이 수학인데 말이다.

힘겨운 첫 시간을 마치고, 친구들과 삼삼오오 모여서 수다를 떤다. 이렇게 무방비로 선생님을 맞다가는 정말 큰 충격에 빠질 것 같다며 대책을 세우기로 했다. 유미는 좋은 생각이 떠오른 듯, 손가락으로 '뽁!' 소리를 내며 말을 이어간다. "내가 점심시간에 3학년 은지 언니 데리고 올게. 은지 언니한테 선생님들에 대해 속속들이 알려달라고 부탁해 보려고." 짝꿍도 대환영. "좋은 생각이야. 은지 언니면, 선생님들하고 무지 친하고, 성격도 짱인 언니지?" 하, 얼른 점심시간이 왔으면 좋겠다. 그래야 우리도 대책 좀 세우고, 숨 좀 쉬지, 크크크.

"다들 모였어? 선생님들에 대해 궁금하다 이거지? 나도 1학년 때 생각해 보면, 정말 모든 것이 당황스러웠던 것 같아. 지금 생각해 보면 아무것도 아닌데 말야. 지금부터 언니가 아주 자세-하게 우리 학교 선생님들에 대해 이야기해 줄 테니까, 잘 들어봐."

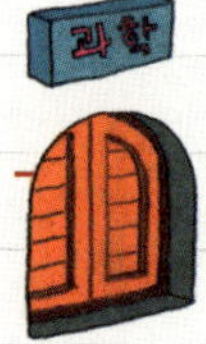

✚ 국어 선생님

딱 두부류야, 엄청 감성적, 문학적이신 부류, 이런 분들은 꼭 한 시간에 한 가지 이상 인상 깊은 이야기들을 너희들에게 남기고 싶어 하실 거야. 다른 한 부류는 시험에 나오는 것 위주로 가르치시는 분들이야. 아주 자습서 판박이 같은 분들이지. 이런 분들은 보통 문제 풀이를 많이 하셔. 책에 필기 엄청 해야 돼. 어쨌든 대체로 국어샘들은 마음이 따뜻한 분들이 많으시니까 발표도 잘 하고, 숙제도 잘 해오면 금세 선생님과도 친해질 수 있을 거야.

✚ 수학 선생님

이분들도 딱 두 부류. 한 부류는 칠판에 나와서 문제 푸는 거 엄청 시키시는 선생님, 또 한 부류는 설명도 PPT로 하시고 문제도 각자 풀고, 모르는 것만 질문하라는 선생님, 이 정도지. 수학은 뭐 너희들이 수학을 좋아라하고 열심히 하면, 구체적으로 원리를 정확히 이해하고 문제 풀이 경험이 많으면 만사 오케이야. 그리고 참고로 쌍칼 선생님 무섭지만은 않아. 조금 친해지면 엄청 재밌으셔. 참고해.

✚ 영어 선생님

영어샘들은 한결 같아. 뭔가 빈틈이 안 보일 정도로 완벽하신 부분이 있어. 영어샘을 대할 때는 매너를 갖추는 게 중요해. 징징거리고 어리광부리는 거, 그분들 쌩하게 무시해 버린다. 그래서 은근 인간미가 없어 보이기는 하는데, 그래도 속은 좀 착하신 것도 같고, 외강내유 스타일이랄까? 단어 시험은 자주 보고, 듣기랑 말하기 수업도 1주일에 한 번 이상씩 하고 그래.

✚ 국사 선생님

국사 선생님은 나이로 좀 따져지는데, 연세 드신 선생님들은 약간 졸리게 수업하셔. 거의 강의만 하시거든. 그래도 삶의 연륜이 묻어난 재밌는 역사 이야기들을 많이 해주셔. 젊은 선생님들은 열정이 많으셔. 암기 과목으로가 아니라, 대한민국의 국민으로 알아야 할 역사 이야기들을 많이 얘기해 주시지.

✚ 과학 선생님

과학 선생님들은 스타일이 다양한 것 같아. 과학도 분야가 많으니까, 전공도 다양하신 분들이 많고 그래서 그럴 거야. 그래도 남자 선생님들이 많으신데, 과학이 호기심의 학문이다 보니까 과학샘들은 진짜 궁금한 게 많으신 분들이야.

선생님 스타일은 이정도로 이야기할까? 어쨌든 중요한 것은 첫 시간
엔 선생님들이 좀 낯설고 어색하겠지만, 시간이 흐를수록 많이 가까
워질 거야. 그리고 수업 시간에 잘 참여하고, 숙제 잘하면 다 별문제
없이 잘 지낼 수 있어. 그리고 한 가지 중요한 사실. 선생님들도 사람
이라는 것을 잊어서는 안 돼. 감정과 이성을 동시에 갖고 사시는 분들
이라고. 선생님들도 잘 삐치고 상처도 잘 받아. 수업 시간에 학생들이
딴짓하고 놀면 짜증이 날 수밖에 없다고. 그러니까 수업 시간에 충실
하고, 선생님들도 니들이 잘해 주면 정말 좋아하고 기뻐하신다는 사
실을 꼭 명심해라.

새로운 다짐

은지 언니의 이야기를 듣다보니, 벌써 점심시간의 끝을 알리는 종이
울린다. 시간 가는 줄 몰랐는데 말이다. 우리는 이야기를 다 마치기
도 전에 흩어졌고, 유미도 후다닥 사물함에 가서 교과서를 가지고 달
려와 자리에 앉았다. 그러면서도 언니의 이야기는 머릿속에 계속 맴
돌았다. 각 과목별로 선생님들 스타일이 다른 것이 말이다. 초등학교
선생님들하고 많은 차이가 있는 것 같았다. 그리고 과목별로 선생님
들이 계시다 보니, 아마 그 과목을 좀 더 깊이 배울 수 있을 것이라는
생각에 기대도 많이 되었다. 특히 평소에 관심이 많았던 역사 과목에
대한 기대는 남달랐다. 선생님들! 우리 철부지들 자알 부탁드립니다.
열심히 할게요! 그런데 이번 시간에 들어오시는 선생님은 누구?

알림장, 일기장이 없다고?

정훈이에게 알림장은 꼭 곁에 두어야 하는 물건 1호였다. 초등학교 저학년 시절, 정훈이는 툭하면 숙제를 잊거나 내일 가져가야 할 준비물이 무언지 기억나지 않아 엄마 속을 뒤집어놓곤 했었다. 하지만 꼼꼼히 알림장을 챙기시는 담임선생님을 만난 뒤로 엄마의 고민이 싹 사라졌다. 담임선생님과 엄마의 듀얼 공작으로 정훈이의 알림장 프로젝트는 성공적이었고, 학교생활을 무난하게 잘 해올 수가 있었다. 정훈이는 중학교에 입학하면서, 아직 새것으로 남아 있는 알림장을 두고 고민에 빠졌다. 이것을 그대로 쓸 것인가, 아니면 중학생용 알림장이 따로 있어서 그것을 구입해야 하는가? 그저 고민만 하다 시간을 다 보낸 정훈이가 의아해 했던 것은 조회, 종례를 하러 오는 담임선생님의 말씀 중에 '알림장' 이라는 단어가 단 한 번도 나오지 않았다는 사실이었다. 뭐지? 중학교는 알림장을 안 쓰나?

학기 때뿐만 아니라, 방학까지 골치를 앓았던 일기 숙제. 초딩 때는 징그럽게 일기를 써왔다. 그림일기부터 시작해서, 자율적으로 써오라면서도 검사를 꼬박하던 고학년까지 일기는 초딩 생활과는 떼려야 뗄 수 없는 그렇고 그런 사이었다. 그런데 이상한 것은 중학교에 들어와서 하루, 이틀이 지나고 삼일이 지나도 담임선생님께서는 '일기'의 '일'자도 꺼내지 않으신다는 것이다. 혹시 일기가 글을 쓰는 거니까 국어 선생님이 시키는 것인가? 국어 시간에도 언제 그 이야기가 나올까 내심 궁금했는데 일기 이야기는 없었다. 비로소 '일기'로부터 해방인가?

다이어리의 등장

새침데기같이 생긴 짝꿍이 조회 시간이 되자 예쁜 수첩 하나를 꺼낸다. '다이어리'라나? 잡다한 스티커를 붙이고, 깨알 같은 글씨로 뭔가를 적어 나간다. 적는 것은 다름 아닌 선생님께서 조회 시간에 해주시는 이야기 중에 필요한 것들이었다. 요상한 '다이어리'라는 것이 궁금해서 그게 뭐야? 물으며 손을 내밀었더니, 비밀이라며 손을 뿌리치는 짝꿍. 근데 알림장 대신해서 그거 쓰는 거야? 내가 진심 궁금해하자 짝꿍이 들려주는 이야기.

"중학교는 알림장 안 쓰잖아. 안 그래도 선생님들도 많아서 어지러워 죽겠는데, 숙제 같은 거 어떻게 다 기억하니? 그래서 여기에다가 적는 거야. 그리고 뒤쪽에는 그냥 내가 일기처럼 쓰고, 좋은 글귀도 적어 놓고 하는 거지." 그리고 보니 쉬는 시간에 여자애들은 서로 다이어리를 구경하느라 정신이 없다. 하지만 남자애들은 알림장은 고사하고 다이어리도 눈을 씻고 찾아보려야 찾아볼 수가 없었다.

정훈이도 걱정이 되긴 한다. 알림장도 없이 중딩 생활의 이 복잡 미묘한 것들을 어디에 메모를 해 둔단 말인가! 굳이 아무도 알림장을 쓰라고 강요하지는 않지만, 혼자서라도 대책을 강구해야겠다는 생각에 학교가 끝나고 문구점에 들렀다. 남자가 다이어리는 좀 그렇고, 수

첩이라도 하나 사야겠다는 생각이 들었다. 집에 남아 있는 알림장 새 것은 좀 아깝지만, 동생을 줘야겠고, 이제부터는 수첩에다 적어야겠다. 수첩 하나를 사들고 집에 와보니 평소보다 일찍 퇴근하신 아빠가 집에 계셨다. 아빠는 틈만 있으면 서랍 정리 같은 것을 하셨는데, 오늘은 내 책상이 딱 걸렸다. "중학생이 되었는데도 어째 책상에 초딩 물건들이 가득하냐?"며 좀 치우라고 잔소리를 하신다. 그러다 아빠는 책상을 정리하다 아빠 초딩 때 일기장을 발견하신 모양이다. 킥킥거리던 아빠, 정훈에게도 얼른 와서 보라며 재촉하신다.

아빠 초등학교 시절의 모습이 고스란히 담겨 있는 일기장을 보니 옛 추억도 생각나고 참 재미있었다. 아빠는 뜬금없이 "정훈아, 지금도 일기 쓰고 있지?", "엥? 안 쓰는데요. 중학교에서는 일기를 쓰라고 하지 않던데요?" "인마, 이정훈, 그렇다고 일기 안 쓰는 거야? 꼭 검사한다고 일기 쓰냐? 일기는 마음의 거울이야. 일기가 얼마나 좋은 건데." 하시더니, 서재에 가셔서 큰 상자 하나를 가지고 오신다. 거기에는 아빠가 어렸을 때부터 쓰시던 일기장과 학교에서 받았던 성적표와 각종 상장들이 들어 있었다. "아빠, 이걸 아직도 가지고 계셨어요?" "그럼, 이런 것을 어떻게 버릴 수가 있겠냐? 아빠는 지금까지도 일기를 쓰고 있어. 여기에는 아빠의 꿈과 희망들이 잔뜩 들어 있지. 사람이라면 모름지기 자신의 삶을 돌아보고, 내일을 계획해야 하지 않겠냐? 학교에서 검사하지 않더라도 틈틈이 일주일에 한두 번이라도 일기를 쓰도록 해라." 힐, 겨우 일기에서 해방되는가 싶었는데, 이건 또 무슨 소리래? "아빠가 검사하실 거예요?" 정훈이가 묻자 "아니, 검사는 무슨, 니가 초딩이냐? 그냥 스스로 일기 쓰는 시간이 유익하니까 아빠가 권하는 거야." 네……. 검사는 안 하신다니 다행이다.

아빠의 일기장을 돌아보니, '10년 후의 나의 모습' 이런 계획표도 보이고, 엄마와 연애 시절 썼던 내용도 보인다. 이게 진정한 일기구나 싶은 것이 하루하루를 그냥 보내면 다 잊혀지고 마는 날이라도 이렇게 기록해 놓으면, 나중에라도 들춰볼 수 있는 하루가 되는구나 생각하니까, 갑자기 일기가 당긴다. 하, 변덕쟁이 이정훈이다.

기특한 다짐들

한 달, 두 달이 지나도 여전히 학교에서는 '알림장'과 '일기장' 이야기는 나오지 않는다. 예쁜 다이어리를 쓰던 여자애들도 차츰 처음의 열정이 많이 사라지는 느낌이다. 하지만 정훈이는 연습장으로 쓰려고 샀던 두툼한 노트에 일기를 적어오고 있다. 그곳에 이미 두 달 전에 아빠와 나눴던 대화 속에 느꼈던 점들이 고스란히 기록되어 있다. 그리고 그때 산 수첩을 매일 가지고 다니며, 수업 시간마다 내주는 과제들과 전달 사항들을 적어 내려가고 있다.

중딩이 되니 초딩 때보다 스스로 해야 하는 일들이 많이 늘어나는 느낌이다. 하지만 이런 일들도 누가 시켜서 하는 것이 아니라, 자신의 생활을 위해 하고자 하는 일이니까, 괜히 더 책임감이 들면서도 기분이 좋다. 조금씩 어른이 되어가는 기분이랄까? 이제 학교 스케줄도, 인생 스케줄도 처음부터 잘 짜서 실수도 줄여가고, 준비도 확실하게 하는 정훈이가 되어야겠다.

04 체육복은 어디에서 갈아입지?

체육복 구매?

정훈이의 학교 가는 길이 달라졌다. 문구점이 즐비한 초등학교 가는 길은 이제 서서히 잊혀지고, 모든 것이 새롭기만 한 중학교 가는 길이 새롭게 자리를 잡아가고 있다. 정훈이는 아직 덜 자란 키여서 주변에서 "아이고, 이제 중학생 됐다고 교복을 다 입었네."라는 소리를 귀에 못이 박히도록 듣고 있다. 그래도 교복을 입으니 중딩 취급을 자연스럽게 해줘서 다행이었다. 하지만 지금도 사복을 입으면 초딩으로 보는 사람들도 많다. 정훈이는 교복이 학생의 신분을 알려 준다는 사실을 몸소 체험하고, 그 장점을 잘 알게 되어 교복의 매력에 푹 빠져 있었다.

오늘은 담임선생님께서 새로운 가정통신문을 한 장 나누어 주셨다. 내용은 '체육복 구매!' 아! 교복을 입고 체육을 할 수가 없구나. 체육복도 따로 구매한다는 사실이 놀랍기도 했지만, 선배 형, 누나들이 입고 있던 모습을 봤기 때문에 크게 어색한 점은 없었다. 교복 파는 곳이나, 학교 앞 문구점에 비치되어 있는 체육복을 사야할 때가 드디어 왔다. 체육복은 학년별로 색깔이 다르기 때문에 주의해서 사야 하고, 체육복 오른쪽 가슴 쪽에는 명찰을 반드시 붙여야 한다. 선생님의 주의사항을 꼼꼼히 들은 끝에 정훈이의 체육복 구매는 완성!

정훈이는 하교 길에 체육복을 사고 학원으로 향했다. 학원에서는 주변의 다양한 학교의 중딩들을 만날 수 있다. 초딩 때는 같은 학교였지만 이제는 다른 학교를 다니는 친구들도 꽤 있었다. 수업이 시작되기 전에 친구들에게 체육복을 샀다며 이야기를 하는데, 다들 초딩 때는 교복도 없고 체육복도 없어서 그냥 되는대로 입고 다녔는데, 중딩이 되니까 귀찮게 체육 시간에 체육복을 갈아입어야 한다며 남자아이들의 수다가 이어졌다. 근데 순간, 어디에서 체육복을 갈아입는지가 궁금해진 정훈이.

"너네 학교는 체육복 어디서 갈아입어?" "너희 반은?" "우리 중학교는 탈의실 있어서 거기서 갈아입지." "올! 학교 좋네. 너희 학교에 엘리베이터도 있다며?" 꼬리를 무는 수다가 이어진다. "야, 우리 학교는 갈아입을 데가 없어서 화장실에서 갈아입고 그래." 그렇구나, 화장실이 가까워야 좋겠다. "정훈아, 우리 학교도 탈의실 없잖아. 너는

아직 체육복 한 번도 안 갈아입어 봤어? 애들아, 나도 맨 처음에는 어떻게 갈아입을지 몰랐는데, 형들이 알려줬어. 우리 학교는 교실 뒤편에 배꼽 높이만큼 오는 나무 사물함이 있는데 그것을 앞으로 좀 밀어서 공간을 만들고 남자애들이 거기에 모여서 갈아입는다니깐. 완전 웃겨. 짓궂은 여자애들이 한 번씩 사물함 들추고 그러면 완전 민망해." 헐, 그럼 여자애들은? "여자애들은 치마 입고 있으니까 바지는 쉽게 갈아입고, 보통 교복 속에 티셔츠를 다 입고 오니까 상관없어. 화장실에서 갈아입고 오는 애들도 많고. 참, 급식 시간 같은 때에 교실이 비는 틈을 타서 그때 갈아입는 친구들도 좀 있어." 그렇구나, 신기하다 초등학교 때는 이런 거 진짜 없었는데, 남녀공학 중딩만의 특

별한 경험이네. "탈의실 없는 학교들의 특별한 경험이겠지." 한 친구
가 비아냥거렸지만 정훈이는 나름 재미있다고 여겨졌다. 사물함 뒤
가 탈의실이라 이거지?

기다리던 체육 시간

다음 날, 드디어 기다리던 체육 시간이 되었다. 어디서 재빨리 정보
를 입수했는지, 우리 반에서 몸집이 가장 큰 창윤이가 사물함 한쪽에
탈의 공간을 만들었다. 그곳에는 빛을 보지 못한 먼지 뭉텅이와 어디
서 날아 왔는지 모르는 프린트 낱장들이 굴러 다녔지만, 아무 상관도
없다는 듯이 쪼르륵 들어가서 옷을 갈아입는 남자 친구들. 여자 친구
들은 그것을 보고 킥킥거리고 완전 재미있는 모양새가 되었다. 정훈
이도 얼른 그 공간으로 쏙 들어가 체육복을 갈아입고 나왔다.
교복보다는 훨씬 활동하기 편한 체육복을 입으니, 체육 시간에 날아
다닐 수도 있겠다 싶었다. 3년 동안 체육 시간에 함께할 '이정훈' 이
름 석 자가 콕 박혀 있는 체육복에 애착이 가는 순간이다. 그리고 웃
음이 절로 나는 이 시간들이 소중하게 느껴지는 순간이다. 사물함 뒤
에서 체육복을 갈아입는 엉뚱함이 묻어있어서 더욱 재미있는 중딩
생활이다. 언젠간 나도 이런 순간들을 추억하게 되겠지?

05 수준별 학습, 드러나는 성적

원재에게서 깊은 한숨이 나왔다. 친구들 말로는 수학을 수준별로 나눠서 수업을 진행한다는데, 그 기준이 입학 전에 봤던 배치고사라는 것이다. 아뿔사! 원재는 배치고사를 다 찍었다. 배치고사 시즌에 귀가 닳도록 들었던 말이 첫 시험인 만큼 중요하다는 이야기였다. 그렇다 해도 배치고사를 대하는 태도는 딱 두 가지. 열심히 공부해서 보거나, 아니면 완전 다 찍거나. 원재는 후자였다.

원재가 공부를 못 하는 편은 아니었지만, 굳이 반을 정하는데 필요한 배치고사를 잘 봐서 뭐하나 싶었던 것이다. 맞벌이를 하시는 부모님 때문에 집에서는 늘 컴퓨터와 붙어 살았기 때문에 배치고사를 준비하는 일도 원재와 거리가 멀었다. 배치고사에서 전교 1등을 하면, 입학식 날에 학년 대표로 앞에 나가서 '입학생 선서'를 하게 되는 특권이 있었지만, 원재와는 무관한 일이었고, 그것 때문에 잘 볼 필요가 있나 싶었는데, 웬 수준별 학습의 기준이 배치고사냐고요. 그럼 나는 어떻게 되는 거냐고요. 후덜덜…….

나는 찍었는데……

'수준별 학습'이라는 단어는 아무 생각 없이 중딩 생활을 시작했던 원재에게 닥친 첫 시련이었다. 중딩 생활로의 첫 스타트가 순조롭지 못하다는 사실이 원재를 찜찜하게 만들었다. 나름 자존심은 있는 원재인데, 가볍게 생각하고 본 배치고사 때문에 낮은 수준의 반에 간다는 것은 자존심이 무척 상하는 일이었다. 만천하에 공부를 못하는 티가 드러나는 순간일 것이다. 게다가 중딩이 되자마자 눈에 콕 박힌 여자애도 있는데, 아랫반 가는 것은 원재에게는 창피한 일이 아닐 수 없었다.

선생님의 호명에 따라 아이들 중에 반 정도는 이동하여 다른 교실에서 수업을 받게 되었고, 원재도 그 중의 하나가 되었다. 다른 반에서 온 친구들과 함께 하위반 수학 수업을 듣게 되었고, 상위반이랑 선생님도 달랐다. 원재는 뭔가 하향 조정이 된 상태로 수업을 진행하는 선생님도 마음에 안 들고, 옆에 있는 친구들도 마음에 들지 않았다. 대부분의 아이들은 나눠진 대로 군소리 없이 이동했지만, 정말 찍어서 망친 시험으로 아랫반에 배정된다는 사실이 원재에게는 너무 억울했다.

하교 길에 풀이 죽은 채로 터벅터벅 걷고 있는데, 말 못할 후회가 밀려온다. 내가 배치고사를 왜 우습게 봤을까? 그 전날 왜 잠도 안자고 게임을 했을까? 배치고사가 이렇게 중요한 건지 왜 생각하지 못했을까? 하지만 때는 늦었다. 이미 배치고사는 저 멀리 물 건너갔다. 그리고 그 결과만 남아 있을 뿐이다. 심각하게 길을 걷고 있는데 저 멀리서 주형이 형이 축구를 하자고 부른다. 에잇! 축구나 해야겠다. 모든 걸 다 잊고 신나게 축구를 했다. 하지만 또 밀려오는 생각, 원재는 주형이 형에게 수준별 학습에 대해 질문을 하기 시작했다.

"형, 수학만 수준별 학습하는 거야? 그거 1년 동안 그대로 하는 거야? 나 다 찍었거든. 어떻게 해, 형?" 주형이 형이 그것 때문에 이렇게 심각했었던 거냐며 대답을 해준다. "야, 괜찮아. 애들 별 상관없이 다 잘만 하고 있는데 왜 혼자 오버야. 근데 그럼 너 영어도 아랫반 가겠다. 영어도 수준별로 하거든. 수준별 반은 선생님도, 수업 방식도, 숙제의 내용도 좀 다르지. 근데 3개월에 한 번씩 시험 봐서 성적별로 반 다시 조정하니까, 그때 열심히 해서 윗반으로 올라가면 돼. 넌 어쩌자고 배치고사를 다 찍었냐? 공부 안 했어도 그냥 풀기라도 하지, 으구. 어쨌든 1학기 중간고사 전까지는 성적으로 뭔가 나눌 때는 다 배치고사를 중심으로 하거든. 혹시 배치고사 성적이 정말 안 좋은 학생들은 방과 후에 학습부진 학생 수업 같은 거에 넣을 수도 있을 걸? 너, 혹시 거기 들어가는 거 아니냐? 큭큭. 어쨌든 선생님들도 그것밖에 자료가 없으니까. 우리의 6년 초딩 공부를 한눈에 보여주는 자료잖아. 그리고 은근 선생님들도 그때 성적 좋은 애들한테 기대도 많이 하시고 관심도 많으셔."
아, 배치고사가 이렇게 중요한지 내가 알았나. 진작 얘기 좀 해주지……. "야, 나 말고도 많은 사람들이 귀에 못이 박히도록 이야기했을 텐데. 니가 안 들었던 거겠지. 그러니까 부모님이랑 선배들 말씀 잘 들어."

명예 회복을 위하여!

어쨌든 3개월마다 조정을 한다고 하니 그나마 다행이다. 기대하지도 않았던 구제 방법이 있었으니, 일단 그때까지만 참으면 될 것 같다. 이렇게 마음고생 하느니, 배치고사를 잘 볼 걸 하는 후회가 밀려온다. 귀찮은 일은 하고 싶지 않고, 굳이 생각이라는 것도 깊이 하고 싶지 않은 원재였지만, 중딩을 초딩처럼 넋 놓고 다니기에는 안 되는 부분이 있었다. 말하자면 자존심이 걸린 문제 같은 것 말이다.
이번 기회로 하나하나 신중해야 하고, 주어진 일에 최선을 다해야 한다는 교훈을 얻은 것 같다. 그래! 이런 것을 '전화위복'이라고 하지. 뼈저린 경험으로 난 더 좋은 것을 얻었다고나 할까? 어떻게든 3개월 후에는 윗반으로 가야겠다는 일념으로 자신을 추스르기로 다짐했다. 첫 번째 나의 실추된 명예의 회복을 위해서, 두 번째 예쁜 그녀가 있는 그곳이기에.

06

급식, 매점은
별 다섯 개 중 몇 개?

간식은 언제나 필수품

정훈이의 초딩 생활의 즐거움은 쉬는 시간이나 점심시간에 학교 앞 문구점에서 불량식품을 사먹는 것, 하교 길에 편의점에서 햄버거를 먹는 것이었다. 빡빡한 학교생활을 그나마 부드럽게 만들어 주는 것이 먹는 즐거움이라 여겼던 정훈이, 중학생이 되면서 제일 궁금했던 점이 학교 안에 매점이 있는지와 급식이 맛이 있느냐는 것이었다. 안 그래도 초딩 때보다 학교에 오래 붙어 있어야 하기 때문에 매점과 급식의 중요성은 아무리 강조해도 지나침이 없다. 하지만 중학교는 매점이 있는 학교도 있고, 없는 학교도 많이 있다고 들었기 때문에 중학교를 배정 받고는 기도하는 심정으로 그 학교에 매점이 있기를 바랐다. 급식이 맛있기를 바라는 것도 마찬가지로 말이다. 아니면 하다못해 학교 앞에 편의점이라도 꼭 존재해 주길 바라고 바랐다.

간절한 바람은 이루어지고

역시 간절히 바라는 것은 이루어지나보다. 정훈이가 입학한 중학교에 매점이 존재했다. 만두, 컵라면, 케로로빵, 아이스크림 등이 가득한 중학교 매점! 유후~. 정훈이와 친구들은 쉬는 시간이 멀다하고 매점 사랑을 나타내니, 과연 식욕이 왕성한 중학생임이 틀림이 없었다. 매점은 학교 밖에 있는 편의점이나 슈퍼처럼 들어가서 고를 수 있는 것이 아니고, 매점 아줌마에게 과자나 음료수 이름을 말하고 받아서 사는 방식이었는데, 때문에 매점 창구는 쉬는 시간마다 전쟁이 벌어지곤 했다. 0.1초 만에 끝나는 쉬는 시간 안에 미션 임파서블을 해야 했기에 매점에 일찍 도착하지 못하면 허탕치고 돌아오는 일도 많았다. 다행히 정훈이의 교실은 매점과 가까운 위치에 있어서 쉬는 시간 종 울리자마자 후다닥 달려가면 앞자리를 확보할 수 있었다.

두 번째 관심사는 급식! 과연 그 맛은 어떨까? 맛있는 급식을 기대하는 마음은 애타게 좋아하는 연예인의 귀한 브로마이드를 열어보는 설렘과도 같았다. 정훈이네 학교는 맛있는 급식으로 지역사회에서 유명했는데, 역시 기대를 저버리는 않는 수준이었다. 가장 좋은 것은 역시 '고기' 반찬이 자주 나와 준다는 것이었다. 특별식도 간간히 나와 주고, 후식도 후덕하게 주는 터에 점심시간은 행복한 시간이 되었다. 진짜 졸업하기 싫겠는걸?

초등학교와 달리 중학교에 매점이 있다는 아주 큰 차이점도 있거니와 초등학교 때보다도 훨씬 더 쉽게 배가 고파오는 점도 있었다. 공부를 많이 해서 그런가 싶기도 한데, 한창 키도 커야 하는 때라서 그런가 보다. 친구들과 몰려다니며 매점에 가는 즐거움과 맛있는 급식이 매일 기다리고 있다는 사실만으로도 행복한데, 정훈이에게 더더욱 좋은 사실 하나가 더 있었다. 초등학교 때는 반별로 순서대로 줄을 서서 배식을 하고 자기 자리에서 밥을 먹었는데, 중학교는 반별로 급식을 해도 선착순이고, 친한 친구들과 함께 옹기종기 모여서 먹을 수 있다는 사실이 즐거웠다.

행복한 중학교 생활의 시작을 하고 있는 도중, 담임선생님께서 조회 시간에 급식 도우미 신청을 받으신다는 이야기를 하셨다. 그게 뭐지? 선생님께서 설명해 주셨다. 급식 도우미는 점심시간이 시작 되면, 얼른 급식실로 가서 친구들에게 밥을 나눠 주는 일이다. 배식이 다 끝난 후에 밥을 먹어야 하지만, 봉사활동 점수가 인정이 된다는 장점이 있다. 친구들보다 늦게 밥을 먹어야 한다는 것이 마음에 걸려서 관심을 끄려고 하는 찰라 짝꿍이 말한다.

"정훈아, 벌써 옆반은 급식 도우미 뽑았는데, 걔네 말로는 밥을 맨 나중에 먹으면 맛있는 반찬 남은 거 몽땅 다 먹을 수 있대." "뭐? 그런 어마마한 해택이?" 짝꿍의 말에 귀가 솔깃해졌다. 맛있는 반찬은 꼭 급식 아주머니가 배식을 해주셨는데, 감질나게 조금씩만 주시는 것이 매번 아쉬웠던 것은 사실이었다. 봉사활동 점수도 준다는데 확 해버려? 짝꿍이 계속 말했다. "그리고 다른 반 급식 도우미 하는 애들이랑도 많이 친해질 수 있다는데, 우리 같이 할래?"

짝꿍과 나는 결심한 듯이 손을 번쩍 들었다. "저희가 할 게요." 선생

님께서는 흐뭇하신 듯 우리의 번호와 이름을 적어 가셨다. "니들은 4
교시 끝나고 곧바로 급식실로 튀어가야 한다. 알겠지?" "넵!" 학교에
서 봉사활동도 하고, 친구들의 배식을 도와준다는 사실이 나름 뿌듯
하기까지 했다. 사실 아직 아무에게도 말하지 않은 비밀이지만 '요리
사'의 꿈을 가지고 있는 나에게 급식실과 친해진다는 것은 좋은 일인
것도 같았다. 맛있는 반찬도 많이 먹고 말이다. 이거 일석 몇조의 혜
택인가? 정훈이는 신이 난다.

낯선 학교생활을 즐거움으로!

중학교 입학을 기다리며 많은 걱정과 불안에 휩싸였던 정훈이였지
만, 요즘 들어 정훈이는 중학교 생활이 너무 즐겁다. 새로운 친구들
과의 학교생활에서 나름대로 좋아하는 일들을 찾으며 즐거움을 찾
은 것이다. 특히나 맛있는 것을 좋아하는 정훈이에게 매점도, 급식도
중학교를 좋아하게 된 또 다른 이유가 된 것 같다. '피할 수 없으면 즐
겨라.'라는 말이 요즘은 흔해졌지만, 정훈이는 이 이야기대로 중학교
생활을 즐겨야겠다고 생각했다.

오늘도 4교시 수업이 마치자마자 정훈이는 날쌘돌이로 변신해 급식
실에 도착, 위생복과 모자를 착용하고 친구들에게 맛있는 반찬을 나
눠 주고자 자리를 잡고 서있다. 애들아, 점심 맛있게 먹어! 먹고 다들
힘내자고!

휴대폰과의 전쟁은
계속된다

쉬는 시간은 우리 세상!

초등학교 시절 불만은 교실에 담임선생님께서 항상 계시다는 사실이었다. 수업 시간도 아닌데, 쉬는 시간에 친구들이랑 마음껏 떠들고 놀지 못하는 것이 못내 아쉬웠다. 특히 원재의 모든 담임샘들은 유난하셔서 애들 떠드는 꼴을 못 봐 주셨다. 노는 것이라면 열 일 제쳐 놓는 원재이기에 더욱더 아쉬운 시간들이었다.

하지만 중학교에 올라와 보니 이게 웬걸! 교실에 선생님의 책상도 없고, 담임선생님은 정해진 시간 외에는 거의 교실에 오지 않으시기 때문에 쉬는 시간의 자유는 이렇게 우리의 차지가 된 것이다. 게다가 중학생이 되면서 부모님을 조르고 졸라서 스마트폰을 갖게 되었기 때문에 원재의 쉬는 시간의 행복은 더욱 커져만 갔다. 쉬는 시간이여, 오라! 이제 그대는 내 세상이다!

스팸 문자로 빼앗긴 행복

담임선생님도 안 계시지, 방해할 사람이 없는 중학교 쉬는 시간은 초등학교에 비해 시끄럽기 그지없었다. 몇몇은 복도에 나가서 큰 소리로 떠들면서 놀고, 여자아이들은 아는 오빠들한테 보낸 문자에 대한 답을 실시간으로 이야기하면서 정신이 없고, mp3 들으면서 춤추는 아이들, 그 와중에도 자고 있는 친구들, 하지만 대부분의 친구들은 원재와 마찬가지로 스마트폰 게임을 돌아가면서 하고 있었다. 이렇게 좋은 구경꺼리가 없을 정도였다.

원재가 다니는 중학교에서는 휴대폰을 일제히 회수하는 일은 없는데, 수업 시간에 사용하다 걸리면 곧바로 1주일간 압수였다. 그런데 문제는 지난 수업 시간에 '드르륵' 온 문자. 평소 수업 시간에는 휴대폰을 꺼두는 원재(이 정도는 상식이다)지만, 그날따라 깜박한 것이다. 잠도 살살 오던 차라 슬쩍 확인해 보려는데, 아뿔, 스팸 문자였다. 찡그린 표정으로 다시 수업을 들으려는데, 선생님과 눈이 딱 마주쳤다. 아무 말 없이 휴대폰을 꺼내라는 선생님의 동작에 원재는 휴대폰을 건네줄 수밖에 없었다. 친구들도 아쉬워하기는 마찬가지였다. 또래들의 휴대폰에 비해 좋은 것이었기 때문에 원재 휴대폰은 인기가 좋았기 때문이었다. 하필 그 시간에 스팸 문자라니. 정말 너무 짜증이 났지만, 더 짜증이 나는 이유는 앞으로 1주일 동안 쉬는 시간에 할 것이 없기 때문이었다. 유일한 즐거움인 휴대폰을 뺏겨 버렸으니, 이를 어쩌나.

Turn off , what?

예고도 없이 쉬는 시간에 교실을 찾아오신 담임선생님. 그날따라 더욱 많은 친구들이 휴대폰을 만지작거리는 모습을 보고, 뭔가 생각을 하신 듯 다시 걸음을 되돌리셨다. 그러더니, 그날 종례 시간, 담임선생님께서 갑자기 뜬금없이 제안을 하나 하신단다. 내용은 "Turn off 휴대폰, Turn on Life!" 아, 누가 영어 선생님 아니랄까봐, 영어로 제안을 하신다.

선생님께서는 한껏 열정을 가지고 이 제안에 대해 설명을 해주셨다. "애들아, 선생님이 하는 이야기를 잘 들어 봐. 미국에서 얼마 전에 한

캠페인을 했는데, 그게 바로 'Turn off TV, Turn on Life!'라는 것이었어. 현대인의 습관 중에 무의식적으로 TV를 보는 습관이 있다는 거야. 그래서 TV 때문에 전력도 낭비되고, 가족 간의 대화도 없어지고, 독서나 다른 취미 생활이 없어져가고 있다는 거지. 이거 아주 큰 문제 아니겠니? 담배나 술 또는 마약 같은 것만 중독성이 있는 것이 아니라, TV를 보는 것도 중독이 될 수 있거든. 그래서 이 캠페인으로 'TV 안 보기 주간' 같은 것을 설정해서 작정하고 TV 보지 않는 날을 만들었대. 어떻게 됐을까? 첫날은 다들 지루해하면서 무엇을 해야 할지 몰라 했대. 근데 하루가 지나고 이틀이 지날수록 TV 대신 할 일들을 찾았고, 결국 가족끼리 모여서 대화도 하고 다른 것들도 같이 하는 시간들이 늘어났다는 거야. TV는 꺼져 있지만, 그들의 진정한 삶이 되살아 난거지. 그래서 굉장히 획기적인 캠페인이 됐어. 선생님은 이것을 보고, 너희들을 생각하면서 'Turn off 휴대폰, Turn on Life!'를 해야겠다는 생각이 들었어. 너희들에게 TV보다 소중한 게 휴대폰이고, 자의 반 타의 반으로 휴대폰이 너희들의 삶을 지배하고 있는 건 부인할 수 없는 사실이잖아? 이것은 세계 최초의 캠페인이야. 'Turn off TV, Turn on Life!'를 따라 한 것이기는 하지만 말이야. 쉬는 시간에 보니까 다들 휴대폰만 붙잡고 게임만 하고 있더라고. 세상이 얼마나 넓고 큰데, 손바닥만 한 화면을 보면서 시간을 보내고 있냐고. 휴대폰 안에 세상이 있고 우주가 있다고는 하나, 어디 눈으로 직접 보고 귀로 듣고 하는 이 세상보다 레알이 있겠니? 진심으로 안타까운 생각이 들더라고. 우리 한번 해볼까?" 선생님의 너무 좋으신 취지와 달리 다들 야유가 넘쳐났다.

하지만 그 와중에 "좋아요!"를 외치는 1인, 바로 원재였다. 사실 원재는 사회 시간에 휴대폰을 뺏겼기 때문에 쉬는 시간에 할 일이 없었다.

하지만 다른 친구들도 휴대폰을 하지 않는다면, 같이 놀 수라도 있지 않겠나 싶었던 것이었다. 선생님은 원재의 대답에 힘을 얻어 "그럼 내일부터 우리 해보는 거다. 1주일 동안 휴대폰 꺼놓기! 그리고 다른 할 일을 찾아보기! 하는 거다. 알겠지?"

Turn Life!

휴대폰이 사라진 원재네 반 첫날은 무엇을 해야 할지 모르는 아이들로 어정쩡하게 시간이 흘러갔다. 하지만 신기하게도 다음 날에는 보드게임을 가져 온 친구들, 어린 시절 추억이 담긴 '공기'를 가져와서 하는 친구들, 연습장에 축구 게임을 창작해서 만들어서 하면서 노는 친구들 등 생각지도 못한 놀잇감들이 쏟아져 나왔고, 얼굴을 맞대며 같은 곳을 보며 노는 시간들을 갖게 되니 친구들과 더욱 돈독해진 것을 느끼게 되었다. 또 한편으로는 수업 시간에 내준 숙제를 미리 하는 친구들, 선생님께 모르는 문제를 질문하러 가는 친구들도 늘어났다. 새삼 우리가 그동안 휴대폰으로 전자파를 쏘이며 게임만 했던 시간에 더 다양하고 즐거운 놀이들뿐만 아니라 할 수 있는 일이 이렇게도 많았었나, 놀라는 시간이었다. 물론 다시 휴대폰이 돌아오면, 또 거기에 매달리면서 살 수도 있겠지만, 선생님께서 한 번씩 이런 기회를 만들어 주시면 나 스스로에게, 그리고 친구들과 함께하는 좋은 시간을 가질 수 있을 것 같다. 쉬는 시간의 주인공이 휴대폰이 아니라 '우리들' 이 되기를……!

08 피부 관리는 필수?

다애는 교복을 입을 그날을 꿈꿔 왔다. 왠지 이젠 숙녀가 되어버린 느낌, 교복을 입고 학교를 다니면 마치 순정만화의 주인공이라도 될 것 같았다. 그런데 교복을 입는 중학생이 된지 한 달이 다 되어가지만, 거울만 쳐다보면 얼굴이 맘에 들지 않아 죽을 지경이다. 아무래도 내가 만화 주인공이 되지 못하는 것은 이 피부 때문이 아닌가 싶다.

아직 쌀쌀한 바람 탓에 얼굴이 푸석푸석하고, 여드름도 스멀스멀 올라와 여간 신경이 쓰이는 게 아니다. 왠지 못생겨 보이는 내 얼굴, 어떻게 하면 좋을지 모르겠다. 초등학교 때는 아무 생각 없이 베이비 로션 하나면 끝이었는데, 중학교에 올라와서 친구들을 살펴보니, 화장품이 여간 많은 것이 아니었다. 스킨, 로션은 기본이고 썬크림도 꼬박꼬박 바르고, BB를 바르는 친구들도 있고, 입술을 붉게 물들이는 틴트는 기본이었다. 아예 화장을 하는 친구들도 있었기 때문에 다애는 솔직히 좀 놀랐다. 자신은 혹시 뒤처지는 것은 아닌가 걱정도 되고 여드름을 관리해야 하는 건지, 화장품을 좀 구입해야 하는 건지 머릿속이 혼란스러웠다. 지난번 엄마와 함께 엄마 화장품을 사러 함께 가게에 갔을 때, 내 것도 좀 사달라고 조를 걸 그랬나? 아쉬움이 남는다.

사촌 언니가 집에 놀러왔다. 언니는 이제 막 대학교 1학년
인 새내기였다. 고등학교 때까지 질끈 묶은 머리에 커다란
뿔테 안경을 끼고 멋이라는 것은 하나도 부릴 줄 모르는 언
니였는데, 대학생이 되자 180도 달라진 모습이었다. 뿔테
안경 사이로 가려졌던 미모가 드러나고, 예쁘게 화장한 모
습에 환한 표정까지 '세상의 주인공은 나야'라고 이야기하
는 것만 같았다. 와, 나는 언제 대학생이 되나 싶은 생각에
부러움이 앞서는 다애였다. 남자 친구는 생겼는지, 학교
는 재밌는지 이것저것 물어보려는데, 갑자기 벨이 울린다.
아차차, 오늘 친구들이 놀러오기로 했었는데, 언니랑 놀다 보니 깜
박 잊고 있었다. 다애는 얼른 친구들에게 문을 열어 주고 들어오라고
했다. 사촌 언니에게 친구들을 인사시키는 다애. 그런데 사촌 언니는
친구들을 보더니 깜짝 놀란다! 왜? 언니 왜 그래? 중학교 1학년들인
데 벌써부터 화장을 하는 친구가 있어서 놀랐다는 것이다. 언니, 요
즘 애들은 그래, 쫌······.

사촌 언니와 우리는 같이 간식도 먹고, 대학생활 이야기도 들으면서
자연스럽게 화장 이야기를 하게 되었다. 언니는 다애 친구들에게 조
심스럽게 화장은 빨리 시작할수록 좋지 않다는 이야기를 건넸다. "언
니, 근데 저희 학교가 남녀공학이거든요. 사실 좀 예뻐 보이고 싶은
마음이 있어요. 그래서 조금씩 하는 거죠. 학교 안 가고 친구 만나는
날은 더 심하게 하는 친구들도 있어요." 친구들은 솔직한 심정을 언
니에게 털어 놓았다. "언니, 사실 나도 화장을 해야 되나 요즘 고민하

고 있어. 자꾸 여드름이 나니까, 외모에 자신감이 없어지는 것 같아. 어떡하지?" 다애도 정말 고민이라는 듯이 사촌 언니에게 말했다.

"흠흠, 이 언니가 이야기를 하나 들려줄게, 다애는 알겠지만, 사실 언니 고등학교 때 되게 웃기게 하고 다녔던 것 알지? 교복이고 뭐고, 머리고 뭐고 정말 신경 하나도 안 쓰고 안경 끼고 막 그렇게 다녔잖아. 언니가 그럴 때, 언니 짝꿍은 어땠는지 알아? 중학교 때부터 단짝이었는데, 그때부터 화장을 시작하더니, 풀로 쌍꺼풀을 만들고, 서클렌즈에 가발까지 쓰고 다녔어. 근데 학생이 무슨 돈이 있겠니? 엄마 화장품을 몰래 쓸 수도 없고, 중학교 때부터 화장한다고 화장품을 사 달랄 수도 없으니까, 용돈을 모아서 저가 화장품들을 사서 하고 다녔던 거지. 그 친구 예쁘장하게 생긴 외모에 꾸미기까지 하니까 학창 시절에 인기는 좀 많았는데, 지금은 피부가 완전 엉망이 되었어. 모공이 넓어진 것은 말할 것도 없고, 눈꺼풀도 처지고, 지금은 아무리 비싼 화장품을 써도 피부가 돌아오지를 않더라고. 지금은 그 친구가 정말 많이 후회하고 있어. 그래서 화장한 중학생들을 보면 가서 말리고 싶을 지경이라는 거야. 솔직히 너희들 지금 피부 상태는 사춘기를 보내고 있으니까 여러 변화들이 있겠지만, 그래서 자신감이 없어서 화장을 하는 것은 정말 바보 같은 짓이야. 여드름의 적은 아마도 쌓이는 노폐물이랄까? 생각해 봐, 얘들아. 지금 예쁜 게 좋겠니, 아님 대학생 때 예쁜 게 좋겠니? 물론 화장을 안 해도 지금의 너희는 너무 예뻐. 그 예쁜 얼굴을 오히려 가리지 않았으면 좋겠어. 잘 생각해 봐야 한다, 알겠지? 그리고 언니가 여드름 관리법 팁을 좀 알려 줄게. 아주 평범하지만, 진국인 팁이야. 이 정도만 지키면 정말 중학생다운 예쁜 피부를 간직할 수 있을 것 같은데?"

스무 살을 꿈꾸다

언니 이야기를 들은 다애와 친구들은 적지 않은 충격에 빠졌다. 특히 언니 친구의 이야기는 실화였기 때문에 더욱더 와 닿는 이야기였다. 이런 현실적인 이야기는 들어본 적이 없는 것 같다. 그래도 화장을 안 한다는 것이 아무래도 선뜻 내키지는 않았던 친구들. 깊은 고민에 빠졌다. 다애는 언니의 이야기를 듣고 나니 좀 확고해진 것 같다. 그리고 언니의 모습을 잘 알고 있는 터라, 언니가 너무 신나고 예쁘게 대학생 생활을 하는 모습을 자신의 미래의 모습으로 그려 보고 싶었다. 지금 더 중요한 것들에 신경 쓰고, 뭐 화장 같은 것은 신경 쓰지 않는 게 좋겠다는 결론이 났다. 친구들도 BB 여신이 되고 싶지는 않다고 이야기 하면서, 지금도 예쁘고 싶지만, 대딩 때 예쁜 것이 더 중요하니까 참아야겠다는 결론을 내렸다. 그래 우리는 스무 살에 빛을 발할 거야! 초딩 6년이 금세 지나간 것처럼 중, 고딩 6년도 금세 지나가겠지! 그런데 이런 결심이 과연 잘 지켜줄 지는 다애 자신도 잘 모르겠다.

01. 지각하지 말아야 하는 것은 담샘 때문이 아닌 친구 때문

지각을 한다는 것은 대다수 친구들에게 불편함을 준다는 것이다. 수업 중에 드르륵 문을 열고 들어가면 친구들이 신경 쓰인다. 그런 일이 잦아지면 친구들이 마음속으로 욕하기 시작하고 한심한 녀석이라고 조롱하기도 한다. 또한 생활기록부 성적이 나빠져 훗날 꿈을 향해 달려갈 때 나쁜 영향을 줄 수 있다.

02. 인사를 크게 하면 인기 학생이 된다

스타 연예인들의 공통점은 신인 시절이든 스타가 되고 나서든 큰 목소리로, 정확한 발음으로, 웃는 얼굴로, 공손한 태도로 인사를 잘한다는 것이다. 친구들에게도, 선생님에게도 이렇게 인사를 하는 습관을 가지면 학교생활의 절반을 성공한 것과 같다. 친구들에게 인기짱인 것보다 더 좋은 일은 없다.

03. 자기 물건 잘 챙기고 남의 물건에 손대지 말기

교실 분위기를 제일 불편하게 만드는 일이 도난 사고다. 분실하지 않도록 관리를 잘하는 게 가장 중요하다. 훔쳐가는 사람이 가장 나쁘지만, 잃어버린 친구도 반 친구 전체를 의심의 대상으로 만들었다는 점에서 마음이 편할 수가 없다. 귀중품은 가방의 별도 수납 파우치에 넣고, 가방 지퍼는 꼭 잠그고, 사물함 관리도 잘해야 한다. 고가품을 친구에게 빌려주는 행위도 좋지 않다. 친구가 빌려간 물건을 잃어버리기라도 하면 자칫 친구도 잃고 아끼는 물건도 잃게 되는 수가 있다.

04. 돈 자랑 브랜드 자랑 금물

중학생 시절, 자기가 일해서 돈을 버는 경우는 거의 없다. 심부름값 정도가 전부다. 어쩌다 부모님께 대박 용돈을 받았다 해도 친구들에게 자랑하는 것은 친구들에 대한 심각한 결례다. 교실 안에는 부자의 자녀도 있고 가난한 집의 아이들도 있다. 어울리지도 않는 비싼 옷을 사 입고 와서 폼 잡는 일은 자신의 개성을 찾지 못하는 찌질이들이나 하는 짓이다.

05. 세상에서 가장 비겁한 행동, 친구 때리기

진정한 강자는 약자를 보호해 주는 사람이다. 학교 밖에 나가서는 웬만한 사람도 눈도 똑바로 마주치지 못하면서 누가 보아도 약하고 순한 반 친구들을 괴롭히는 것은 세상에서 가장 못난 행동이다. 천성적으로 주먹이 근질근질한 성격이라면 운동부에 가입해서 뜨거운 피를 식혀 주는 게 차라리 자신과 모두를 위해서 좋은 일이다.

06. 선생님은 가까운 곳에 있다, 부모님은 영원한 우리 편이다

괴롭힘을 당할 경우 즉각 선생님, 부모님과 상담하는 게 학교 폭력에 대처하는 현명한 방법이다. 친구를 괴롭히는 행위 자체가 '찌질한 일'이라는 인식이 확대되고 있다. 후환을 두려워할 필요는 없다. 괴롭힘이 반복되면 그 때마다 상담한다. 가해 학생도 이리저리 불려 다니고 야단 맞는 게 귀찮아서 포기하게 된다. 그래도 끝나지 않는다면 가해 학생은 법적 응징을 당하게 된다. 사회가 그렇게 변하고 있다. 쫄지 마!

07. 재능은 나눈다

누구나 특별히 잘하는 과목이 있다. 노래, 마술, 미술, 춤 등 친구들의 관심사에 특기를 보이는 친구가 있다. 배우길 원하는 친구가 있다면 아낌없이 나눠주는 습관을 갖는다. 교실 전체가 밝아지는 결정적 계기가 됨은 물론 대중 앞에서의 발표력을 키우는 기회가 되기도 한다.

08. 이성에 대한 이해와 예우

남학생과 여학생은 태생적으로, 정서적으로, 신체적으로 전혀 다른 존재다. 인정하려 해도 때로는 부딪히는 일이 생길 수밖에 없다. 서로 예의를 갖고 대하는 습관이 필요하다. 바른 예절의 기본은 공손한 언어다.

09. 할 말은 하며 지낸다

하루 24시간 가운데 학교에서 보내는 시간이 가장 길다. 늘 좋은 일만 생기는 것은 아니다. 불편한 점이 있다면 쌓아두지 말고 회의 시간에 적극적으로 발표, 모두의 관심사로 만들고 해결하는 습관이 필요하다.

10. 공동생활의 책임감

주번이 있고 청소당번이 있다. 자신의 일을 게을리 하지 말아야 모두가 편안해진다.

3-2

04 3년 편히 지낼 수 있는
친구 관계의 정석

어색어색, 끼리끼리,

첫날의 중요성

코앞에 닥친 입학

으아, 아아아, 이 소리는 늦잠 자고 일어나 눈을 비비며 달력을 보는 다애에게서 나오는 신음소리다 .어떻게, 벌써 입학식이 1주일밖에 안 남았어! 난, 아직 준비가 안 된 것 같은데! 요즘 다애의 마음에는 여러 가지 생각들이 소용돌이 치고 있었다. 중학교 입학을 기다리면서 예쁜 교복을 입을 날이 다가온다는 설렘이 가장 컸으나, 그 기대는 어느새 구석탱이로 밀려나 버리고 이제 부담감과 두려움이라는 것이 그 자리를 대신하고 있다.

가장 큰 걱정은 친구. 소심의 대명사 A형 중에서도 자타공인 트리플 A형을 자랑하는 다애는 낯선 중학교에 가서 어떻게 친구를 잘 사귈까 하는 두려움이 하루가 다르게 커가고 있었다. 어쩌지? 어쩌지? 하며 시간을 보낼 수 없다고 생각한다. 뭔가 대책을 강구해야 한다. 이때 다애의 머리를 스치고 지나는 귀인 한 사람, 학원에서 알고 지내는 주희 언니의 얼굴이 떠올랐다. 밝고 명랑한 주희 언니는 주변에 늘 많은 친구들이 있었다. 언니라면 나의 중딩 친구 관계를 시원하게 풀어줄 것 같았다. 아, 왜 오늘따라 이렇게 학원가는 시간이 늦게 다가오는지!

든든한 조언자

주희 언니와 상봉을 했다. 유난히 헤헤거리는 다애를 대하는 주희 언니는 금세 '다애가 무언가 할 말이 있군.' 눈치챘다. 언니는 착하면서도 공부도 열심히 하고 친구나 후배들에게 재미있는 이야기도 많이 해주는 편이라 누구나 좋아하는 성격 좋은 선배다. 다애는 언니와 자기의 자습 시간이 같다는 것을 확인하자마자 언니에게 떡볶이를 쏘겠다고 말했다. "호호호, 뭐가 필요한 건데? 나의 이 미모? 훌륭한 성격? 알았어. 이따 보자구."

떡볶이집에 앉자마자 언니가 먼저 말을 꺼낸다. "다애야, 고민이 뭔데? 얘기 해보심!" 세상에서 가장 사랑하는 떡볶이를 입에 우걱우걱 넣으며 다애는 말문을 열기 시작했다. "중학교에 올라가면 첫날이 제일 중요하다면서요? 친구 사귀는 것도 그렇고요. 그래서 말인데요. 어떻게 하면 친구들 잘 사귈 수 있을지 걱정이 돼서요. 언니는 인기도 많고 하니까 노하우를 많이 가지고 있을 것 같아, 제발 좋은 방법을 알려주세욤!"

주옥같은 노하우

"아, 그랬구나. 이제 입학이 얼마 안 남았지? 생각해 보면 나도 중학교 입학을 앞두고 그런 생각을 많이 했던 것 같아. 아무래도 남자애들은 그런 것이 좀 덜 할 텐데, 운동 한번 하면 친해지고 하니까. 근데 여자애들은 그런 문제가 신경이 많이 쓰이는 것 같아." 인기쟁이 주희 언니도 이런 고민을 했다고 하니까 다애는 한결 마음이 더 편안해졌다. 나만 겪는 고민은 아니었구나……. 역시, 난 정상이야. 위안을 받으며 언니에게 구체적인 해결 방법이 없는지 물었다.

"중학교에서의 3년은 첫날이 좌우한다고 보면 돼. 첫날 분위기가 어

떤지 짐작이나 가니? 아우, 교실에 온통 어색이라는 단어가 날아다
니곤 하지. 같은 초 나온 애들끼리 끼리끼리 모여서 이야기하고, 그런
친구 없으면 뻘쭘한 표정으로 MP3나 듣게 되지. 그런데 바로 그 첫
날 애들 눈길을 피하거나 폼이나 잡거나 음악이나 듣고 있으면 그 다
음 날부터 너의 운명은 고독해진다는 걸 잊어서는 안 된다. 일단 자리
가 정해지고 나면 독수리와 같은 눈을 휘몰아 돌리면서 짝과 주변 애
들에게 마구마구 너의 시선을 보내야 해. 절대적으로 니가 먼저 말을
걸어야 한다. 애들이 말 걸어 주겠지, 라고 생각하다 3년 내내 아무와
도 말을 나누지 못하는 경우도 있어. 두루두루 얘기하다 보면 말야,
희한하게도 서로 마음에 드는 애들끼리 모이게 되어 있어. 그렇게 뭉
쳐진 애들과의 반가운 마음은 방과 후까지 이어지는 게 좋아. 그냥 흐
지부지 헤어지면 다음날 또 다시 어색해질 수도 있거든. 제일 좋은 게
떡튀김을 나눠먹는 거야. 맛있는 음식을 나눠먹으면 관계도 더 좋아
진다고. 자리에 앉아서 서로서로 휴대폰 번호도 따고, 사진 찍어서 프
로필에도 올리고, 둘둘, 셋셋, 넷이 한꺼번에 셀카도 찍고, 폭풍 수다
를 터트리다 보면 어느새 너희들은 100년 된 친구처럼 거리낌 없는
사이가 된단다. 알지? 떡튀김 계산을 정확하게 1/n로 하는 거. 그리
고 집에 가는 길에 문자 한 번씩 날려주고, 집에 가서 자기 전에 한 명
한 명 이름을 불러가며 '내일은 더 예쁜 모습으로 만나자.'며 아자자!
를 외쳐주는 센스! 첫날도 중요하지만 둘째 날도 중요하다는 거 잊지
마. 서로의 얼굴을 익힌 다음 날이기 때문에 좀 더 친해질 수 있는 단
계가 될 수 있는 날이거든. 어때, 이 정도면 다애도 잘 할 수 있겠지?"
언니의 이야기를 듣노라니 그동안 가슴을 짓누르고 있던 고민이 사
라지는 기분이다.

드디어 입학 첫날, 정해진 반에 따라 교실로 향하고 있었다. 아직 마음은 두근거렸다. 이제 시작이다. 언니가 알려준 깨알 같은 노하우들이 발휘를 할 시간, 일단 짝꿍을 공략한다. 사실 약간 비호감으로 생긴 짝꿍이라 거슬리긴 했는데, 웬걸?, 이야기를 해보니 완전 빵 터지는 웃긴 친구였다. "야, 저 선생님이 학교에서 알아주는 차도남이래~" 이야기를 시작하자, 앞에 앉은 친구들이 뒤를 돌고 옆에 앉은 친구들도 온다. "진짜? 얼굴은 안 그렇게 생겨서 웬일이니?~", "그러게 방금 땔감 지고 산에서 내려온 얼굴이던데, 진짜 어이없다. 크크크" 친구들이 한마디씩 거들었다. 이 이야기에서 시작해서 아이돌 이야기까지 우리들의 수다는 끝이 날 줄을 몰랐다. 전번도 교환하고, 점심도 같이 먹으러 가고, 앞으로 친구 문제는 걱정하지 않아도 될 6명이 벌써 모였다. 주희 언니! 정말 고마워.
고·민·타·파!

Tip 중학교에 올라가 좋은 친구 만들기

❶ 초등학교 친구? 초절정 절친이 아닌 이상 1주일만 지나면 남남 되기 십상이니 같은 초에 집착하지 말 것. 중학교는 별유천지니라.

❷ 친구들을 외모로 판단하지 말 것. 개성 강한 친구들이 단순하고, 재밌고, 더 착함.

❸ 말 걸어주기를 기대하지 말 것. 자신이 적극적으로 말을 걸 것.

❹ 선배들에게 얻은 학교생활 노하우나 정보를 공유하면서 같이 수다 떨기.

❺ 첫날, 형성되는 그룹의 친구들과 방과 후까지 폭풍 수다를 통해 3년 친구로 찜하기.

❻ 이름 부를 때 절대로 '성'을 포함하지 말 것. 야, 최.순.덕! 과 순덕아! 봐봐, 어감이 다르잖아?

❼ 그룹의 일원이 되었으면, 다른 그룹에 미련 두지 말 것. 배신자, 왕따 되는 지름길.

❽ 하지만 그룹 이외의 친구들에게도 늘 친절하게 대할 것. 방법은 간단. 똥씹은 표정을 하고 있다가도 누군가가 부르면 급방긋! 웃는 낯으로, 친구의 눈을 바라보며, 친절한 목소리로, '어, 순덕이구나? 왜?' 하고 대답하면 금세 성격 좋은 애로 소문 좍!

❾ 그룹과의 뒷 담화는 적극적으로 하되, 비그룹과의 뒷담화에는 가담하지 말거나, 미소로만 대응할 것. 말이 왜곡되어 오해가 생기는 것 방지.

❿ 전화번호 교환하고, 집에 가서 꼭 문자로 친근감을 더 할 것. 주말 약속 같은 것도 좋음.

짝꿍의 중요성

첫날, 자리배치

중학교 입학 첫날, 자리를 정하는 시간이 다가왔다. 다행이도 정훈이가 바라고 바라던 대로, 번호는 이름순으로 정해졌지만, 자리는 키 순서에 의해 정해질 것은 뻔한 일이었다. 아니나 다를까 선생님께서는 복도에 줄을 세우시고는 키 순서에 따라 자리를 배정해 주셨다. 또 뒤쪽에 앉기는 다 틀렸다. 아니 중간만이라도……. 이미 마음을 비운 정훈이는 정해진 자리에 군소리 없이 앉았다. 그런데 그 다음, 선생님의 말씀이 어째 심상치가 않았다. 자리는 1주일 후에 바뀔 것이고, 자리는 오는 순서에 의해 앉고 싶은 자리에 앉게 하신다는 말씀을 해주신 것이다. 이건 웬 떡이니. 1주일 후에 정훈이가 학교 정문이 열리자마자 들어온다면, 중간이고 뒷자리고 앉고 싶은 자리에 앉으면 된다는 사실 아닌가! 정훈이는 속으로 '앗싸!'를 외쳤다. 그런데 문제는 짝꿍이었다. 짝꿍도 맘대로 하면 좋을 텐데, 최근에 친해진 원재와 같은 자리에 앉으면 정말 불행 끝 행복 시작일 것이다. 하지만 선생님께서는 다음 주부터 제비를 뽑아서 짝꿍을 정하게 될 것이라고 말씀해 주셨다. 오 마이 갓! 그럼 복불복? 누가 짝꿍이 될지 전혀 예측

할 수 없는 상황이 되는 것이다. 그것이 원재라면 정말 좋겠지만, 확률이 너무 낮다. 어쨌든 1주일 후가 기다려졌다. 복불복이라도 희망이 아주 없는 것은 아니니까.

짝꿍의 재발견

정훈이의 짝꿍은 용선이라는 여학생이 되었다. 평범하고 말 수도 적은 아이였다. 이왕 여자 짝꿍이 될 거면, 좀 예쁘고 명랑한 친구였으면 좋으련만, 아쉬웠다. 정훈이는 용선이와 특별한 인사도 나누지 않은 채 계속 원재에게 찾아가 말을 걸거나 교실 여기저기를 구경하며 다녔다. 한마디로 자리에 앉지 않고 겉돌고 있는 것이다. 그렇게 밖으로 나돈다고 해서 짝꿍인 용선과 말을 섞지 않고 살 수는 없었다. 영어 시간에는 번갈아 가며 회화 연습을 해야 하고, 쪽지 시험을 보는 날이면 바꿔서 채점을 하기도 하고, 숙제에 관한 이야기도 나누는 등 자연스럽게 이야기를 나눌 일이 많아졌다. 그런데 용선이는 덜렁거리는 정훈이를 위해 숙제 리스트를 정리해 주는 등 친절 센스까지 보여 주곤 했다. 학용품도 잘 빌려 주었다. 이렇게 순전히 용선이의 노력과 피할 수 없는 대화의 계기를 통해 결국 친한 짝꿍이 되는데 성공했다. 그렇게 용선과의 1주일이 끝나가고 있었다. 정훈의 마음 한구석에서 그토록 기다리던 그 1주일이 말이다.

짝꿍 체인지

토요일, 선생님께서 조그만 상자를 갖고 오셨다. 그 상자 안에는 여자 친구들의 이름이 적혀 있고, 남자애들이 종이를 뽑아서 짝꿍을 정하는 것이라고 하셨다. 다음 주에는 그 반대로 하는 것이고 말이다. 긴장이 되는 순간이었다. 누구를 탓하고 원망할 수도 없는 내 손으로 뽑는 내 짝꿍! 뜨아! 내 손에 잡힌 종이를 펼치는 순간 머릿속이 새카매졌다. 그 많고 많은 친구들 중에 성격이 까칠하다는 이유로 친구들이 놀리곤 하는 재은이의 이름이 적혀 있었다. 1주일 동안 재은이와 나는 짝꿍이 돼야만 한다. 그러자 갑자기 왜 이런 제도로 짝꿍을 뽑는지 선생님에 대한 불만이 폭주하기 시작했다. 다른 반은 그냥 키 순서대로 하고, 1주일마다 분단만 옮기고 하는데, 왜 우리 반은 이렇게 하는 거냐고! 목구멍까지 소리가 나왔지만, 참기로 했다. 재은이와 짝꿍이 되는 첫날부터 트러블이 생기기 시작했다. 정훈이는 뒷문 쪽에 자리를 잡고 싶었는데, 재은이는 안쪽에 앉으려고 하는 것이다. 이유도 얘기하지 않고 마구 고집을 피우는 바람에 정훈이는 어쩔 수 없이 재은이의 말에 따라 주었다. 재은이는 정훈이보다 더 덜렁거리는 성격이라 허구한 날 학용품을 가져오지 않아 정훈이 것을 빌려 쓰기가 일쑤였고 노트를 빌려주면 낙서를 해서 돌려 주질 않나, 항의를 하면 사과는 커녕 오히려 '남자애가 왜 그러냐'는 둥 오히려 정훈이를 공격하기까지 했다. 재은이와 매일 티격태격 하면서 지내다 보니 지난번 짝꿍 용선이가 그렇게 소중하게 여겨질 수가 없었다. 용선이와 짝꿍이 된 원재가 세상에서 제일 부러웠다.

그런데 이상한 일이 생겼다. 어느 날 저녁, 내일 책가방을 챙기던 중 정훈이는 필기도구를 넉넉히 챙기고, 노트도 두어 권 더 준비하는 자신을 발견하게 되었다. 어느새 짝꿍인 재은이의 산만하고 잘 토라지는 성격을 생각, 자신이 재은이를 챙기고 있었던 것이다. 뿐만 아니라 다시 짝이 바뀌면 새로운 짝과 매일 다툴 재은이를 생각하니 마음이 영 좋지 않았다. 짝꿍이라는 게 이런 것일까? 1주일 사이에 정훈이의 생각이 너무 많이 변해 있었다. 이런 저런 생각을 하고 있는데 선생님께서는 짝꿍을 정하기 전에 해주실 말씀이 있다고 하신다.

"애들아, 1주일마다 짝꿍이 바뀌니까 어때? 선생님도 학교 다닐 때, 짝꿍이 있어서 알지만, 학교에서 만나는 옆자리 짝꿍은 앞으로 너희들의 커서 사람들과 맺게 될 관계를 배우는 첫 연습 대상이라고 볼 수도 있어. 처음에는 전혀 모르는 상대가 짝꿍이 되어서 낯설고 그렇지? 그런데 우리는 어쩌면 평생 이런 일들을 마주하면서 살아가게 되거든. 그런데 그 사람들이 내 마음에 들기도 하고 안 들기도 할 거 아냐. 선생님은 너희들도 이제 중학생이 되었으니까, 누군가를 존중하고 인정하고 이해하고 맞춰 주는 일을 할 수 있다고 생각해. 그래서 짝꿍 제도를 이렇게 만든 거니까 선생님도 이해할 수 있겠지?"

마음이 크는 소리

정훈이는 왠지 선생님의 말씀을 조금은 알 것 같다. 초등학교 때는 짝꿍이 바뀌든 말든 아무 생각도 없었는데, 지금은 정훈이도 재은이에게 더 신경을 쓰고, 영향을 받고, 생각도 많아지는 것을 보니 점점 커 가는 느낌이 든다. 선생님도 우리가 이렇다는 것을 아셨나 보다. 역시 선생님은 선생님이셔……. 이제 정훈이는 다음 주에 누가 짝꿍이 될까 기대는 하지 않기로 했다. 누군가를 만나든지 선생님이 해주신 말씀만 생각하면 될 것 같다. 그리고 1주일을 소중하게 생각할 수도 있을 것 같다. 안 그래도 요즘 시간이 왜 이렇게 빨리 가는지 모르겠다. 아, 내 마음은 나이에 맞게 정상적으로 잘 크고 있으니까, 이제 키만 크면 되겠는데…….

은따방지

어디에나 있는 은따

앗싸~ 토요일이다. 유미는 오늘 초등학교 때 친했던 친구들을 만나기로 했다. 다른 학교로 뿔뿔이 흩어졌기 때문에 매일 보던 얼굴들을 이렇게 약속을 잡아서 만나야만 하는 현실이 조금 슬펐지만, 그래도 만날 생각을 하니까 너무 좋았다. 오랜만에 사복도 예쁜 것으로 골라 입고, 친구들을 만나러 나갔다. 같이 쇼핑도 하고, 아이스크림을 사먹으러 가게에 들어갔다. 옹기종기 모여 앉아 학교 이야기들을 하기 시작하는데, 어쩌다가 '은따' 이야기가 나왔다. 초등학교 때 은따를 당했던 아이가 중학교에 올라가서도 '전 은따'라는 소문이 나서 그 이유로 또 은따가 되었다는 이야기도 있었다. 어휴, 학교마다 아니 반마다 한 명씩 있는 은따 이야기는 시간가는 줄 모르고 계속 되었다. 중학생이 되면서 유미와 친구들은 서로를 거의 자매 이상으로 여기고 가깝게 지내고 있어서 늘 마음이 든든했다. 성격도 다들 좋고 착한 친구들이어서 은따들을 안타깝게 바라보고 있었다. 은따에게 말을 걸려 해도 다른 친구들이 눈치를 줘서 대놓고 하기 힘들다는 현실도 토로했다. 유미와 친구들은 왜 은따가 생기는지, 부모님 세대 때도 있었다는 '따'는 결코 넘을 수 없는 학교생활의 숙명인지 답답했다.

유미네 반에도 은따가 있다. 반 아이들 수가 31명이라 홀수인데, 게다가 여학생이 15명이었기 때문에 짝으로 따지면 꼭 한 명 남게 되는데 언제나 나머지는 은따 차지였다. 유미는 중학교에 올라가서도 사귄 친구들과 즐거운 학교생활을 하고 있는데, 한 번씩 은따를 보면 눈에 거슬리고 불편했던 것이 사실이다. 늘 혼자서 엎드려서 자거나 MP3를 듣는 은따, 점심시간에도 늘 MP3를 끼고 혼자 밥을 먹었다. 다들 대놓고 은따에게 못된 짓을 하거나 괴롭히지는 않았지만, 아예 무관심 속에 버려져 있는 것과 다름없었다. 유미도 같은 반 은따를 생각하면서, 친구들에게 질문을 했다. "근데, 왜 은따가 있는 걸까? 너희 반 은따들은 은따가 될 만한 이유가 따로 있어?" 친구들과 열띤 토론 끝에 은따의 특성을 발견해 냈다.

이렇게 8가지로 정리해 보니, 각각 학교에 있는 은따들이 항목별로 한 가지씩 해당이 되었다. 솔직히 그렇게 아이들에게 피해를 주거나 나쁜 아이들이 아니고, 우리가 생각한 은따의 특성들도 은따로 만들기에는 너무 터무니없는 이유가 많다는 생각이 들었다. 유미와 친구들은 자신이 이런 일을 당했다고 생각하면 너무 끔찍할 것 같다는 이야기를 주고받았다. 유미는 친구들과 헤어지고 나서도 은따 생각이 계속 났다. 스스로 좀 정의롭다고 여기는 편이었는데, 별 이유도 아닌 것으로 은따를 만드는 것은 나쁜 것이라는 생각이 들었다. 내일은 학교에 가서 꼭 은따에게 말을 걸어볼 생각이다.

Tip

중 은따의 특성

❶ 초등학교 때도 은따였음
❷ 학년 첫날, 친구를 못 사귐
❸ 잘 씻지 않고 꾸미지 않음
❹ 코드가 잘 맞지 않는 이상한 이야기를 해서 외계인, 4차원 소리를 듣곤함
❺ 본인이 어울리려고 하지 않고, 귀찮아 함. 자신이 따를 당하는 게 아니라 모두를 따 시키는 것이라고 생각함
❻ 친구 관계를 모함해서 멀어지게 만듦
❼ 생각의 차원이 살짝 다름
❽ 상황에 맞지 않게 나섬

월요일이 시작되고, 유미는 생각한 대로 은따에게 가서 말을 걸었다. "숙제 했니? 이따 점심때 밥 같이 먹자." 이야기를 하자마자 친구들이 유미에게 몰려 왔고 옆구리를 쿡쿡 찔러댔다. 그리고 유미와 은따에게 이렇게 말하는 것이 아닌가? "점심은 우리랑 먹어야지. 너랑 먹는 거 아니니까 기대하지 마삼." 친구들의 이런 훼방 때문에 유미의 의도는 순식간에 날아가 버리고 말았다. 친구들이 나의 행동을 말린 것은 나름 이유가 있었다. '걔랑 친하게 지내면, 너만 이용당하고 버려진다.'는 둥 '실제로 그런 사례가 있었다.'는 둥 어디서 들었는지 모르는 이야기들을 해주기 시작했다. 친구들이 있을 때는 도저히 안 되겠다 싶어서 은따에게 문자로 이따 좀 만나자고 하였다. 은따도 좋다고 답장으로 보냈고, 우리는 동네 떡볶이 집에서 만나게 되었다.

나는 조심스럽게 내 의견을 은따에게 말했다. "내 생각에는 뭔가 방법이 필요한 것이 아닐까 싶어." "응?" 아니, 너도 니가 은따인거 알잖아. 그런데 언제까지 이렇게 살 거냐고. 너도 얼마나 힘들겠니. 그니까 방법이 필요하다 이거지. 은따는 나의 이야기에 조심스럽게 대답을 하기 시작했다.

"사실은 나도 너무 괴로운데, 먼저 다가갈 용기는 정말 없어. 같은 초나온 애가 이상한 소문을 퍼트린 것 같아. 난 정말 결백한데……. 솔직히 학교 다니고 싶지 않아. 억지로 다니는 거야."

순간 은따가 너무 불쌍했다. 유미는 은따 대처 방법의 비법을 알려줄 때가 왔다는 생각을 했다. 물론 자신이 지원군이 되어 줄 생각이다. 유미네 반 은따는 6번 케이스였다. 유미는 자기가 도와줄 테니 은따도 용기를 내서 좀 더 친구들과 어울릴 수 있도록 노력해 보라고 조언해 주었다. 유미는 다음 날부터 친구들에게 은따의 장점에 대해 하나씩 이야기해 주었다. 그러자 친구들도 조금씩 은따에 대한 마음이 누 그러지기 시작했다. 그러면서 은따는 기회를 활용해 친구들의 이야 기를 잘 듣고, 진심을 보여 줬고, 친구들에게 신뢰도 얻어 나갔다. 어 느덧 은따는 자연스럽게 유미의 무리에 낄 수 있었고, 더 이상 은따가 아닌 친구의 이름으로 당당해져 갔다.

Tip

항목별로 본 은따와 대처 방법

❶ 초등학교 은따였음
호의적인 친구 한 명을 공략한다. 처음부터 자신감 있는 태도로 다른 친구들처럼 평범하게 행동한다.

❷ 학년 첫날, 친구를 못 사귐
기회를 엿보다가 한 그룹의 친구들과 같은 약속을 잡아 친해질 기회를 얻는다. 반 친구들이 많이 드는 동아리에 들거나, 반대로 한 명이 든 동아리에 들어서 친해질 기회를 마련한다.

❸ 잘 씻지 않고 꾸미지 않음
여학생들은 외모에 대한 관심이 많아지는 때이므로 같이 다니는 친구의 용모도 중요하다. 본인이 자각하고 잘 씻고, 단정하게 하고 다녀야 한다. 그리고 친구들에게 도움을 요청해 가방이나 신발 같은 아이템들을 같이 쇼핑하자고 한다.

❹ 코드가 잘 맞지 않는 이상한 이야기를 함 (외계인, 4차원, 귀신)
이야기의 주제를 재밌는 것으로 바꾸고, 요즘 친구들과 공감을 할 수 있는 얘깃거리에 주목한다.

❺ 본인이 어울리려고 하지 않고, 귀찮아 함
개선 가능성이 가장 쉬운 은따로 자신만 적극적으로 변하면 됨.

❻ 친구들이 모함해서 멀어지게 만듦.
이야기를 할 수 있는 기회가 있을 때, 본인의 이야기보다 상대방의 이야기를 많이 들어 주고 호응해 주면서 서서히 신뢰를 얻어 감.

❼ 생각의 차원이 약간 다름
'다름'과 '틀림'은 전혀 다른 개념임. 나와 다르다고 이상한 성격이라고 단정 짓는 사람이 '틀린' 거다. 나와 다른 그를 인정하지 못하면 나 또한 누군가에게 이상한 사람으로 비쳐질 것이라는 사실을 알자!

❽ 상황에 맞지 않게 나섬
인내심을 길러서 최대한 말하기 전에 두 번 생각하기. 그리고 ❻번 참고.

04 바늘 가는 곳에 실 간다

급식 도우미 신청할 사람? "저요!" "저두요!" 우유 급식 신청할 사람? "저요!" "저두요!" 이번 주에 봉사활동 할 사람? "저요!" "저두요!" 학교에서 하는 모든 일정에 세트로 가는 원재와 정훈이였다. 전혀 상관없는 것까지 우겨서라도 모조리 함께하는 그 둘의 이름은 베프였다. 물론 여자아이들처럼 손 붙잡고 화장실까지 같이 가는 사이는 아니지만, 함께할 때 든든히 채워지고 혼자라면 한 사람의 빈자리가 휑~ 하니 느껴지는 찰떡궁합이었다. 사실 서로 애틋한 말 한마디 없이 틱틱거리며 장난치는 사이지만 그래도 둘은 알고 있다. 함께 있을 때 가장 편안하다는 것을 말이다.

원재와 정훈이가 이렇게 친해지게 된 것은 학교 지정 방과 후 학교에서 함께 공부하면서부터였다. 가정 형편이 넉넉지 않다는 점이 비슷비슷한 둘은 학교와 지역사회에서 무료로 지원해 주는 방과 후 학교에 우연히 같이 다니게 되었는데 학교에서도 같은 반, 방과 후 학교에서도 같은 반이다보니 아침부터 밤까지 붙어 있는 사이가 된 것이다. 여러 조건들이 맞아 떨어진 원재와 정훈이는 더군다나 공부하는 곳이 특별하다 보니, 이야기도 잘 통하고 마음도 잘 통하게 된 것 같다. 문구점에 가는 것도, 편의점에 가는 것도, PC방에 가는 것도 베프를 대동해야 모든 것이 든든한 둘은 이제 눈빛으로도 대화가 통하는 진정한 베프 사이였다.

오늘은 왠지 원재의 표정이 심상치 않다. 학교에서도 유난히 말수도 적고, 방과 후 학교로 향하는 길에도 힘이 하나도 없다. 정훈이는 평소답지 않은 원재의 모습에 걱정이 되었다. 간신히 달래서 이야기를 들어 보니 지난밤 부모님께서 싸우셨단다. 그런 일쯤은 정훈이도 많이 겪어 본 터라 원재의 마음이 어떨지 짐작이 갔다. 그래도 어쩌겠는가, 아직 우리는 어리고 할 수 있는 일이 아무것도 없질 않은가. 이 사실이 더 답답하긴 하지만…….

정훈이는 갑자기 학교에 책을 두고 왔다며 원재에게 방과 후 학교에 먼저 가있으라고 한다. 같이 가자고 말하는 원재였지만, 정훈이는 한사코 거절하며 금방 따라가겠다고 한다. 원재는 먼저 방과 후 학교로 향했고, 정훈이는 왔던 길을 되돌아 학교 쪽으로 뛰어갔다. 얼마 후 원재는 누군가 자기의 가방을 뒤에서 잡아당기자 발길을 멈추고 말았다. 정훈이였다. 헐레벌떡 뛰어왔는지 가쁜 숨을 내쉰다. 짜잔~ 정훈이의 손에 들려 있는 것은 과자와 아이스크림! 짠돌이 정훈이가 원재의 기분을 풀어주기 위해 저지른 귀여운 짓이었다. 역시 스트레스 해소에는 먹는 것이 최고임! 과자를 나눠먹는 원재와 정훈의 마음이 훈훈하다.

방과 후 학교에 도착하자, 찰떡궁합 왔냐며 선생님들께서 한마디씩 거드신다. 선생님은 친구들이 많은 곳에서 원재와 정훈이는 둘이 그렇게 장난치고 때리고 하면서도 같이 다니는 것이 신기하다고 말씀하신다. 그러면서 친구들에게 물으신다.

"요즘은 베프의 조건이 뭐냐?"

음, 갑작스러운 물음에 잠시 망설여졌지만, 우리는 여자 친구, 남자 친구들 할 것 없이 머리를 맞대고 금세 그 조건들을 생각해 낼 수 있었다.

"선생님도 어렸을 때는 아빠가 나랑 가장 친한 친구를 스펀지 같다고 해서 종일 울었던 기억이 나. 나랑 가장 친한 친구를 놀리는 게 그렇게 속상했었나 봐. 아빠가 그냥 장난치셨던 것이었는데도 말이지. 선생님은 지금도 누구보다 나를 가장 잘 이해해 주고, 같이 울고, 같이 기뻐해 주는 친구 덕분에 세상에서 위로를 받고 사는 것 같아. 너희들도 서로를 향한 진심의 마음들을 변하지 않는 것이 베프의 가장 중요한 조건이자, 기본 태도라고 할 수 있겠지? 그 마음들 잘 지켜 나가면 '나의 베프'가 아닌 '너의 베프'로 행복할 수 있을 것 같지 않니? 너희들 보니까 왜 이렇게 옛날 친구들 생각이 얼마나 많이 나는지. 이 장난꾸러기들!"

Tip

베프의 조건!

❶ 답문은 빛의 속도로.
❷ 준비물 빌려 달라면, 얻어서라도 빌려 준다.
❸ 체육 시간 안 겹치면 체육복도 빌려 준다.
❹ 베프한테 쓰는 돈, 몽땅 털려도 아깝지 않다.
❺ 욕해도 기분이 안 나쁘다.
❻ 싸우고 나면 괜히 미안하다.
❼ 같이 있을 땐 서로 장난치고 싸워도, 다른 사람이 내 친구 괴롭히는 거 못 본다.
❽ 생일 기억은 기본, 축하는 당연!
❾ 마음을 털어 놓고 이야기한다.
❿ 비밀 이야기는 절대 무덤까지 절대 비밀.
⓫ 무슨 일이 있어도 배신은 안 때린다.
⓬ 친구가 가슴 아픈 일을 당하면 내 마음도 아프다.
⓭ 성적 가지고 심하게 마음 상하지 않는다.
⓮ 다른 사람 다 뭐라고 해도 나를 믿어 준다.

05 주말을 즐겁게 보내는 방법!

기다리고 기다리던 놀토가 돌아왔다. 어젯밤에 유미는 학교 앞으로 다들 모이라고 친한 친구들에게 문자를 보냈다. 유미와 친구들은 일찍 만났지만 딱히 할 일은 없었다. 시험 때는 도서관에 몰려가기도 하고, 주말에 부모님이 안 계신 친구들의 집이 있으면 거기에 모여서 수다도 떨면서 놀 텐데 오늘은 집집마다 부모님들이 계시다는 정보다. PC방 가는 것도 한두 번이고, 쇼핑센터를 기웃거리는 일도 심드렁하다. 좀 색다르고 재미있게 모처럼의 주말을 보낼 방법은 없을까? 우리끼리 이런 저런 이야기를 해보았지만 일주일 내내 학교 공부만 하는 우리에게 그런 정보가 있을 턱이 없었다. 그때 마침 민석 오빠가 지나간다. 오빠는 중학교 3학년인데, 연극 동아리 연습이 있어서 가는 길이란다. 어쩐지 색다른 주말을 보낼 비책을 갖고 있을 것 같았다. 오빠를 불렀다. 민석 오빠!

민석 오빠는 학교 연극부로 꽤 유명한데, 애들 사이에서는 '자영업바'라는 별명으로 불렸다. '자유로운 영혼을 지닌 오빠'라는 뜻과 워낙 독립의 뜻이 담긴 '자영업자'라는 뜻을 섞어 붙인 별명이다. 오빠는 실제로 공부도 잘하고, 연기력도 인정받고 있으며, 노래도 잘하는 등 못 하는 게 없었다. 이것저것 활동량이 많은 오빠인 만큼 이야기가 기대가 되었다.

"자자, 이야기를 해볼게. 일단 학교에 안 가는 주말은 무언가를 하기에는 너무나 귀중한 시간이야. 5일 내내 공부에 시달렸다면, 머리는 식히고, 마음은 가득 채울 무언가를 하기에는 딱인 시간이라는 거지. 철저한 계획! 이것이 즐거운 주말을 보낼 수 있는 첫 번째 열쇠가 될 거야. 너희들 인원수도 많은데 돌아가면서 한 명씩 주말 계획을 짜면 그렇게 부담스럽지도 않잖아? 그런데 너희들이 갈 수 있는 곳은 사실 그렇게 많지는 않아. 일단 문화 공간을 생각해 봐라. 미술관, 박물관, 전시장, 축제 등은 인터넷에서 검색해 보면 줄줄이 올라와 있어. 대부분 낯선 곳들이지. 교통편도 복잡하고 말야. 하지만 계획을 세우고, 내용을 파악하고, 실제로 가서 확인하다 보면 상식도 늘고 길눈도 밝아져. 이 오빠도 중학교 1학년 때 연극 극장이 많은 대학로를 처음 가 본 뒤에 지금은 어지간한 다운타운은 다 가 보았단다."

중3이면 아직 어리다면 어린 나인데, 오빠는 다 큰 어른처럼 아는 곳도 많고 경험도 많이 한 것 같았다. 그날 오빠가 가르쳐 준 것을 토대로 우리들 나름대로 짜본 주말 즐기기 프로그램을 짜 보았다. 우리는 이 작업을 함께하면서 어쩐지 키가 훌쩍 컸다는 느낌을 받았다. 우정이 더욱 깊어진 것은 두말할 것도 없고.

새로운 세상

유미와 친구들에게 놀러 간다라는 것은, 동네 시장에 뭐 사먹거나, 조금 번화한 곳에 가서 옷을 사는 게 전부였다. 이런 우리들에게 오빠의 이야기는 귀가 뻥 뚫리고 눈이 번쩍 뜨이는 이야기였다. 저렴하고도 풍요롭게, 가까우면서도 제대로 즐길 수 있는 것이 이렇게나 많았다니! 우리는 다른 세상에 관해 들은 것만 같다. 이런 것들을 할 수 있음에도 그저 보냈던 그동안의 주말이 아까울 지경이었다. 오빠는 오늘 당장 할 수 있는 일을 알려주겠다고 한다.

"얘들아, 오빠가 많은 이야기들을 해줬지만, 너희들이 약속한 대로 사전 계획을 잘 짜야만 알차게 보낼 수 있을 거야. 예를 들면 교통편이라든지, 하루 소요 경비라든지 이런 것들을 무리하지 않는 한에서 잘 설정해야겠지. 그러기 위해서 오늘은 일단, 오빠가 알려주는 대로 지하철을 타고 서점으로 향하는 거야. 서점에 널려 있는 많은 책들을 통해 넓고 넓은 세상을 살펴보고 다음 주부터 신나는 주말을 보내는 거다?"

"넵!"

주제를 정하고 릴레이 투어

❶ 고궁 등 문화재 순례

꼭 공부가 아니더라도 역사, 문화, 미술, 인물 등 우리가 관심 있게 볼만한 문화의 집합체다. 조선시대의 수도 한양인 서울과 수도권에는 경복궁, 창덕궁 등 궁궐과 성곽길, 한옥마을, 왕릉 등이 엄청 많고, 전국 어디에나 읍성, 산성 등이 있는데, 모두 우리가 역사 교과서에서 한 번쯤은 만났던 인물과 연결되어있어서 더욱 재미있는 주말 나들이가 될 수 있겠지?

❷ 박물관 투어

친구들과 주말 계획 세우다 박물관 조사를 해 봤는데, 우리나라에 이렇게 많은 박물관이 있는 줄은 정말 몰랐어. 국립중앙박물관처럼 엄청 큰 종합 박물관은 물론 솟대박물관, 테디베어박물관, 거미박물관, 꼭두박물관 등 신기하고 다양한 박물관들이 엄청 많더라. 학창 시절은 물론 평생을 돌아다녀도 다 볼 수 없을 정도로 많아.

❸ 도서관 구경

공부가 아니라 웬 구경이냐고? 국립도서관, 시립도서관 등에 가면 열람실에 공개 서가가 있는데, 정말 별의별 책이 다 있다고. 책 제목을 읽어보거나 도서 목록만 보아도 세상에 할 일이 그렇게 많다는 사실에 깜짝 놀라게 될 거야. 그리고 요즘 도서관은 책만 읽는 곳이 아니라 발표회, 이벤트 등도 여는데, 모두 재미있는 프로그램이더라고. 당연히 우리도 참가하기로 했지!

❹ 대학 캠퍼스 구경

대학 캠퍼스 순례는 이미 우리 선배들이 많이 해왔던 주말여행이더라고. 대학 캠퍼스에 가 보면 일단 고풍스러운 건물들이 너무 예쁘고, 캠퍼스가 넓어서 산책하기도 좋겠더라. 게다가 흐흐흐흐…… 벤치에 앉아서 오가는 대학생 언니 오빠들 구경하는 재미도 좋겠어. 고딩 오빠들 보면 좀 찌질해 보이기도 한데, 대딩들은 왜 이케 멋지기만 한 건지!

❺ 공연보기

대학로는 민석 오빠가 강추한 곳이야. 솔직히 우리는 연극에 관심 없는데, 민석 오빠가 꼬-옥 한 번 보라고, 한 번 보면 TV 드라마는 시시해서 안 보게 된다고 하더라고. 그래서 오빠가 우리에게 베푼 호의를 생각해서 한 번 가보기로 했어. 박물관도 있고 볼거리도 많다니 한 번 가보려고. 혹시 알아? 연극에 빠져서 매주 가게 될지?

❻ 미술관 순례

중학교에 올라가면 미술 수업을 어떻게 받는지 모르겠지만, 아무튼 학교에서 예체능의 위상은 살짝 떨어지는게 사실이잖아? 바람직한 일은 아니지만 어쨌든 학교에서 배우는 것 말고, 미술관에서 열리는 전시회를 다니면서 명작을 감상하고 화가들의 이야기를 읽어보는 것도 재미있을 것 같아.

또래 그리고 선배

꼭 우리끼리 놀기

방과 후의 대부분의 시간을 보내는 학원. 창윤이는 오늘도 학원에서 만난 친구들과 함께 이마에 땀이 송글송글 맺히도록 학원 이곳저곳을 다니며 술잡(술래잡기)을 즐기고 있었다. 그런데 유독 1학년이 노는 데에 잘 끼지 않는 남자 친구가 있었으니 범수였다. 오늘은 어쩐 일로 술잡하는 우리들을 지켜보더니 술래도 아니면서 잡히지 않으려고 막 도망가는 창윤이를 붙잡아 술래에게 넘겨주는 것이 아닌가! 안 그래도 평소 행동이 눈꼴시다 싶었는데, 오늘 아주 못을 박는다. 이런 배신자! 범수는 술잡 그만하고 이야기하고 놀자고 하는 것이었는데, 창윤이는 몹시 기분이 상했다. 앞으로 범수를 볼 때마다 사람들 앞에서 '배신자'라고 놀릴 셈이다.

범수는 배신자?

범수가 1학년 남자애들이 놀 때 자주 빠지는 것은 사실이었다. 범수와 1학년 남자애들과 서로 불편한 관계도 아니고 처음부터 같이 놀지 않으려고 한 것도 아니었는데, 범수는 늘 자기 동기생들이 아닌 선배들이랑 탁구를 치곤 했다. 여자애들이랑 노는 모습도 자주 눈에 띄었다. 반면에 창윤이는 선배를 불편한 존재로 생각했고 여자애들과 노는 것도 어색해하는 성격이다. 대부분 애들은 창윤이와 비슷하다. 그래서 선배, 여학생들과 잘 어울리는 범수를 못마땅하게 생각하는 것이다.

어느 날, 창윤이가 쉬는 시간을 틈타 친구들과 한창 보드게임을 하고 있었는데, 어디선가 범수가 어슬렁거리며 다가왔다. 자기도 하자면 서 끼는데 순간, '너는 형들이랑 놀기나 해!' 라며 밀치는 창윤이. 범 수는 순간 짐짓 당황을 했다.

"친구끼리 그러면 안 되지!" 지나가던 선생님이 그것을 보시고 말씀 하셨다. 순간 친구들은 선생님께 범수의 평소 행동에 대해 고자질하 기 시작했다. "선생님, 범수가 우리랑 원래 안 놀아요. 얘는 형들이랑 여자애들이랑 더 많이 논다고요." 봇물이 터지듯 친구들은 불만을 털 어 놓기 시작했다. 범수는 내심 서운한 마음도 들었지만, 친구들의 마 음도 이해할 수 있었다. 사실 범수는 선배나 여학생들에게 스스럼없 이 대했을 뿐이지 동기생들을 미워하거나 유치하다고 생각하지는 않았다. 오히려 친구들도 자기처럼 선배, 여학생들과 편안히 지냈으 면 하는 바람도 있었다. 어쩌면 창윤이들은 범수를 미워했다기보다 조금은 부러워했을지도 모를 일이다.

선생님이 발걸음을 멈추시고 우리를 불러 모으셨다.

"있지, 선생님이 대학원에 다닐 때였는데, 우리 과에 인도에서 유학 온 두 명의 대학원생이 있었거든. 처음에 자기소개 하고 나이도 이야 기하는데, 그 중에 여학생이 나랑 동갑이더라고. 그래서 '나이가 나 와 같네요. 그럼 우리 친구네요.'라고 했더니 그 여학생이 나를 이상 하게 쳐다보는 거였어. 왜 그랬게?" "뭐, 언제 봤냐고 친구냐는 거 아 니에요?" "아님, 선생님이 맘에 안 든 거 아니에요?" "친구하기 싫어 서 그런 거 아닐까요?" "출생의 비밀이 있어서 사실은 호적이 잘못된 거 아닐까요?”

“아니야, 다 틀렸어. 잠시 갸우뚱하던 그 여학생이 이러는 거야. ‘인도에서는 나이가 같다는 이유 하나만으로 친구가 되진 않아요. 나는 열 살인 아이, 여든 살인 사람과도 친구할 수 있어요.’라는 거야.” “우와!” 아이들 입에서 함성이 튀어 나왔다. “그러니까 서로를 존중하는 마음은 분명 있어야 하지만, 꼭 같은 나이만 친구고 그렇지 않으면 불편한 존재라고 생각하는 것은 어쩌면 우리나라가 가지고 있는 편견 중에 하나라는 생각이 들더라고. 나이와 상관없이 마음을 나누는 친구가 된다는 것, 멋지지 않니? 그래서 선생님이 연구를 좀 해봤는데 말야. 사실 전 세계적으로 선배와 후배를 명확하게 나눠 놓는 나라는 우리, 일본, 중국뿐이래. 그리고 선배라는 이유 하나로 후배를 막 대하고, 심지어 때리기도 하는 나라는 우리나라뿐이라더구나. 일본과 중국도 선후배 관계가 철저한 편이지만 선배라고 무조건 모시고, 후배라고 막 대하는 문화는 없다는 거야. 우리가 이런 문화를 앞으로도 계속 이어가야겠어?” “말아야죠. 우리가 완전 낡인 거네요.”

창윤이가 선생님께 여쭤본다. “선생님! 그럼 선생님이랑 우리가 친구해도 되겠네요?” “이거이거, 창윤이 바로 응용하고, 머리 아주 좋은데? 물론 당연히 친구가 될 수 있지. 이 말은 우정을 나눌 수 있는 사이가 된다는 말과도 같거든. 너희들, 그럼 진정한 우정이 뭐라고 생각해?” “힘들 때 위로해 주는 거랑, 기쁠 때 함께 기뻐해 주는 거요.” “배신 안 때리기요!” 친구들은 나름대로 생각한 진정한 우정에 대해서 이야기를 했다.

“그래, 너희들이 말한 그런 진정한 우정을 선생님과도 나눌 수 있고, 선배들과 후배들과도 나눌 수 있다는 거야. 지금부터 그런 것들을 해 나가면, 나중에 어른이 되어서 사회생활을 할 때도 아마 인정받는 좋은 사람으로 자랄 수 있을 거야. 그렇다고 해서 친구 먹었다고 막 대하고 그러면 안 된다. 그건 우정 아니니까."

그러고 보니 범수는 선생님이 이야기를 해주기도 전에 다른 선배나 여자애들과 우정을 쌓고 있었다는 생각이 든다. 짜식! 우리보다 한 발 앞선 거네?

선생님 말씀을 듣고 마음이 조금 풀린 창윤과 범수가 이야기를 했다. 창윤은 범수가 선배, 동기, 후배들과 두루두루 친하게 지내는 방법이 궁금했다. 범수 대답은 간단했다.

"선배, 동기, 후배라는 선을 없앨 순 없잖아. 하지만 친해지고 싶은 사람은 있더라고. 그냥 선배 대접하면서 속으로는 친구처럼, 그러다 친구처럼 친해지면, 겉으론 친구처럼 지내지만 속으로는 선배로 깍듯이, 그렇게 지내면 되더라고. 어쨌든 선후배들한테는 처음 말 걸 때가 좀 민망하지, 한번 성공하고 나면 그 다음부터는 말 걸기가 쉬워. 단……," "단?" "단, 친해졌다고 선후배의 경계를 넘어버리면 큰일나. 까분다고 제대로 맞을 뻔한 적도 있어. 으흐흐."

범수의 나이를 초월한 친구 관계가 부러웠다. 하지만 앞으로는 선배들보다 우리와 더 잘 어울리도록 더 친하게 지내야겠다.

07 너, 남자 친구 있니?

초등학교 때 여학생들에게 인기가 많았던 유미. 털털한 성격에 톰보이(보이시) 같은 외모에 공부도 어지간히 할 뿐더러, 보통 아이들 같으면 선생님께 말씀드리기 쉽지 않은 이야기도 스스럼없이 선생님과 대화할 줄 아는 성숙함 때문에 특히 여자아이들이 유미를 따르고 좋아했다. 유미의 그런 성격은 중학교에 올라가서도 변하지 않았다. 특히 남학생들과 여학생들 사이에 벌어지는 크고 작은 문제들을 자기가 나서서 해결해 주고, 그런 과정에서 남학생과 언성을 높이기도 했지만 무슨 수를 썼는지 일촉즉발의 상황까지 갔던 남학생과 사이 좋은 친구로 지내는 대인배의 풍모까지 발휘하곤 했다. 그런 유미를 눈여겨 지켜보던 친구가 있었으니 그는 바로 반장 안동수였다.

안동수는 차도남 스타일로 유미네 반뿐 아니라 다른 반 친구들에게도 인기가 좋았는데 아, 글쎄 바로 그 차도남의 마음이 유미로 인해 녹아내려 버린 것이었다. 동수의 프러포즈를 유미가 받아 주는 데는 석달 열흘이 걸렸다. 드디어 사귀기로 합의한 날, 유미는 '조금 더 각별한 친구'로, 동수는 '완전 사귀는 여친'으로 서로를 규정했다. 모두들 경악을 금치 못하는 반응을 보였지만, 유미는 유미답게, 동수는 차도남답게 교실과 학교 밖에서의 균형을 잘 이루며 별 일 없이 지냈다. 듣자하니 가끔 영화도 보고, PC방도 가고, 알콩달콩 손잡고 데이트하는 장면이 포착되기도 했다나?

그렇게 2학기가 저물어가던 어느 날, 우리는 또 다시 충격적인 이야기를 들었다. 두 사람이 헤어졌다는 것이다. 처신을 잘하는 친구들이라 진짜로 사귀는 건지 뭔지 모를 정도였는데, 느닷없이 헤어졌다니!

현미경 커플의 어려움

유미도 동수도 자기들이 왜 헤어졌는지 말하지 않았다. 그러나 유미의 절친들이 흘린 이야기를 종합해 보면 결별의 원인은 바로 현미경 때문이었다. 같은 학교, 같은 반 남학생과 여학생이 사귄다는 것은 서로의 생활을 너무도 자세히 들여다 볼 수 있다는 뜻이기도 하다. 그래서 좋은 점도 있지만 사실 불편한 점이 더 많았다는 것이다. 성격 좋은 유미가 다른 남자애들과 소소한 장난을 치거나 다른 반 남자애들과 사이좋게 이야기하는 모습이 동수에게 편안해 보일 수가 없다는 것이다. 자타가 공인하는 차도남이지만 불타오르는 질투심을 어쩌지 못하는 일이 많다는 것이다. 물론 차도남답게 바들바들 떠는 일은 없었지만 그렇다고 불편한 심정이 감춰지는 것은 아닌 것이다. 유미도 마찬가지였다. 게다가 교실에서는 티내지 않으려고 애를 쓰지만 자기도 모르게 상대를 좀 더 챙겨 주려다 보니 친구들 눈치도 보이고, 때로는 '이렇게 친구들 불편하게 해가면서까지 살아야 하나' 싶은 회의가 든 적도 많았다고 한다. 두 사람이 사귄다는 사실이 학교와 학원에 퍼지자 이제는 거꾸로 다른 애들이 두 사람을 멀리하는 일도 생겼다. 나름 두 사람에 대한 배려였지만 유미나 동수나 마음이 불편한 건 마찬가지였던 것이다.

공부에도 도움 될 게 별로 없었다. 친하게 지내다

보니 붙어 다닐 때가 많았고, 시험 기간에도 함께 도서관에 가기도 했
는데, 실제로 공부하는 시간보다 휴게실에서 노닥거리는 시간이 더
길었고, 그 결과는 성적 그래프의 곤두박질로 나타났다. 자주 만나다
보니 티격태격 말싸움하는 일도 많아졌다. 급기야 유미 입에서 '그냥
친구로 돌아가자'는 말이 나왔고 몇 차례 만류하던 동수도 끝내 유미
의 제안에 동의하고 말았다. 한편으로는 속이 상했지만 막상 헤어지
고 나니 아쉬움보다는 후련함? 편안함? 그런 마음이 더 크게 들었다.
우리 나이에 누군가를 사귄다는 게 아무것도 아닌가? 책에서 본 사
랑은 이런 게 아니던데…….

친구가 편한 소녀시대

동수와 헤어진 유미는 동수와 다시 친구로 돌아가는 마음이, 자신의
동수에 대한 마음이 이렇게 가벼웠나 싶은 생각에 교회 언니에게 물
어보기로 했다. 고등학교 2학년인 아름 언니는 우월한 외모에 활달
한 성격으로 남자 친구를 사귀어 본 경험도 많은 언니였다. 그런데 이
언니, 중학교 때 남자 친구라고 사귀었던 친구들을 아무도 기억하지
못한다고 말했다.

언니의 결론은 간단했다. 그때는 그게 사귄다고 생각했는데, 생각해
보면 어떻게 헤어졌는지, 늘 흐지부지 자기 길을 가게 되었다고 했다.
남자와 여자가 특별히 가깝게 지낸다는 게 뭔지 모를 나이라는 것이
다. 나름 심각해지기도 하지만 정말 아무것도 아니라는 게 언니의 주
장이었다. 물론 간혹 어른 흉내내는 애들도 있지만 그건 정말 뭘 몰
라서 그러는 것이고, 정상적인 아이들이라면 자기들이 '사귄다고 착
각'하고 지내다 특별한 이유도 없이 헤어지게 되는 게 '지극히 정상'
이라는 말이었다. 그러므로 유미가 '사귄다'고 선언한 것, 친밀하게

지내고 가슴이 두근거렸던 것들은 모두 진심이었겠으나 결코 그 만남이 지속될 수 없는 것이며, 그것은 '헤어짐'을 선언해야 비로소 깨닫게 되는 일이라는 말도 했다. 그것은 이성 간에만 벌어지는 게 아니라 동성 간에도 벌어지는 자연스러운 현상이라는 말도 해 주었다.

그러고 보니 유미에게도 초등학교 저학년에 '우정 운운'하면서 친하게 지냈던 친구들, 고학년에 그렇게 지낸 친구들 가운데 지금도 절친으로 지내는 친구가 거의 없다. 아, 그런 건가? 그렇다면 내가 동수와 심사숙고 끝에 사귄다고 했다 흐지부지 헤어진 게 당연한 일? 유미는 자신이 유별난 아이가 아니라는 사실에 안도하면서도 어쩐지 자신의 존재가 깃털 같다는 생각에 얼른 어른이 되고 싶은 마음도 폭풍처럼 일어났다.

Tip
중학생 남녀 교제의 무의미성

❶ 친구들에게 사귄다고 이야기 하는 것뿐이지 내용이 없는 경우가 99%이다 - 그냥 자랑하고 싶어서 사귀는 경우가 많다는 것이다. 하지만 중학생에게 이런 것은 자랑거리가 아니다.

❷ 괜한 시간 낭비, 마음 낭비인 경우가 대부분 - 처음부터 시간과 마음을 낭비하게 되는데, 남자애들은 생각 없이 하는 말이 많고, 자기가 무슨 말을 했는지 잊는 경우도 많다. 문자를 보냈는데 답문이 없다고 성질을 내놓고는 그때 왜 싸웠는지 기억조차 못하는 애들도 많다. 심지어 자기가 먼저 사귀자고 해 놓고 연락이 잘 안 되는 경우도 있다. 중학교 남녀가 사귀기 힘든 결정적 이유가 이것이다.

❸ 중학생 남자애들은 아직 어리다 - 기념일 및 생일을 챙길 줄도 모르고, 복잡 미묘한 여학생들의 심리에 대해 배운 일도, 알려고 하지도, 고민하지도 않는다. 그들 잘못이 아니라, 그런 시기를 지나고 있을 뿐이다.

❹ 사춘기가 될수록 남자아이들 마음속에 있는 건 only 어둠의 그림자뿐이다 - 중학생 남자애들은 마음보다 몸이 먼저 자란다. '사랑', '우정'도 없는 하나의 몸짓에만 몰두한다. 자칫 실수라도 했다가는 여자가 훨씬 큰 피해를 입게 된다. 생리를 시작하면서 성교육을 철저하게 받아야 하는 이유도 이것이다.

❺ 성적이 떨어진다 - 우리의 마음과 생각은 무한대로 늘어나지 않는데, 한 가지를 생각하면 다른 것은 하기가 힘들다. 괜히 마음만 들뜨고, 실망하고 이런 일이 반복되면 당연히 성적은 주르륵 하락!

08 그 남자, 그 여자

"옷이 날개고, 옷 따라 행동거지도 바뀐다더니, 우리 다애가 중학생이 되더니 아주 얌전해 졌구만." 오랜만에 놀러 오신 외할머니가 다애를 보고 칭찬을 하신다. 하긴 혼자 생각해도 초등학교 저학년 때의 다애는 정말 못 말리는 개구쟁이였다. 엄마가 사준 예쁘장한 옷은 하나도 입지 않고, 바지에 셔츠 차림을 즐겼으며, 아무리 어린애라지만, 여자다운 모습은 찾아보려야 찾아볼 구석이 없었다.

하지만 5학년이 되면서 다애의 신체에 충격적인 변화가 찾아왔다. 생리를 시작한 것이다. 엄마는 그때부터 종종 다애에게 성교육을 해 주셨고, 다애도 옷도 신경 써서 입고 변화에 적응하려고 노력했다.

그러면서 본격적으로 다애가 변한 것은 중학생이 되면서부터였다.

부쩍 성숙해진 다애는 초등학교 때 입지도 않던 치마를 교복으로 입게 되면서 더욱 조신한 여학생으로 변해갔고 생각도 깊어졌다. 그런데 이 늠의 남자애들은 아직도 영락없는 초딩이다. 아, 정말 수준 안 맞아! 남자애들은 왜 저러고 노는지 몰라. 어느새 다애의 마음에는 불과 몇 년 전 남자애들과 마구 뛰어놀던 기억마저 사라져 버린 것이다.

남자애들도 여자애들을 이상하게 보는 것은 마찬가지였다. 초딩 4학년 때까지만 해도 악을 쓰며 뛰어놀던 여자애들이 5학년쯤 되면서부터 변하기 시작하더니, 중학교에 올라가자 아예 상대를 하지 않는 것이다. 차이를 인정하고 배려하라는 선생님의 말씀이 있었지만, 얄미워진 계집애들에 대한 섭섭함이 가시지 않는 것이다.

그러던 어느 날 남자애들이 초딩 수준의 힘자랑 놀이를 하다 다애를 붙잡고 넘어지는 바람에 다애도 벌렁 자빠지고 말았다. 생리중이라 속바지를 입고 있었지만 굴욕감마저 가려지는 것은 아니었다. 게다가 키득거리는 남자애들의 꼬락서니를 보니 성질이 하늘을 찌르고 말았다. 다애는 당장 담임선생님을 찾아가 상황을 말씀드리고, 남자애들이 교실에서 장난치지 못하게 규정을 만들어달라고 했다. 그러면서 '수준이 맞지 않아 상종할 수 없다.'는 말도 해버리고 말았다. 다애를 앞세우고 교실로 가신 선생님은 남학생들에게 사과하라고 말씀했다. 남자애들은 '미안하다.'고 말을 하면서도 '선생님도 남녀 차별하지 마세요.'라며 투덜거렸다. 그 뒷애기는 종례 시간에 이어졌다.

남녀 탐구 생활

"너희들이 가정 시간에 배워서 알겠지만, 여자와 남자는 모든 게 달라. 신체 구조도, 성장 속도도, 가치관도, 생각의 중심도 다르게 성장하도록 디자인된 존재야. 대략 열 살까지는 별 차이를 느끼지 못하지만, 초등학교 고학년이 되고 중학생이 되면서 전혀 다른 존재로 성장하기 시작한단다. 그 자체를 이해해야 하는 거야. 나와 다르니 서로 생긴 대로 살면 되는 게 아니냐고 말할 수는 없어. 우리는 서로 다른 사람끼리 한 교실에서, 한 가정에서, 한 직장에서, 한 사회에서 살아가는 거니까. 그래서 서로를 인정하고 배려해야 한다는 거야. 그리고 그런 배려심은 지금 너희 나이 때부터 연습이 되어야 사회에 나가서도 개념남, 개념녀로 살아갈 수 있는 거라고. 그런데 이런 초창기 때 서로를 이해하지 못하고 헐뜯는다면, 앞으로 이 교실에서 같이 생활하는 일 년 아니, 평생 남자와 여자로써 서로를 이해하지 못하고 매일 토닥거리며 살게 될 거야. 너희들도 언젠가는 남학생 여학생이 아닌, 남자와 여자로 세상을 살 것이고, 남자와 여자가 사랑해서 결혼도 하고 아기도 낳게 되는 거거든.

"으악! 말도 안 되요. 저런 찌질이들이랑 무슨 사랑을! 선생님, 당장 취소하세욧!" "뭐 머머머? 야, 우리도 니들같이 성질 사나운 여자랑은……. 어휴, 생각만 해도."

교실은 순식간에 원망과 탄식으로 시끄러워지고 말았다. 선생님은 잠시 우리들을 보며 웃기만 하셨다. 그리고 조금 잠잠해지자 다시 말씀을 이어가셨다.

"선생님 어렸을 때는, 남자 중학교, 여자 중학교가 따로 있는 경우가 많았고, 공학이라고 해도 각각 다른 반이었기 때문에 이렇게 부딪힐 일은 없었어. 그러다 보니 남학생은 남학생대로, 여학생은 여학생대로 자기 세상에서만 살게 되었지. 그리고 서로에 대한 현실은 거의 모른 채 그저 환상 속에서만 살았다고. 그러다 대학이나 사회에 나가서 남자를 사귀거나 여자를 사랑하게 되면 그 모든 꿈이 깨지면서 사랑도, 환상도 깨지곤 했었어. 그때서야 여자의 존재가 무언지 고민하기 시작했는데, 요즘 너희들은 그 나이 때부터 남자와 여자에 대한 현실을 알고 이해할 기회가 있으니 얼마나 다행스럽니?"

선생님의 환상 이야기를 들으며 아이들은 책상을 두드리며 깔깔댔지만 무언가 가슴에 들어오는 메시지가 있다는 생각도 들었다.

맨 처음 싸움으로 시작해서 서로의 이야기를 듣다 보니, 어느덧 반 분위기가 화기애애해지고, 속마음을 터놓고 배려의 수칙들을 정해보니, 서로에 대한 이해가 좀 더 깊어질 수 있었던 것 같다. 그제야 남자 친구들이 다애에게 미안하다는 말을 전했다. "자자, 앞으로 우리 반은 정말 행복한 반이 되었으면 좋겠다. 이 수칙들을 지키는 마음의 전제는 서로를 이해하고 존중하는 마음, 배려라는 거 잊지 말고, 좀 사이좋게 지내자. 알겠지?" 모두 옳은 말씀이다. 하지만 쉬는 시간이 되자 남자 시키들 또 우당탕탕……, 크크크 저것들을 누가 말리냐고요.

남학생에 대한 배려

❶ **장난이라도 급소를 공격하는 일은 금지** - 레알 아픈 걸 떠나 괴로움.

❷ **맞아 준다고 계속 때리면서 만만하게 보지 않기** - 화나면 나도 어떻게 될지 모름.

❸ **잠깐 어깨 두드린 것으로 변태 취급 금지** - 레알 다른 뜻 없이 두드렸을 뿐.

❹ **무거운 것 무조건 들게 하는 일 금지** - 남자가 봉이냐? 아직까지는 힘 비슷할걸?

❺ **키 작고 성장이 아주 느린 남학생 동생 취급 금지** - 그게 본인 탓임?

❻ **체육복 갈아입을 때 문 여는 것 금지** - 남자들도 숨기고 싶은 비밀이 있음.

❼ **귀엽다, 아기 같다는 말 금지** - 우리도 남자다.

❽ **잘생긴 애들만 좋아하지 말기** - 성격은 우리가 더 좋음.

09

1번부터 30번까지 친한 친구

작전 성공

"앗싸!" 이 소리는 중학교에서의 첫날, 자리를 정하기 위해 줄을 설 때 키높이 깔창에 보이지 않는 까치발을 하고 뒤쪽에 서는 것에 성공한 용선이의 소리였다. 워낙 정신없는 첫날이기도 했고, 은근 허술하신 선생님 덕분에 '감사합니다~' 소리가 나올 정도로 미션은 성공적이었다. 용선이가 이렇게 뒤쪽에 앉고 싶은 데는 다 이유가 있었다. 두루두루 친구들을 사귀고 싶은 것이 용선이의 마음이었고, 그러기에는 앞자리보다는 뒷자리가 유리하다는 것을 알고 있는 터였다.

초등학교 때는 나름대로 키가 컸기 때문에 뒤에 앉는 일은 당연했고, 친구들과 두루두루 친하게 지내는 것도 어렵지 않게 할 수 있었는데, 중딩이 되면서 다른 친구들이 부쩍 컸다. 그래서 앞자리에 앉게 될까 마음을 졸였는데 살짝 트릭을 쓴 것이 통했다. 그래도 용선이의 진심은 반 친구들과 모두 친하게 지내고 싶은 마음이니까 선생님, "죄송합니다!"

인기쟁이

용선이의 자리는 뒤에서 두 번째 줄이었다. 아주 딱 좋은 자리였다. 용선이는 일단 앞, 뒤, 양 옆 친구들까지 먼저 이름을 다 트고 말을 걸기 시작했다. "오늘 급식 뭐 나오는지 아는 사람?"부터 엊그제 나온 아이유 신곡 이야기, 인터넷에서 봤다는 웃긴 이야기까지 용선이는 이야기 보따리를 차고 다니는 아이 같았다. 워낙 활발하고 명랑한 성격의 용선이라 쉬는 시간이나 자습 시간이 되면 앞쪽에 앉은 조용한 친구들에게 가서 말을 걸고, 같이 장난치고 놀고, 뭐 할 말이 없으면 지우개라도 하나 빌려 달라고 해서 쓰고 돌려주곤 했다.

친구들은 용선이가 먼저 와서 말을 걸어 주고 하는 것이 참 고맙고 좋았다. 그러나 용선이의 인기가 높아지자 조금씩 시기하는 친구들도 생겼다. 특히 뒷자리 친구들은 용선이에게 쓸데없이 오지랖 넓게 논다며, 뭣 때문에 반 애들 모두와 친해지려고 하는지 이해가 안 된다는 지적질을 해댔다.

좋은 친구가 되는 것

내 성격이 그렇다 왜! 웃으면서 대답을 했지만, 용선이는 약간 서운하기도 하고 안타까운 마음도 동시에 들었다. 고작 서른 명 되는 반 친구들을 다 못 사귈 것이 무엇이냐는 생각이 드는 용선이는 친구들을 많이 사귀는 일이 즐겁고 재미있다.

"난 커서 사회복지사가 될 거야. 사회복지사는 고아원이나 양로원 같은 곳에서 사람들을 돌보는 직업인데, 특히 난 아이들이 많은 곳에서 그 아이들을 사랑해 주면서 살 거야. 그래서 지금부터 연습하고 있는 거야. 사회복지사가 되려면, 애들을 차별해서 예뻐하면 안 되거든. 그리고 마음도 넓어야 하고 말이지. 내가 멋진 사회복지사 돼서 짠! 하고 나타날 테니까 기대하라고. 이해도 좀 해주고. 알겠지?"

용선이의 말에 친구들은 왠지 용선이가 더 좋아졌다. 요즘 저런 생각을 가지고 있는 친구들이 정말 없는데 용선이는 특별한 친구 같았다.

그리고 용선이처럼 되고 싶다는 생각까지 들기도 했다. "야, 너만 그러기냐? 우리도 다 그러면 좋잖아. 뭐 우리가 다 사회복지사 될 거는 아니지만, 다 친해지면 좋지. 어떻게 하면 너처럼 애들이랑 다 친해지는 거냐?" 그제야 아이들은 속마음을 터놓기 시작했다.

친구들은 사실 이게 궁금했다. 어떻게 하면 용선이처럼 많은 친구들을 사귈 수 있는 건지, 특히 뒷자리 친구들은 거의 뒤에서만 놀기 때문에 앞자리까지 와서 애들이랑 놀 생각을 아예 하지 않기 때문에 더욱 궁금했던 모양이다. "야, 진작 이렇게 나올 것이지, 애먼 사람 잡기

Tip

좋은 친구 되기 팁!

❶ **친구들의 이야기를 잘 들어 준다** - 이야기의 물꼬는 내가 트지. 이야기 주제 하나 나오면 너도 나도 이야기를 할 거 아냐, 그때 살짝 주도권을 주는 거지. 그러고는 친구들의 이야기를 잘 들어 주는 거야. '자기의 이야기를 잘 들어 주는 친구가 최고의 친구다'라는 명언도 있거든.

❷ **리액션을 크게 하라** - 이야기를 들으면 잘 듣는 것에서 그치지 말고 오버 리액션이 중요해. 그러면 이야기에 더 힘이 실리거든. 그러면 나에 대한 신뢰가 쌓이는 거야. '저 친구는 정말 내 이야기에 공감을 하는구나!' 이렇게 말이지.

❸ **고민 상담을 적극적으로 해준다** - 고민 상담을 해오는 친구들이 오면 잘 상담해 주는 거지. 여기서 가장 중요한 것은 일단 처음에는 같이 공감해 줘야 한다는 거야. 거기에서 위로를 잘 받거든. 조심해야 할 건 모른 일을 아는 척해서는 안 된다는 거야. 함께 해결책을 찾아본다는 태도가 중요해. 가장 좋은 것은 책 많이 읽고, 청소년 문제 관련 상식을 많이 갖고 있는 거야. 친구들의 해결사가 된다는 건 그만큼 많은 친구를 얻게 된다는 뜻이기도 하지. 다시 말해 '많이 들어 주고, 공감해 주고, 방법을 함께 찾아볼 것.'

❹ **태평양 같은 마음을 가져라** - 나는 막 친구들에게 다가가서 잘해 주는데, 가끔씩 이상하게 꼬인 애들 있잖아. 그런 친구들을 보면 서운해서 다시는 이야기하고 싶지 않을 때도 있을 수 있는데, 태평양 같은 마음을 가지면 다 이해가 되거든. 그러면 그 친구는 오히려 민망하고 미안해져서 나에게로 다시 다가오지!

는! 그럼, 내가 진짜 니들을 사랑하기 때문에 내 노하우 들려주는 거
다, 잘 들어. 좋은 친구는 바라는 게 아니라 내가 좋은 친구가 되는 거
야. 내가 좋은 친구가 되어 주면, 좋은 친구가 생긴다는 게 가장 특급
비밀이지. 사실 사람들 마음속에는 다 좋은 친구를 바라는 마음들이
있잖아. 그것을 공략하는 거지. 물론 진심으로 말야. 그렇다면 좋은
친구가 되려면 어떻게 해야 하는가!"

변신, 출동!

"이 네 가지 수칙만 기억하면 좋은 친구가 될 수 있고, 많은 친구들을
사귈 수 있을 거야. 얘들아, 나 완전 벌써 사회복지사 된 것 같지 않
냐? 오늘 완전 내공 쌓았던 것 다 털렸다. 다른 것 또 있는지 오늘부
터 연구 들어가야겠어. 헤헤."
친구들은 용선이의 이야기에 입을 쩍 벌리고 닫을 수가 없었다. 또래
친구라고는 믿어지지 않는 어른스러움이 느껴졌다.
그런데 이런 모습이 자신이 가지고 있는 꿈을 위해
준비해 가고 있는 거라는 말이 더 멋있었다. 기지
배, 이런 거 진작 알려주지! 1번부터 30번까지 다
기다려!

왕따, 그 어둠의 이야기

모두 왕따 유경험자

형석이는 주말을 맞아 늘어지게 늦잠을 자고 일어났다. 눈을 비비며 거실로 나오자 형석이가 제일 좋아하는 막내 이모가 와 계신 것이 아닌가! 이모, 엄마랑 무슨 얘기하고 있었어?

"어, 형석아. 요즘 학기 초라 이모가 학생들한테 설문지를 돌렸는데, 글쎄 우리 반 애들 거의 다 왕따 경험이 있더라고. 너무 충격 받았던 거 있지. 형석이네 반에도 왕따 있지?"

"당연히 있지. 근데 갑자기 왕따는 왜? 이모, 나는 왕따 아니니까 걱정 마. 나 반장이잖아! 인기 완전 많거든."

형석이의 막내이모는 중학교 선생님이었다. 이모! 요즘 학교 폭력 문제 때문에 뉴스마다 왕따에 대해 떠들고 난리이지만, 왕따의 역사는 오래되었고 언제나 있는 문제라고. 모처럼 어른스럽게 한마디를 하고나니, 이모는 형석이의 엉덩이를 두들기며, 언제 이렇게 컸냐고 신기해하신다.

"형석아, 그럼 은따랑 왕따는 어떤 차이점이 있어?"

"은따는 그냥 구석에서 찌그러져서 혼자 지내면 되지만, 왕따는 괴롭힘을 당하는 게 가장 큰 문제지! "

어느덧 이모와 토론 삼매경에 빠진 형석이. 아무래도 자신이 속한 학교와 무관하지 않은 이야기라서 그런지 목소리가 커져만 갔다.

이모가 챙겨 주신 두둑한 용돈으로 풍성한 주말을 보낸 형석이. 또 월
요일이 되니 학교 가는 것이 귀찮아진다. 매일 똑같은 일상이 지겹기
도 하지만 그래도 학교에 같이 놀 친구 녀석들이 있어 희망이 있다.
그런데 아침부터 반 왕따를 툭툭 건드리는 친구가 눈에 거슬린다.
“야, 숙제 다 했냐? 공부도 못하는 게 숙제는 꼬박꼬박 해온다. 얼렁
내꺼도 다 해놔!”
형석이는 주말 내내 ‘왕따’ 이야기를 들어서 그런지 평소에는 그냥
넘겨 버릴 장면에 갑자기 심기가 불편해진다.

사실 학교에서는 굳이 문제가 되는 일들이 벌어졌을 때 설문조사하
고 왕따를 시키는 학생을 학생부에 보내고, 봉사활동 같은 징계를 내
리는 것이 전부였다. 그리고 왕따를 당하는 친구들은 선생님보다 친
구들을 무서워하는 경향이 크기 때문에 솔직하지 못한 경우가 많다.
학교에서 하는 왕따 대책은 학생들이 생각해도 근본적인 문제 해결
은 아니지만, 사실 학생들 스스로 자신들에게 문제가 있다는 점을 놓
치기도 한다.
형석이는 반장으로써 왕따 문제를 두고 봐야만 하는가에 대한 고민에
빠지기 시작했다. 형석이네 반 왕따는 한 친구에게 오해를 산 이후에
억울하게 누명을 쓰고 왕따의 대열에 끼게 되었는데, 그 친구가 소위
반에서 목소리 좀 큰 친구로 왕따를 적극적으로 괴롭히고, 그 다음으
로 목소리가 크거나, 별로 크지 않은 친구들도 방관자가 아닌 동조자
가 되어 버렸다. 형석이는 자신도 그 동조자 중에 하나라는 생각에 갑
자기 부끄러워 졌다. 게다가 반장인데…….

며칠을 고민 끝에 형석이는 담임선생님과 상의를 드린 후, 돌아오는 학급 자치 시간에 '왕따' 문제에 대해 친구들과 마음 나누기를 해보기로 했다.

반 친구들이라면 누구나 알고 있는 우리 반 왕따와 왕따를 시키는 친구의 마음의 이야기를 듣고, 그리고 다른 친구들의 마음을 들어보는 시간을 가져야겠다는 생각을 한 것이다. 왜냐하면 형석이의 생각에 왕따의 가장 큰 문제는 당연히 왕따를 시키는 친구인데, 이 친구에게 선생님의 조언보다 친구들의 조언이 더욱 영향력이 있을 것 같다는 생각이 들었기 때문이다. 하지만 한 가지 걱정이 되는 것은 왕따를 시키는 친구에게 친구들이 솔직한 마음을 나눠줄까 하는 것이었다. 하지만 형석이는 용기를 내어 자신부터 그 일을 해보기로 했다.

마음 나누기

드디어 학급 자치 시간, 형석이는 파격적으로 친구들과 함께 책상과 의자를 다 뒤로 밀어 놓았다. 회의 시간이 아닌 마음 나누기 시간을 하기 위해서는 뭔가 분위기의 변화가 필요할 것 같았다. 형석이는 교실 앞에 마련된 널찍한 공간에 친구들을 모두 빙 둘러 앉게 했다.

형석 누가 보면 어려 보이는 중딩들의 자치 시간이지만, 이미 우리들은 누군가에게 일부러 상처를 줄 수도 있을 만큼 자라기도 한 것 같아. 오늘 선생님께 말씀드리고 이런 시간을 갖게 된 것은 내가 너희들에게 꼭 하고 싶은 말이 있기 때문이야.

장난스럽게 자치 시간을 받아들였던 친구들도 형석이의 말에 주춤 진지모드로 자신을 가다듬으며 형석이의 말을 듣기 시작했다. 형석이 반 친구들에게 이런 시간은 처음이라 묘한 긴장감도 감돌았다.

형석 내가 하고 싶은 말은, 우리 반에서 소소한 오해로 친구들 사이에 갈등이 있는데, 나는 그런 일들을 방관하면서, 아니 동조하면서 친구를 힘들게 한 것이 있었던 것 같아. 사실 아무렇지 않게 지내다가 갑자기 이런 이야기를 꺼내는 것 같아서 민망하기도 하지만, 더 이상은 가만히 있으면 안 될 것 같아서 내 마음을 너희들에게 먼저 나누는 거야. 너희들도 나처럼 반에서 일어나는 일들에 대해 마음에 담아 두었던 이야기가 있으면 편하게 함께 이야기했으면 좋겠어.

형석이가 마지막에 눈물을 글썽이며 이야기를 마치자, 친구들의 마음도 이상하게 뭉클했다. 잠시 정적이 흐른 후, 유미가 말을 이었다.

유미 나와는 직접적으로 관련은 없지만, 친구들 사이에 사소한 오해로 피해 받고 있는 친구가 있는 것은 누구나 알고 있는 사실이야. 그런데 피해자는 그 친구만이 아니라 어쩌면 우리 모두일 수도 있다는 생각이 들어. 친구를 괴롭히는 모습을 보면 나도 마음이 편치 않고, 반 분위기도 흐트러지는 것은 사실이니까.

원재 나도 친구들이랑 한 친구를 괴롭힌 것은 사실이야. 그 친구가 나한테 잘못한 것이 없는데도 말이지. 사실 그동안 내 마음도 편하지는 않았어. 왜냐면 옳지 않다는 것을 알고 있으니까.

성원 누군가를 오해하고 괴롭히고 이런 일은 어차피 우리의 사회 속에서 다 일어나는 일 아니야? 우리가 이렇게 이야기한다고 뭐가 달라질 수 있는 건데? 난 자연스러운 일이라고 생각해.

민주 뭐, 나도 갑자기 이런 시간을 가지니까 좀 당황스럽긴 한데, 이런 이야기들을 나눌 시간이 있다는 것은 좋은 일이라고 생각이 돼. 이런 문제에 대해 우리가 민감하게 서로의 마음을 나누는 것은 어쩌면, 괴롭힘을 당하는 친구와 괴롭히는 친구 둘 다를 너무 걱정하기 때문 아닐까?

병길 저기, 나도 한마디만 이야기할게. 사실 난 지난번에 성원이의 이야기를 무시하지 않았거든. 나는 성원이의 이야기를 듣지 못했는데, 성원이는 그 일로 오해를 했던 것 같아. 오해를 했더라도 미안하다고 말하고 싶고, 나도 너희와 사이좋게 지내고 싶어.

왕따를 당하는 병길이가 처음으로 입을 열었다. 친구들도 이 시간 병
길이의 이야기를 진지하게 들었다.

성원 병길이가 말하는 것을 나는 믿을 수가 없어. 병길이는 내 말을 무시했고, 나는 기분
이 상당히 상했다고. 난 앞으로 나의 행동을 바꿀 생각이 없어.

민주 병길이는 아까 성원이에게 미안하다고 이야기를 했잖아. 친구가 저렇게 진심으로
사과를 하는데 받아 주지 않는다는 것은 좀 아니라는 생각이 들어. 우리도 누군가에게
오해를 줄 수도 있고, 잘못한 일이 있을 때, 진심으로 사과할 때도 있을 것 아냐.

경재 난 성원이와 친한 친구로 지내지만, 솔직히 성원이의 행동에 걱정되는 부분이 있
어. 성원이는 키도 크고, 힘도 세고, 주장도 강한데, 혹시 잘못된 일에 관련될까 봐 마음
이 조마조마할 때도 있거든. 난 성원이가 자신의 강한 부분을 좀 더 멋진 부분에 사용했
으면 좋겠어.

성원 니들 이야기를 듣다보니 좀 당황스럽기도 하다. 내 얘기를 하려고 이 시간을 가진
것 같기도 하고. 하지만 어쨌든 내가 주도해서 친구를 괴롭힌 부분이 있는 것은 사실인
데, 뭐 병길이가 오해라고 하니까. 그리고 너희들이 걱정하는 부분들도 어떤 것인지 알
겠어. 사실 나도 초등학교 저학년 때 왕따를 당한 적이 있었거든. 한 번 전학을 간 적이
있었는데, 그곳에서 친구들과 잘 어울리지 못하고 왕따를 당했었어. 지금까지의 나의
삶 중에 가장 기억하고 싶지 않았던 순간이지. 그래서 더 강하게 나를 방어하려고 했었
던 것 같아. 힘도 키우고 누군가를 내가 먼저 무시하면 강해질 것 같은 생각도 들고. 그
런데 오늘 이야기를 듣다보니, 병길이에게 미안하네. 더 이상 그런 행동을 하지 않도록
노력해 볼게.

성원이의 이야기는 반 친구들을 너무 놀라게 만들었다. 그리고 용기
있게 이야기해 준 모습에 감동을 받기도 했다.

정훈 성원이 이야기를 듣고 좀 놀랐어. 사실 난 다른 친구들의 이야기만 듣고 안 좋은 친구로만 생각하고 마음속으로 꺼려했던 것이 사실이거든. 하지만 이렇게 이야기를 나눠 보니 병길이에 대한 성원이의 오해뿐만 아니라 우리가 가지고 있는 성원이에 대한 오해도 풀어야겠다는 생각이 든다. 우리 반은 정말 모두 다 사이좋게 지냈으면 좋겠다.

어느덧, 시간이 흘러 쉬는 시간을 알리는 종이 울리고 있었다. 담임선생님께서는 오늘 학급 자치를 통해서 자신이 더 많은 것을 배웠다고 하시며, 앞으로 반에서 일어나는 일들에 대해 더 적극적으로 도와주실 것을 약속하셨다.

형석이는 회의를 마치고 나니 왠지 뿌듯한 마음이 들었다. 물론 앞으로 오늘 이야기한 것이 다 지켜지는지는 봐야겠지만, 큰 성과가 있었다는 생각이 들었다. 형석이는 휴대폰을 꺼내 이모에게 문자를 보냈다.

이모! 내가 왕따 해결책의 실마리를 찾았어! 바로, '마음 나누기'야!

왕따, 학교 폭력, SOS!

❶ 역할극을 통해 왕따의 서러움을 체험해 본다면 조금이라도 달라질 수 있겠죠?

❷ 학생자치법정을 만들어요. 학생이 부장, 학생이 변호사, 선생님보다 친구들이 무서운 현실이니까.

❸ 신고함을 만들어 왕따와 그 폭력의 실상을 밝혀요!

❸ 더 이상 무관심은 NO! 학교에 Anti-Violence Program을 만들어 주세요! 가해자가 올바르게 크려면, 자신의 잘못을 알아야 하잖아요. 알려주세요!

❸ 자주 TV 광고를 통해 왕따 동영상을 보여 주고, 상담 센터 전화번호를 누구나 이용할 수 있도록 홍보해 주세요!

❸ 학교에서 호신술을 가르쳐 주시면 어떨까요?

❸ 부모님은 언제나 든든한 내 편이라는 거, 알려 주세요.

❸ 부모님, 선생님, 친구들의 관심이 우리의 자신감을 키워 줄 거예요.

❸ 가해자 친구의 말을 녹음하고, 일기를 쓰면서 적극적으로 대처해 보아요!

❸ 왕따의 경험이 있지만, 극복하고 성공한 선배들을 학교에 초청해서 이야기를 들려주세요!

❸ 왕따 관련된 영상물이 있어요! 이런 것들을 학교에서 친구들, 선생님과 함께 보고 이야기 나눠요!

1) 일본, 〈여왕의 교실〉, 2005
2) 일본, 〈우리들의 교과서〉, 2007

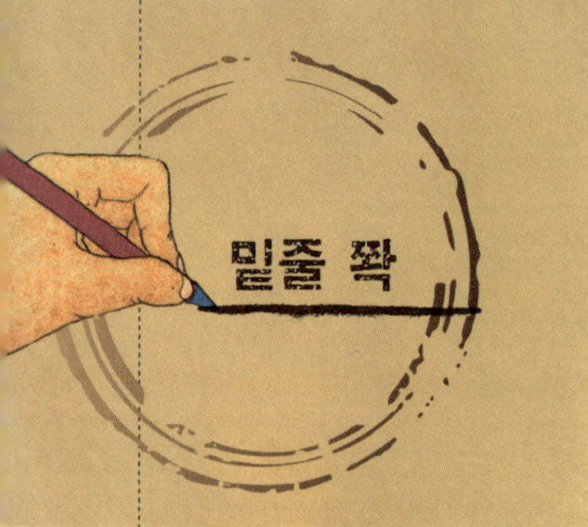

좋은 친구와 꼭 읽어봐야 할 이야기들!

- 인생의 가장 소중한 재산은 사념이 깊고 헌신적인 친구이다. -다리우스(페르시아의 왕)
- 고난과 불행이 찾아왔을 때 진정한 친구를 알아보게 된다. -이태백(중국 당나라 때의 시인)
- 가난하고 어려운 시기야말로 진정한 친구를 확인하는 좋은 기회다. 어려울 때일수록 곁에 있어 주는 친구가 참된 친구다. -솔로몬(고대 이스라엘 3대 왕)
- 언젠가 당신이 고독할 때, 청춘의 향수가 엄습한다면, 그것은 학창시절의 우정 때문일 것이다. -헤르만 헤세(소설가, '데미안' 작가)
- 그 사람에 대해 알고 싶다면 그 사람의 친구를 보라. -메난드로스(고대 그리스 신희극 작가)
- 당장 심심하다고 어리석은 자의 친구가 되지 말라. 자신을 지키며 살면 어울리는 친구가 생기게 마련이다. -법구경(인도의 승려 '법구'가 삶의 지침이 될만한 문장을 모은 경전 이름)
- 칭찬해 주는 친구도 중요하지만 입바른 소리 잘해 주는 친구는 더 중요하다. 전자는 멀리 하고 후자는 가까이 하라. -탈무드(유대인의 교육서)
- 돈 빌려 달라는 친구에게 거절했다고 절교하는 일은 드물지만 돈을 빌려 줬다가 친구도 잃고 돈도 잃는 경우는 많다. -쇼펜하우어(독일의 철학자, 문필가)
- 친구가 나 몰래 나에 대해 수근거리는 것을 알면, 그것이 아무리 진정성 있는 일이었다 해도 우정이 유지되기는 힘들어진다. 친구에게 할 말이 있다면 직접 이야기하라. -블레즈 파스칼 (프랑스의 수학자, 물리학자, 철학가, 종교사상가)

- 많은 친구를 가진 사람은 단 한 사람의 진실한 친구를 가질 수 없다. -아리스토텔레스 (고대 그리스 철학자)
- 물이 지나치게 맑으면 그곳에 살 수 있는 물고기가 거의 없고, 사람이 지나치게 비판적이면 친구를 사귈 수 없다. -맹자(중국 전국시대의 사상가)
- 진정한 친구란 약자를 돕고 강자를 누르는 의기를 나누는 일이기도 하다. 이해관계를 목적으로 사귀는 친구는 결코 오래 갈 수 없다. -채근담(중국 명나라 홍자성의 어록)
- 화가 잔뜩 난 친구를 달래려 하지 말라. 슬픔에 빠져 있는 친구를 위로하려 들지 말라. -탈무드
- 비교는 친구를 적으로 만든다. -필레몬(그리스 신화 속 인물)
- 사람들은 누구나 친구의 품 안에서 휴식하기를 원한다. 그곳이라면 가슴을 열고 마음껏 슬픔을 털어놓을 수 있기 때문이다. -괴테(소설가)
- 친구가 아무리 꿀처럼 달더라도 그것을 전부 빨아먹지 말라. -탈무드
- 성실하지 못한 친구를 둘 바에야 차라리 나를 긴장시키는 적을 갖는 게 낫다. 천박한 벗처럼 위험한 존재는 없기 때문이다. -셰익스피어(영국의 극작가)
- 아버지는 보물이요, 형제는 위안이다. 그러나 친구는 보물도 되고 위안도 된다. -벤자민 플랭클린(미국의 정치가)
- 옛 친구를 버리지 말라. 새 친구는 옛 친구의 발꿈치에도 못 미친다. 옛 친구를 잃는다는 것은 세상을 잃는다는 말이다. -사마천(중국의 역사가)
- 좋은 친구가 오기를 기다리는 것보다 스스로 누군가의 친구가 되었을 때가 더 행복하다. -러셀(영국의 철학자)

토스트

05 중딩, 가족이 달라졌어요

보는 눈이 달라졌다

사라진 엄마의 재주

엄마에겐 유미의 발자국 소리를 구별해 내는 재주가 있었다. 집 근처에 다다르면 유난히 쿵쾅거리는 소리가 엄마의 귀에는 익숙한 유미의 발자국 소리였다. 하지만 요즘 그 재주가 바닥이 난 것인지, 유미가 사뿐사뿐 걷는 걸음걸이로 변한 것인지, 엄마가 발자국 소리를 알아차리지 못한 사이에 유미가 집에 들어오는 일이 많아졌다.

초등학교 때부터 남자아이들과 거의 남자친구처럼 지냈던 유미였는데 중학생이 된 후로 뭔가 분위기가 많이 달라졌다. 초등학교 때부터 커트로 짧게 다듬은 머리만 고집했던 유미에게, 머리가 제법 길어 미용실에 안 가냐고 물어보니 머리를 기를 거란다. 중학생이 된지 한 달이 다 되어가는 요즘, 엄마가 방에 들어가 보면 자주 거울을 보고 있고, 치마의 길이도 모르는 사이에 짧아진 것 같다. 도대체 유미에게 어떤 일이 생긴 걸까?

나 분석하기

중학생이 되니 나도 모르게 내가 조금씩 변한다는 것을 느낀다. 뭐 신체적으로도 그렇지만 생각하는 것이나 보는 눈도 변하고 있는 것 같다. 엄마는 이런 내 모습을 신기하게 생각하고 호기심어린 눈으로 나를 바라보고 있는 것도 같은데, 사실 나도 구체적으로 어떤 점이 변한 것인지는 모르겠다. 나, 초딩 때와 달리 어떻게 변한 걸까? 한번, 리스트를 적어 봐야겠다.

보는 눈이 달라졌다!

초딩	중딩
❶ 거울 – 아예 안 봤다.	수시로 본다. 게다가 공주 거울까지 갖고 싶다.
❷ 외모 – 신경 안 썼다.	화장하고 싶은 유혹이 온다. 자꾸 못생겨 보인다. 머리를 기르고 싶고, 서클렌즈 끼고 싶고, 솔직히 피어싱도 하고 싶다.
❸ 옷 – 엄마가 사다주는 것 입음.	친구들이랑 쇼핑몰 가서 최신 유행 옷 사고 싶다. 브랜드에 눈이 떠진다.
❹ 교복 – 입고 싶음, 부러움.	입학 한 달 만에 치마 줄인다. 교복 속에 입는 티셔츠나, 후드 집업에 관심 많다.
❺ 이성 – 그냥 동성도 동성, 　　　　이성도 동성	자꾸 눈에 띤다. 보게 된다. 설렌다. 나도 모르게 귀척(귀여운 척) 하려는 때도 있다. 특히 선배 오빠들에 대한 관심이 지대하다.
❻ 선생님 – 별생각 없었다.	잘 때 깨우는 샘 젤 싫고, 숙제 없는 샘 젤 좋다
❼ 책 – 동화, 만화 종류별로 잘 본다.	로맨스 소설이 당긴다. 잡지에 겨털 제거 광고 완전 자세히 본다.
❽ 먹는 거 – 무조건 식탐.	다이어트 하고 싶다. 자꾸 칼로리 따진다. 친구 다리랑 비교한다.
❾ 꿈 – 대통령, 판사, 　　　아나운서	그냥 아직 잘 모르겠다.
❿ 인생 – 별생각 없다.	은근히 걱정된다.

02 화성에서 온 엄마, 금성에서 온 아빠, 안드로메다에서 온 중학생?

화성에서 온 엄마

엄마가 가장 좋아하는 TV 프로그램은 요리 프로그램이다. 엄마는 요리 프로 할 시간만 되면 TV 앞에서 떠나질 않는다. 아무래도 온 가족의 건강을 책임지고 있다는 생각에 열심히 보시는 것 같다. 실제로 엄마의 요리 솜씨는 아파트에서 소문이 날 정도로 대단하시다. '요리의 달인', '살림꾼' 이라는 별명까지 얻으셨다. 게다가 엄마의 요리를 언제나 맛있게 먹어 주는 가족이 있기 때문에 엄마는 너무 행복하다. 오늘도 엄마는 어제 요리 프로그램에서 본 영양 만점 모차렐라 치즈를 이용한 피자 토스트 만들기에 열중이다. 초등학교 때 피자를 정말 좋아했던 다애였기 때문에 피자와 비슷한 피자 토스트가 아무래도 다애의 입맛에는 딱일 것 같았다. 다애가 집에 도착할 시간이 다 되어 가자 엄마 손놀림도 더욱 바빠졌다. 집에 도착하자마자 바로 학원에 가야 하기 때문에 거의 초치기로 먹어야 하니 바빠질 수밖에 없다. 엄마는 생각한다. 다애가 중학생이 돼서 더 힘들고 피곤할 텐데, 맛있는 피자 토스트 먹고 힘을 냈으면 좋겠다. 언제나 엄마가 대장금이라고 엄지손가락을 치켜드는 딸이기에 오늘도 엄마의 요리에는 사랑이 가득 담겨 있다. 오늘도 다애가 좋아하겠지?

학교에서 집으로 돌아오는 시간, 다애는 학교에서 친구들과 신나게 놀았으면서도, 집에 들어가면 일단 인상을 찌푸리면서 힘든 척을 한다. 엄마 힘들어! 가방을 내팽개치고, 학원가기 싫다는 말부터 꺼낸다. 엄마는 현관에 나가 보지도 않고, 주방에서 큰소리로 말씀하신다. '다애야! 얼른 손 씻고 간식 먹어라, 학원 가야지?' 아니, 내가 분명히 힘들어서 학원가기 싫다고 말했는데, 내 말은 듣지도 않고 무조건 간식부터 먹으라고? 다애는 갑자기 화가 치솟았다. 내가 돼진가? 내가 뭐 못 먹어서 어떻게 된 사람도 아니고……. 그래도 마지못해 엄마가 있는 주방으로 발길을 옮겼다. 식탁에 앉아 있으니 엄마는 정말 행복한 얼굴로 접시에 피자 토스트를 내온다. 엄마는 좋겠다. 만날 요리만 하고……. 공부도 안 하고, 학원도 안 가도 되니까 얼마나 좋을까? 근데 피자 토스트라고? 아! 오늘부터 다이어트 하려고 했는데, 웬 피자야. 도대체 엄마는 생각이 있는 건지 모르겠다. 내 생각을 조금이라도 하는 건지, 나를 배려하는 건지, 무시하는 건지 알 수가 없다. 그러다 자기도 모르게 '안 먹어!' 하고 소리를 빽 질렀다. '엄마, 나 다이어트 할 거야. 그러니까 내일부터 닭가슴살이랑 샐러드만 해줘.

그것만 먹을 거야. 피자 같은 거 안 먹어! 엄마는 내가 아직도 초딩인
줄 알아? 엄마 닮아서 두꺼운 이 허벅지 어떻게 할 거야. 내가 이거 때
문에 얼마나 스트레스 받는데……. 엄마는 만날 집에서 살찌는 요리
만 해주고.' 엄마가 잠시 다애를 노려 보시더니, 급방긋 웃음을 던지
며 말씀하신다. '알았어, 기집애. 힘들구나? 알았어. 내일부터 샐러드
해줄게. 오늘은 이거 먹고 그냥 가라.'
아, 또 무시당했다.

금성에서 온 아빠

아직 봄인데 다애 아빠는 벌써 여름휴가를 계획하고 계신다. 사실 다
애 아빠는 몇 년 동안 일이 너무 바빠서 휴가도 못쓰셨는데, 올해만큼
은 꼭 가족과 함께 여행을 가겠다고 마음을 먹은 것이다. 다애가 바
다를 좋아하니 한 1주일쯤 동해안을 돌면서 일주를 해야겠다고 생각
하신 아빠는 벌써 휴가를 떠나신 듯 얼굴에 환한 미소를 띠셨다. 꼼꼼
히 여행 계획을 짜놓고, 그 계획들을 집에 가서 이야기해 줄 생각을
하니 스스로 '나는 정말 멋진 아빠가 아닌가!' 하는 생각에 어깨가 으
쓱해지셨다.
드디어 퇴근 시간, 집에 도착한 아빠는 가족들을 불러 모아 이번 여름
휴가의 날짜를 알려 주시며 다른 계획들을 잡지 말라고 하신 후에 아
빠가 계획한 1주일간의 동해안 대장정에 대해 말씀하시기 시작했다.
사랑스러운 딸 다애의 볼을 비비며 '아빠, 엄마랑 놀러가니까 좋지?'
라며 계속 어린 아이 마냥 즐거워 하셨다.

안드로메다에서 온 중학생

학원에서 돌아온 다애는 정말 피곤에 절었다. 중학생 인생이 이렇게 피곤한 것인지, 앞으로의 삶도 아주 막막할 뿐이다. 메신저나 할 생각에 컴퓨터를 켜고, 친구들이랑 대화에 푸욱 빠져 있는데, 아빠가 퇴근하고 오시는 소리가 들렸다. 나갈까? 말까? 하다가 친구들과의 대화가 끝나지를 않아서 주춤거리는 사이 아빠가 벌써 들어오셨다. 얼른 거실로 나와 보라고 하신다. 즐거운 소식이 기다리고 있다나? 다애는 혹시 용돈이라도 주시려나 싶어서 아쉽지만 친구들과의 대화를 잠시 접고 거실로 나갔다.

아빠는 엄마까지 다 불러 놓고 여름휴가 계획에 대해 장황히 설명을 시작하셨다. 아니 웬 여름휴가를 벌써? 게다가 1주일이나 동해안으로? 헐, 1주일 동안이나 엄마, 아빠랑 뭐하고 놀아? 컴퓨터도 없고! 1주일은 너무 심했잖아. 그리고 동해 바다면 물놀이도 하자고 하실 거고. 안 그래도 조금씩 자라나는 겨털 때문에 민소매 셔츠도 못 입겠는데, 웬 바다야. 얼굴도 다 타고, 어떡하지? 마구 곤란한 생각들이 머릿속을 뒹굴고 있는데, 내 속도 모르는 아빠가 갑자기 까칠한 턱수염으로 내 얼굴을 비비신다. 아, 어린애도 아닌데, 아빠는 왜 내 얼굴을 비비고 그러지? 이상하게 징그러운 생각이 든다. 동해안 일주고 뭐고 그냥 친구들이랑 1박 2일로 어디 놀러 가면 좋겠다. 아, 정말 그러고 싶다. 그러나 아빠 엄마와 얼굴 붉히는 일(거의 일방적으로 혼나는 일이지만)을 방지하기 위해서는 하기 싫은 일도 적당히 타협하며 해야 한다. 그게 중딩의 숙명이다. 에효!

03 한쪽 가슴엔 **용서**, 한쪽 가슴엔 **애교**

정훈이의 배신

정훈이는 중학생이 돼서도 '사춘기'는커녕 인생이 마냥
즐겁다. 마음에 맞는 친구들을 많이 사귀어서 그런지 학
교생활도 즐겁고, 개그 프로그램을 보는 것도 너무 재밌
고, 아주 작은 일에도 까르르 잘 웃는다. 그런 정훈이의 모
습이 나쁘지는 않아 엄마도 지켜보고 있는데, 어느 날 정훈
이의 학원에서 전화가 왔다. 정훈이가 며칠째 결석을 하고
있다는 것이다. 게다가 요즘 들어 친구들이랑 장난만 치고,
숙제도 잘 해오지 않는다는 것이었다. 황당해진 엄마는 이게 무슨 일
인가 싶었다. 별문제 없이 잘 크는 줄 알았는데, 엄마에게 거짓말을
하고 학원도 안 가고, 태도도 불성실하다는 이야기를 들으니 배신감
까지 느껴졌다. 도대체 오늘은 학원도 안 가고 어디 가서 무엇을 하
느라고 늦는 건지 엄마는 속에서 열불이 날 지경이었다.

솔직한 것이 상책!

학원이 끝나는 시각에 맞춰서 집에 들어온 정훈, 아무 일도 없었다는
듯이 '다녀왔습니다.' 인사를 한다. "너, 이 녀석 이리 좀 와봐." 엄마
의 엄한 목소리에 갑자기 이상한 분위기를 직감한 정훈은 몸을 팍 웅
크렸다. "지금까지 어디서 뭐 하다 왔어?" 순간 정훈이의 머릿속이

백지장처럼 하얘졌다. "너, 바른대로 말 못 해?" 엄마의 목소리는 더 커져만 갔고, 정훈은 모기만한 소리로 "친구들이랑 PC방에 갔다 왔어요."라고 솔직하게 대답을 해 버렸다. 정훈이 실토를 하니 엄마는 거짓말을 거듭하지 않는 정훈의 태도에 마음이 아주 조금 누그러졌다. 여기서도 거짓말을 했다면, 엄마는 정말 화가 치밀어 올랐을지도 모른다.

"너, 그럼 엄마가 왜 이렇게 화난 줄 알겠네. 네 입으로 얘기해 봐." 사실 학원에서 이번 주에 배우는 내용이 좀 어려웠다. 게다가 숙제도 많이 내는 통에 정훈은 감당이 되지 않았고, 친구들과 합세해 학원에 가는 시간 동안 PC방에서 신나게 게임을 하다 온 것이었다. 아주 약간 억울한 감도 있었지만, 100% 자기가 잘못했다는 것을 인식한 정훈은 엄마에게 잘못했다고 말씀을 드렸다. 정훈은 엄마에게 혼날 때 스스로 철칙으로 생각하는 것이 있는데, 그게 바로 '대들지 않기.' 수많은 시행착오와 친구들의 사례를 바탕으로 얻어 낸 노하우였는데, 화난 엄마에게 대드는 것은 불난 집에 휘발유 뿌리기와 다를 것이 없었다. 눈치가 빠른 정훈은 엄마의 비위에 맞춰 자기의 행보에 대해 말씀드리고 무조건 잘못했다고 말씀드렸다. 그런 정훈의 태도에 엄마는 한 번의 기회를 더 주겠다고 하시면서 일단 화를 푸셨다.

사건을 일단락하고 방으로 돌아 온 정훈이, 한숨을 내쉬었지만 다음부터는 절대로 학원을 땡땡이치지 말아야겠다고 생각한다. 엄마가 저렇게 화나셨을 줄은 몰랐기 때문이다. 왕창 밀린 학원 숙제를 좀 해볼까 싶어서 책상에 앉아서 문제집을 들추는데 순간 꼬르륵거리는 배꼽시계. 꼭 이 시간만 되면 배가 고프단 말이야. 늘 학원에 갔다 오면 엄마가 맛있는 간식을 챙겨 주시는데, 오늘은 분위기가 이러니 간식이고 뭐고 다 끝난 건가 싶었다. 하지만 배는 더욱더 고파왔고, 엄마의 간식이 간절히도 그리운 정훈은 묘책을 생각해 냈다. 그렇지! 오랜만에 필살기 애교 작전! 정훈이 막내이기 때문도 하지만, 엄마를 유난히 좋아하는 정훈은 엄마가 자기의 애교 작전에 아주 약하다는 사실을 알고 있었다. 오늘은 자신이 잘못한 것도 있는데, 엄마가 아직 마음이 많이 속상해 하실 것도 같고, 굳어진 간식도 나오게 할 겸 필살기 애교를 펼쳐 봐야겠다는 생각이 들었다.

방문을 열고 거실에서 TV를 보시는 엄마에게 가서 "엄마! 용서해 주세용~. 그리고 간식 주세용~." 정훈이만의 춤사위를 해가면서 엄마 앞에서 애교를 부리기 시작했다. 정훈을 보고 있는 엄마의 얼굴에 숨길 수 없는 웃음보가 터져 나왔다. "이그, 녀석, 이리 와!" 엄마는 정훈을 꼭 한 번 안아 주고는 푸짐한 간식 세례를 이어 주셨다. 정훈은 엄마의 마음속에는 언제나 '용서'가 들어 있다는 것을 알고 있었다. 그리고 이 막내아들의 '애교'를 너무 좋아한다는 사실도 알고 있었다. 필살기 애교 작전 성공!

다음 날, 학교에 갔더니 친구들이 모여서 쑥덕쑥덕하고 있었다. '뭐야!' 하고 정훈이 가보니, 어제 엄마랑 한바탕 싸웠다느니, 엄청 맞았다느니 하는 이야기였다. 학원 선생님이 어제는 단단히 마음먹고 모든 친구들의 집에 전화를 하신 것이 분명했다. 하지만 싱글벙글한 정훈을 보고 다들 의아해 하는 친구들. "야, 넌 안 걸렸어? 아무 일도 없었던 거야?" 정신없이 물어보지만, 정훈은 여유롭게 의자에 앉아서 배를 두들기면서 "나? 나도 일이 있었긴 있었지. 하지만 위기의 상황을 잘 모면하고, 간식도 두둑이 먹고, 다리 뻗고 잘 자다 왔다 왜?" 친구들은 어떻게 그럴 수 있었냐며 궁금해 했다.

애들아, 이 형이 그동안 갈고 닦아온 노하우를 전수해 줄 때가 된 것 같다. 어제와 같은 상황을 포함해서 우리들이 뭔가를 잘못해서 혼나는 상황이 왔을 때, 기본적으로 거짓말을 숨기기 위해 또다시 거짓말을 하지 않는다. 부모님이 야단을 치실 때는 이미 사태 파악이 끝난 상황이 대부분이다. 여기서 또 거짓말을 하면 그것은 완전 작살나겠다고 하는 것과 같다. 구체적으로 첫째, 절대 대들지 않는다. 이건 백이면 백 굳이 필요 없는 짓이거든. 정 억울하면, 나중에 엄마가 기분 좋을 때 얘기하면 엄마도 다 인정하시거든. 타이밍이 중요한 거야. 둘째, 자세를 낮추고 무조건 잘못했다고 한다. 이거는 여지가 없잖아. 정말 우리가 잘못을 했으니까. 셋째, 분위기를 업 시켜줄 수 있는 애교를 부린다. 엄마들이 아들의 애교를 얼마나 좋아하시는데, 그걸 잘 이용하길 바란다. 그리고 우리 더 이상 땡땡이 같은 것은 치지 말자고. 사나이가 할 짓이 아니다! OK?

04 맞벌이 엄마, 아빠 이해하기

엄마와 토스트 가게

초등학교 5, 6학년 때 원재는 거의 매일 토스트를 한 개씩 먹었다. 그것도 공짜로. 친구들은 그런 원재를 보며 손가락을 빨곤 했었다. 원재 엄마는 학교와 집 중간쯤에 있는 토스트 가게의 직원이다. 그 집 사장님의 배려로 원재에게는 공짜로 토스트를 만들어 줄 수 있었고, 그 덕분에 원재는 매일 학교가 끝나면 엄마를 만나 잠시 이야기도 나누고 맛있는 간식도 먹을 수 있게 된 것이다. 엄마도 마음이 흐뭇했다. 집에서 원재에게 간식을 만들어 주는 게 더 좋겠지만, 형편상 이렇게라도 챙겨줄 수 있는 게 감사했다.

그런데 중학생이 된 원재는 더 이상 엄마가 있는 토스트 가게에 가지 않았다. 아들이 오지 않는 이유를 어느 정도 눈치챈 엄마는 마음은 씁쓸했지만 원재에게 직접 대답을 들으려 하진 않았다. 하지만 아들의 속이 좀 더 깊었으면 하는 아쉬움조차 없는 것은 아니었다.

텅 빈 집과 햄버거

중학생이 된 원재는 학교가 끝나자 친구들과 편의점에 몰려가 햄버거 하나를 사 들고 집에 갔다. 초등학교 때 원재 손에는 엄마가 만든 따뜻한 토스트가 있었지만, 지금은 토스트 대신 햄버거가 손에 들려 있는 것이다. 이상하게 중학교에 들어온 뒤로는 엄마의 가게에 가고 싶지 않았다. 그뿐만이 아니었다. 초딩 때는 전혀 느낄 수 없었던, 아니 오히려 아무도 없는 집에서 누구의 간섭도 받지 않고 마음대로 게임도 하며 놀기에 좋았던 '텅 빈 집'이 이제는 을씨년스럽게 느껴지곤 했다. 집이 일요일 아침 학교 운동장처럼 텅 빈 것이 그 토스트 가게 때문만은 아니라는 것을 원재도 안다. 그러나 어쩐지 그 토스트 가게가 원망스러울 때도 있다.

아무도 없는 집에 돌아온 원재가 할 수 있는 일이라고는 컴퓨터로 게임을 하거나 PC방을 가기 위해 다시 집을 나서는 일뿐이었다. 사실 원재도 학원에 다니고 싶은 마음이 있었다. 꼭 공부를 하기 위해서라기보다, 친구 녀석들이 전부 학원에 가버리고 나면 외톨이가 되어 버리기 때문이다. 엄마에게 학원을 다니고 싶다고 말씀 드리면 '정말 공부할 마음이 생기면 보내주겠다.'면서 자꾸 뜸을 들였다. 친구들은 학원을 다니기 싫다고 난리지만, 원재는 영어, 수학 학원도 다니고 싶고, 그리고 미술 학원도 다니고 싶고, 친구들이 요즘 배우고 있는 외발자전거도 배우고 싶었다. 엄마는 도대체 언제 학원을 보내 줄까?

엄마 퇴근 시각은 6시 무렵이고, 아빠는 9시는 되어야 집에 들어오신다. 엄마는 집에 오자마자 저녁 식사 준비를 하신다. 엄마는 저녁 밥상을 두 번 차리신다. 아버지의 귀가 시각이 늦기 때문에 나 한번, 그리고 아빠 퇴근하시면 그때 또 한 번 차리시는데, 엄마는 아빠와 나와 돌아가면서 겸상을 하신다. 그냥 아빠와 매일 드셔도 되는데……. 오늘도 아빠가 늦게 오셨다. 아빠가 좀 지쳐보였지만 심드렁하게 인사를 드린 후 방으로 들어가려는데 엄마가 원재를 불렀다. 그리곤 갑자기 내미시는 '영, 수 학원 수강증.' 낮에 짬을 내서 학원에 등록을 하고 오셨단다. 친구들이 가장 많이 다니고 있어서 원재도 가고 싶었던 학원이었다. 속으로 '앗싸!' 환호성이 터졌는데, 짐짓 아무렇지 않은 듯, '엄마가 웬일이세요?'면서 퉁명스럽게 반응하는 원재. 엄마는 "요즘 우리 원재가 얼마나 학원에 다니고 싶어 하는지 아빠 엄마가 잘 알면서도 이런저런 사정으로 보내주지 못했지? 미안해 우리 아들!

엄마 아빠가 살림 쪼개서 학원비 마련한 거니까 공부도 열심히 하고 친구들이랑 같이 즐겁게 지내라, 알았지? 그리고 식어빠진 햄버거 사먹지 말고 엄마 가게에 들려 토스트 먹어. 거기가 엄마 '일' 하는 곳인데, 일하는 엄마가 창피해? 호호호." 쭈뼛거리던 원재, 엄마 아빠에게 고맙다는 인사를 하고 달아나듯 제 방으로 들어간다. 원재는 부모님이 돈이 없어서 학원에 못 보내 주는 것인 줄 정말 몰랐다. 용돈, 외식, 학용품 등 원하는 건 무엇이든 해주시는 부모님에게 경제적 어려움을 느껴본 적은 없었다. 용돈을 달라고 하면 항상 주셨기 때문에 부모님은 언제나 돈이 많은 줄 알았다. 엄마 말씀을 듣고 보니 원재는 묘한 생각이 들었다. 내가 좀 더 철이 들어야 하겠는걸? 이런 결심을 하자 콧등이 시큰해지고 눈가에 이슬도 맺혔다. 이런 마음이 오래오래 갔으면 하는 마음과 용돈도 좀 아껴 써야겠다는 결심도 선다.

드디어 학원에 가는 첫날. 원재는 학교가 끝나자 친구들과 함께 학원으로 향했다. 친구들도 원재와 함께 다녀서 좋아했다. 그때 한 친구가 PC방 잠깐 들리자는 이야기에 귀가 솔깃했지만, 원재가 나서서 친구를 달랬다. 그리고 엄마가 힘들게 번 돈으로 학원 보내 주시는 것이라는 이야기도 솔직하게 말했다. 친구도 말문을 열었다.

"나도 부모님이 맞벌이하셔. 초등학교 1, 2학년 땐 엄마가 매일 집에 계셨는데, 4학년 때부터 일을 하시더라고. 학원도 보내고 하려면 돈이 많이 드나 봐. 그래서 요새는 누나와 내가 집안일을 나눠서 하고, 주말에는 아빠도 집안일 엄청 많이 하셔." 친구가 이야기를 하자 다른 친구들도 자기가 집에서 하는 일을 털어 놓았다. 화장실 청소, 신발장 정리, 고양이 화장실 치우기, 강아지 산책시키기, 청소 등. 와! 나만 빈둥거렸네? 창피하기도 했지만 모두들 그렇게 지낸다는 것을 확인하자 갑자기 마음이 든든해졌다.

원재도 집안에서 자기가 해야 할 일을 생각해 보았다. 뭘 하지? 빨래? 청소? 이불 털기? 원재는 친구들을 데리고 엄마네 토스트 가게로 간다. 엄마! 스페셜 토스트 네 개 주세요. 오늘은 돈 내고 갑니다! 크크크, 그리고 엄마 사랑해요, 고마워요!

중학생 이해받기

창윤은 점점 자신이 변하고 있고, 엄마와의 갈등도 심해져 간다는 것을 느끼고 있다. 이제 모든 것을 알아서, 혼자서 하고 싶은데, 엄마의 참견과 간섭은 점점 늘어가기만 한다. 그런 엄마가 점점 귀찮아지는 창윤이. 그냥 핸드폰만 있어도 혼자 살 수 있으련만, 오늘도 엄마는 중간고사 준비 일정표를 내라고 하신다. 에효, 내가 무슨 회사 직원도 아니고, 허구한 날 계획서를 내야 하는 자신이 딱하기까지 했다. 친구들은 아직 엄마와 별 문제 없이 지내는 것 같은데, 창윤은 또래에 비해 키도 훌쩍 더 크고, 성장 발달도 빠른 편이라서 그런지 머릿속이 복잡하다. 이런 것이 혹시 사람들이 이야기하는 '사춘기'인가 싶은 생각도 든다. 하지만 그렇다면 사춘기의 원인은 어디에 있는 것인지 알 수가 없었다. 아, 머릿속이 뒤죽박죽인 상태가 하루 이틀이 아니기 때문에 창윤의 마음은 답답함까지 생길 지경이었다.

그러던 어느 날, 과학 시간에 선생님께서 사춘기 시절을 보내는 청소년들의 '뇌'에 대한 이야기를 해주셨다. 귀가 솔깃했다. 안 그래도 오늘 중에 인터넷 검색을 통해 사춘기 학생이 겪고 있는 모습은 어떤 건지 알아보려고 했는데, 선생님께서 '사춘기'라는 말씀을 하시자 반갑기까지 했다.

"너희들, 요즘 조금 이상해지고 있는 거 느끼냐? 괜히 예민해지고, 별 것 아닌 일에도 막 신경 쓰고 부모님에 대한 불만도 생기고 그러지?" 오늘따라 선생님은 딱, 딱 맞는 말씀만 하신다. 평소에도 이런 이야기를 많이 해주셨다면, 과학 수업을 정말 잘 들을 텐데. 창윤은 혼자 구시렁거리면서도 선생님의 말씀을 경청한다.

"선생님이 오늘 그 이유에 대해서 설명해 줄게. 너희들도 알다시피 지금 너희들은 '사춘기'라는 신기한 터널을 지나고 있어. 일생에 꼭 한 번은 지나가게 되어 있는 일종의 통과의례인데, 보통 중, 고등학교 시절에 많이 지나게 되지. 사춘기는 감정이 변해서 찾아오는 게 아니라 뇌에 변화가 왔기 때문에 몸과 마음도 달라지는 것이야. 너희들 전두엽이 뭔지 알지? 객관적 사고와 판단을 관장하는 뇌의 일부분이야. 그런데 청소년기에는 전두엽이 발달하지 않기 때문에 매사 감정적이며 자기 위주의 판단을 하고 객관적 진실 따위는 귀에 들어오지도 않으며 작은 일도 확대 해석하게 되는 거라고. 특히 상대방이 누구건, 자신과 그가 상관이 있든 말든 그가 불쾌한 말을 하거나 행동을 하면 신경질적으로 반응하게 되는 것이야. 게다가 이차 성징을 겪으면서 이성에 대한 호기심까지 생기니까 머릿속이 정말 뒤죽박죽되는 거야. 그래서 툭 하면 성질을 부리고 자기가 무슨 짓을 하는지 인지하지 못하는 만행도 저지르게 돼. 그래서 너희들 세대를 일컬어 질풍노도, 즉 세차게 부는 바람과 무섭게 소용돌이치는 물결이라고 하는 것이지. 이 질풍노도를 자신을 발견하는 기회로 이용하는 사람은 정체성, 내게 맞는 일, 가족, 친구, 낯선 사람들과 어울려 사는 법을 배우게 될 것이고, 질풍과 노도에 자신을 의탁해 버린 채 미숙한 전두엽의 반응대로 지낼 경우 '성질 나쁜 녀석'으로만 성장, 암울한 청년기를 맞게 될 수도 있어. '사춘기니까, 그럴 수 있을 때이니까 그냥 넘어가자.'라는 말로 자신의 분노와 성격파탄을 합리화시킬 수 없는 거야. 사춘기도 너희 인생의 일부야. 내 인생을 내버려 둘 거니? 아니야, 잘 극복해야 행복한 미래도 너희 것이 되는 거야."

사춘기를 게시하다

창윤은 과학 선생님의 말씀을 들으니, 정말 자기 자신이 '사춘기'를 보내고 있음이 확실해졌다. 엄마도 선생님의 말씀을 들었다면, 나를 좀 더 이해해 주실 텐데……. 어떻게 하면 내가 이런 상태라는 것을 엄마에게 잘 알릴 수 있을까? 창윤은 고민 끝에 집에 있는 게시판을 활용하기로 했다. 집에는 엄마가 외출할 때 창윤과 동생에게 메모를 남기거나, 가족 행사에 대한 것을 적어 두는 게시판이 있었는데, 그곳에 자신의 상태를 적어 두기로 한 것이다. 창윤은 메모지에 빽빽하게 적고 보니 뭔가 좀 뿌듯했다. 나는 이렇게 내 상황을 객관적으로 바라보는 바람직한 사춘기라는 생각이 들었다.

신창윤의 질풍노도의 시기

❶ 나는 전두엽의 미발달로 인하여 현재 객관적인 사고와 판단을 잘 못함. 감성이 아닌 과학적 이성으로 말씀드리는 거임.

❷ 자기 위주의 사고를 즐겨 함. 따라서 툭하면 '지금 나 무시하는 거임?' 하며 대들게 됨.

❸ 가족들의 말 한마디를 완전 확대 해석할 수도 있음.

예 1) 창윤아, 오늘은 이것만 먹을래?

= 야, 이 돼지야, 살은 피둥피둥 쪄서는 여전히 그렇게 퍼먹고 싶은 거임? 너 때문에 식비가 얼마나 많이 나가는 줄 아니? 그만 좀 퍼 먹어라.

예 2) 창윤아, 공부 그만 하고 나가서 바람 좀 쐬지 그러니?

= 못난 놈, 너는 친구도 없냐? 딴 집 애들은 친구들과 너무 어울려서 걱정인데, 저거 성질이 얼마나 더러우면 하루 종일 책상머리에 처박혀서 공부를 하는 건지 메질(메신저질)을 하는 건지 몰라.

❹ 내가 다애를 좋아하는 것은 사춘기 시절에 겪는 이성에 대한 호기심으로 지극히 자연스러운 것임. 이상하게 쳐다보지 않으시길 바람.

사랑이 게시되다

다음 날, 전날에 늦게 잔 탓에 창윤은 간신히 일
어나서 화장실로 향하는데, 거실에 있는 게시판
에 창윤이 적은 메모지 옆에 다른 메모지가 붙어
있었다. 이건 뭐지?

게시판 효과

아직 눈곱도 떼지 않은 눈이건만, 창윤은 눈시울이 붉어지는 것을 느
낄 수 있었다. 아, 사춘기는 이렇게도 감성적인 것인가. 눈물도 왜 이
렇게 자주 나오는지. 특히 사랑한다는 그 글귀가 창윤의 마음을 뭉클
하게 만들었다. 지금 보니, 창윤은 자신의 행동을 이해해 주기만을 바
라는 마음에서 바라는 것들만 썼고, 노력할 수 있는 일에 대해서는 하
나도 쓰지 않았다는 것을 발견했다. 하지만 엄마는 엄마를 이해해 달
라는 한마디의 말도 없이 엄마가 창윤을 위해 해줄 수 있는 일만을 적
어 놓으셨다. 괜히 미안하고 고마웠다. 창윤은 자신의 메모에 하나를
덧붙여 본다. 정말 낯간지럽지만……

나도 엄마를 이해해 보겠다. 사랑하니까.

성교육의 진정한 멘토

야동도 스마트하게

교실 뒤편에서 무릎담요를 뒤집어쓰고 원재와 친구들이 키득키득하고 있다. 원재 녀석 오늘 또 스마트폰에 야동을 다운받아 온 것이 분명하다. 소리는 이어폰으로 몇 명만 듣고 다들 담요 안에서 조그마한 스마트폰 화면을 보면서 좋아하고 있다.

요즘은 집에 있는 컴퓨터로 야동을 볼 수가 없다. 부모님들이 유해사이트 차단을 철저히 하시기 때문에 상황이 여의치가 않다. 하지만 스마트폰으로 야동을 볼 수 있다는 사실은 아직 부모님들이 눈치채지 못한 상황으로 보인다. 친구들 사이에서는 다 알고 있는 사이트에서 동영상을 다운받아 스마트폰으로 보는 것은 이제 이상한 일도 아니었다. 아쉽게도 수업을 알리는 종이 울리고 스마트폰은 아무 일도 없었던 듯이 전원이 꺼진 채 가방 안으로 들어가고 무릎담요도 빌려줬던 여자짝꿍에게 돌려주었다. 수업은 시작 되었지만, 원재의 머릿속에는 아직도 스마트폰에서 본 화면이 아른거리고 있었다.

드디어 하교 시간, 친구들과 집으로 향하면서 아까 본 야동이야기로 꽃을 피웠다. 집에 도착해서 과자를 먹으며 TV를 보고 있는데, 엄마가 오전에 청소를 못 하셨다고 방청소에 돌입하셨다. 이제 중학생이 됐으니, 혼자 청소를 할만도 하다는 잔소리가 반복 버튼을 누른 듯, 엄마의 입에서 잔소리가 계속 나오고 있었지만, 원재는 엉덩이를 소파에 딱 붙이고는 꼼짝도 하지 않았다. 한참을 원재의 방청소를 마치고 나오신 엄마의 표정이 좋지가 않았지만 원재는 개의치 않았다. 방이 정말 더러웠나 보네……. 라고 생각하는 순간, 머리를 스치는 그 무엇! 아! 내 스마트폰! 이 이제야 떠올랐다. 부리나케 방에 가서 스마트폰을 가지고 나왔다. 휴우, 설마 엄마가 보진 않았겠지? 엄마도 휴대폰은 아직 스마트폰이 아니니까 원재는 엄마가 아마 사용 방법도 잘 모를 거라고 생각했다.

아빠가 모처럼 일찍 퇴근을 하셨다. 온 가족이 저녁 식사를 한 후에 엄마는 아빠와 마트를 다녀오시겠다고 하신다. 초딩 때는 마트에 간다고 하면 항상 따라 나서곤 했지만, 이제 별로 흥미가 없다. 살짝 귀찮기까지 한 일이다. 그리고 사실 머릿속으로는 다른 생각을 품고 있었다. 부모님이 마트 가시면 보통 두 시간은 기본이기 때문에, 그 시간 동안은 혼자서 자유로울 수 있다는 생각이 들어서 저절로 '앗싸!' 소리가 나왔다. 엄마, 아빠가 탄 차가 아파트를 빠져나가는 것을 베란다에 서서 확인한 원재는 곧바로 IP TV를 틀고 19금 영화를 다운받기 시작했다. 원래 성인 인증이 있어야 하지만, 아빠 주민 번호는 물론, IP TV 비번도 꿰차고 있는 원재였다. '얼른 다운받아져라.' 바라고 있는 사이에 드디어 영화가 시작되었다. 한참 영화에 빠져서 보고 있는데, 한 시간도 채 지나지 않아 부모님께서 도착하는 소리가 들린다. 원재는 재빨리 TV를 끄고 방으로 들어갔다. 아빠는 노크를 하시더니 원재가 좋아하는 과자랑 음료수를 한 아름 들고 방으로 들어오신다. 뭐 하고 있었냐는 아빠의 물음에 그냥 숙제하고 있었다고 건성으로 대답하는 원재. 아빠는 갑자기 원재가 많이 컸다고 하시면서 말문을 여셨다.

"원재야, 아빠가 너 만할 때는 참 호기심이 많았는데, 원재도 그렇지? 특히 사춘기가 되면서는 이성에 대한 호기심도 커지는 게 당연한 일이야. 정상적으로 잘 성장하고 있는 거라고 생각해." 아빠는 뭔가를 알고 계신다는 듯이 말씀하셨다. "아빠 때는 친구들끼리 성적인 호기심을 채우는 것으로 막 야한 잡지 같은 거 돌려 보고 그랬거든. 요즘처럼 그런 것들을 쉽게 대할 수 있는 때가 아니니까 말이야. 그런데 요즘은 정말 인터넷만 켜도 민망한 것들이 너무 많이 나와서, 아빠가 솔직히 좀 걱정이 되긴 해. 무분별한 정보들로 원재가 성에 관한 오해도 생기고, 나쁜 행동을 할까봐서 말이지." 아빠 이야기는 계속 이어졌는데, 스마트폰 야동, IP TV 19금 영화이야기 등을 부모님이 죄다 알고 계시다는 사실도 알게 되었다. 얼굴이 후끈거리면서 마치 감시당한 것 같아 불쾌했지만 딱히 대들 엄두도 나지 않았다.

아빠는 모든 것을 알고 계셨다. 하지만 화를 내지 않고, 차분히 원재와 대화를 시도하신 것이었다. "아빠는 원재 엄마가 첫사랑인데, 그 사랑을 지키기 위해 정말 많이 참고 인내했었거든. 그게 남자다운 것이라고 생각했어. 그리고 그런 모습에 네 엄마는 나를 믿어 주었지. 야동이나 19금 영화에서 나오는 것들은 성에 대한 왜곡이 심한 편이야. 야동의 환상에 빠져버리면 실제로 가정생활을 할 때 문제가 일어

날 수밖에 없단다. 엄마 아빠가 너를 졸졸 따라다니면서 야동이나 19
금을 감시할 수 없어. 단지 우리 원재가 그런 화면에 너무 빠져들지
않길 바랄 뿐이야. 그리고 궁금한 거 있으면 아빠한테 물어봐. 남자로
서, 어른으로서, 경험자로서 대답해 줄게."

진짜 남자!

아빠, 엄마가 원재의 행동들을 뻔히 알고 계셨다는 사실이 몹시 부끄
러웠다. 하지만 혼내는 것도, 탓하는 것도 아니어서 다행이었다. 부
모님이 알게 되면, 분명 혼낼 것이라고 생각했는데 말이다. 정신을 차
리고 아빠의 말씀을 들으니 마음에 새겨야 할 말씀인 것 같았다. 아,
하지만 거의 중독처럼 야동을 보고 있는 습관을 어떻게 하면 고칠 수
있을지 모르겠다고 아빠에게 솔직한 심정을 고백해 버렸다. 아빠는
이렇게 물어봐 줘서 고맙다고 하시면서 생각을 막을 수는 없지만, 행
동을 하지 않을 수는 있다고 말씀해 주셨다. 일단 기존에 가지고 있던
자료들을 다 삭제하고, 눈이 가고, 손이 가는 곳에 야동과 관련된 것
들을 전부 없애 버리는 것이 그 시작이 될 수 있다고 하셨다. 그리고
자신과의 약속, 아빠와의 약속을 기억하면서 살아간다면 분명 버릇
은 고쳐질 수 있다고 하셨다. 그리고 엄마를 소중히 여기고 사랑해 왔
던 알콩달콩한 연애이야기도 자세하게 해주셨다. 아빠한테 이런 여
러 이야기를 듣는 것이 쑥스러웠지만, 엄마를 사랑하고 지켜 줬던 아
빠의 모습을 생각하면서 원재도 남자 중의 남자인 멋진 아빠와 같은
남자라는 사실에 자부심도 생겼다.

07 서로의 꿈 나누기

내 사랑 축구

초등학교 때부터 축구를 좋아했던 진수. 중학교에 올라와서 특기적성 시간에 축구교실을 하면서부터는 더욱 축구가 좋아졌다. 진수는 쉬는 시간, 점심시간만 되면 장소를 가리지 않고 축구를 한다. 축구공만 있으면 몇 시간이고 놀 수 있을 것 같다. 오늘은 목요일, 축구 교실이 있는 날로 시합이 예정되어 있다. 진수는 설레는 마음으로 운동장으로 나섰다. 축구만 하면 세상이 즐겁고 신난다. 장래 희망을 적는 모든 곳, 장래 희망을 물어보는 모든 사람들에게 진수는 한 치의 망설임도 없이 '축구 선수', 또는 '축구팀 구단주' 라고 답했다. 사실 객관적으로 진수가 축구를 뛰어나게 잘하는 것은 아니다. 하지만 못하지도 않았고, 그리고 무엇보다 축구를 너무 좋아하기 때문에 꿈을 그렇게 정했다. 내 사랑 축구!

변, 호, 사가 되라고요?

"진수야, 이번 주말에는 시간 비워 둬라. 아빠랑 갈 곳이 있거든. 알겠지?" 진수는 주말에도 친구들과 학교 운동장에서 축구하기로 했는데……. 모처럼 아빠가 말씀하시는 것이라 거절하기도 그렇고, 아쉽지만 친구들에게 내일은 축구를 못할 것 같다고 문자를 보냈다.

주말, 아빠는 드라이브를 가자고 하신다. 웬 드라이브? 하며 부모님을 따라 차에 몸을 실었다. 한참을 가다가 차가 멈춰 섰다. 눈앞에는 대한민국 사람이라면 누구나 아는 유명한 대학교 교문이 우뚝 서 있다. 아빠는 진수를 차에서 내리라고 하시더니 엄마와 함께 캠퍼스 산책을 하자고 하신다. 이거 TV 광고에서 본 것 같은데, 바로 그거임? 살짝 유치하다는 생각이 들었지만 확인 차 다시 질문을 했다. "아빠, 여기는 왜 온 거에요?" "응, 진수야. 이 학교가 네가 훗날 입학해야 할 학교다. 열심히 해서 꼭 이 학교를 오도록 하렴. 중학교 때부터 열심히 해야지. 다른 생각하지 말고, 알겠지?" 아빠는 진수에게 이 대학의 법대에 진학해 좋은 변호사가 되길 바란다는 말씀을 하셨다. 뒤통수를 세게 맞은 기분이었다. 진수가 공부를 잘하는 편이기는 했지만, 단 한 번도 변호사가 되겠다는 꿈을 가져본 적이 없었다. 요즘 축구에 너무 빠져서 성적이 조금씩 떨어지고 있었지만, 그에 대한 반성보다는 오늘 아버지의 행동이 진수를 분노하게 했다. 초등학교 때 아빠는 진수가 원하는 일이라면 무엇이든 하라고 하셨다. 돕겠다고 하셨다. 그런데 막상 중학교에 올라오니 내가 아빠의 뜻대로 살아야 하는 존재인가? 하는 생각을 하게 되었고, 결국 대학 투어까지 오게 된 것이다. 나와는 한마디 상의도 안 하시고!

대학교에 다녀온 후 진수는 입을 닫고 살았다. 마음이 불편했고 불안했고 입맛도 없어졌다. 부모님도 그런 진수에게 '무슨 일이 있냐?'고 물으셨지만 지금은 그 얘기를 하고 싶지 않았다. 나의 꿈이 이뤄질 수 있도록 도와주실 거라는 꿈은 깨졌고 이 참담한 마음을 누구에게도 이야기할 수 없는 현실이 슬펐다. 하지만 진수가 아무 말을 하지 않는다면, 부모님은 진수의 마음속에 '변호사'라는 꿈이 성장할 거라고 오해하시겠지? 며칠의 고민 끝에 진수는 부모님께 '나의 꿈은 축구 선수 또는 구단주'라고 말씀드렸다. 반응은 예상했던 대로였다. "진수야, 아빠, 엄마도 네가 축구를 좋아하는 것은 알아. 하지만 객관적으로 생각할 때 축구 선수가 되려면, 어느 정도 타고난 실력도 있어야 하는데, 진수가 축구를 잘하긴 하지만 그 정도는 아니라는 생각이 들거든. 축구는 나중에 커서 취미로도 얼마든지 할 수 있어." 진수도 물러서지 않았다. "아빠, 나도 객관적으로 그렇게 생각은 하지만 노력하면 되잖아요. 저는 축구만 하며 살고 싶단 말이에요. 그리고 변호사가 되기에는 객관적으로 제 성적이 좋은 편은 아니에요." "그래, 공부는 하면 되지만, 운동적인 감각은 노력해도 안 되는 부분이 있기 때문이야. 축구 선수가 되는 것이 더 어려운 일일 수도 있다고." 부모님은 강경하셨다. 축구 선수로 성공하는 것과 변호사로 성공하는 것 중 변호사로 성공하는 게 더 쉬운 이유에 대해서도 줄줄이 설명하셨다. 진수는 자기도 모르게 눈물이 났다.

진수의 반응에 당황하신 부모님은 잠시 가만 계시더니 "변호사 되는 것이 그렇게 싫고, 축구 선수 되는 일도 무리가 있다는 것을 인정한다면 다른 방법을 같이 고민을 좀 해보자."고 하셨다. 엄마는 구체적인 대안도 말씀하셨다. "전부터 생각했던 것인데, 엄마는 진수가 체육 선생님을 하면 참 좋을 것 같아. 좋아하는 운동도 마음껏 하면서 보람도 있는 일이 아닐까? 여보, 우리 진수는 체육 선생님을 하면 참 좋을 것 같아요." 체육 선생님? 갑자기 진수의 머릿속에 축구 교실 선생님이 스쳐갔다. 축구 선수는 아니지만, 축구를 진짜 잘하시고, 잘 가르쳐 주시는 축구 선생님. 아이들에게 희망을 주는 우리 선생님. 체육 선생님이라! 생각해 볼만 하겠는걸!

체육 선생님

엄마의 말씀에 진수는 갑자기 머릿속에 전구가 반짝! 하고 켜진 것 같았다. "엄마 체육 선생님은 어떻게 되는 거예요? 축구만 잘해도 되나요?" "아니지, 체육 선생님이 되려면 일단 교대나 체육교육과가 있는 대학을 가야 해. 실기를 보긴 하지만, 성적이 좀 더 중요해. 아이들을 가르쳐야 하니까, 공부, 인격, 품성, 친화력 등 많은 조건이 필요하단다. 엄마 생각에 축구와 공부의 비율을 적절히 조절만 하면 우리 진수가 잘 해낼 것이라고 생각해."

구체적인 꿈이 생기고 목표가 생겼다는 생각이 드니까 마음속이 뜨거워 졌다. "그거 할래요. 체육 선생님. 아빠 나 이걸 목표로 생각할게요!" "허허, 그래 알겠다. 아빠는 사실 네가 축구에 너무 빠져서 다른 목표를 좀 심어 주고 싶었는데, 축구만 하다가 이도저도 안 돼서 네가 힘들까봐 그런 거였어. 어쨌든 구체적인 목표를 찾게 되었으니까, 아빠도 더 이상 강요하지 않으마." 이제야 아빠의 진심도 알게 되었다. 요즘 성적도 많이 떨어지고, 너무 축구 생각만 했던 자신이 많이 걱정스러우셨던 것이었다. 아빠, 엄마의 진심을 알게 되고, 더욱이 구체적인 꿈이 생기게 되어서 진수는 더욱더 열심히 노력해야겠다는 생각이 들었다. 최진수 체육 선생님이 되는 그 날을 위해서!

언니와 나 사이

민주는 요즘 사복을 입고 버스를 탈 때마다 기사 아저씨의 눈치를 본다. 중학교 1학년으로 당당히 학생 요금을 내는데도 어떤 아저씨들의 눈빛은 '대학생 아님?'이었다. 아, 정말 아직 주민등록증도 안 나왔는데, 중학교 학생증이라도 보여 줘야 하는 건지. 억울할 때가 한두 번이 아니었다. 반면 민주의 언니는 민주와 세 살 차이가 나는데도, 아직도 초등학생으로 보는 사람들이 있다. 지폐를 내고 마을버스를 타면 초등학생 요금으로 거스름돈을 줄 정도였다. 그렇게 민주와 민주 언니는 참 다르게 생겼고, 민주가 살짝 기분 나쁠 정도의 모태 동안이었다. 언니랑 쇼핑이라도 하러 나가면 대부분 우리를 친구로 보거나, 아님 민주를 언니로 생각하는 사람들도 많았다. 민주가 언니와 외출을 꺼리는 이유가 그것이다.

그러고 보니 언니는 정말 민주와 취향도 다르고, 성격도 다르고, 생긴 대로 철부지 같은 모습을 보이기도 한다. 부모님께 만날 값비싼 것들만 사달라고 떼를 쓴다. 그래서 언니는 옷도 많고, MP3에 PMP에 없는 게 없다. 마치 부모님이 은행인 줄 아는 것 같다. 부모님도 힘들게 버시는 건데 말이다. 그런 언니 때문에 민주는 늘 참고, 부모님께 용돈 달라는 말도 잘 안 하게 된다. 옷도 주로 언니가 입다 버리다시피 하는 옷만, 그것도 언니 허락을 어렵게 받아서 입곤 한다. 보통 큰언니들은 어른스럽다는데, 우리 집은 정말 아니올시다. 그래서 그런지 어른들은 모두 언니랑 동생이랑 바뀌었다고 말씀하신다.

그런데 민주는 솔직히 그런 얘기가 그다지 기분이 좋지 않다.

요즘 들어 언니는 민주에게 어디 좀 같이 가자는 말을 많이 한다. 특히 무언가를 사러 갈 때는 민주를 불러내곤 한다. 민주는 언니의 부탁을 열 번 가운데 한두 번만 응해 준다. 분명히 동생인데 친구나 언니 취급 받는 것도 기분 나쁘지만(내가 그렇게 늙어 보인단 말이야?) 약간의 복수심이 작용하는 것도 사실이다. 어릴 때는 언니가 민주를 귀찮아했다. 먼저 학교에 들어간 언니는 친구가 많았고, 그렇게 놀러 다니는 언니가 부러워 따라다닐라치면 언니는 대놓고 민주를 귀찮아하곤 했다. 온갖 핍박과 서러움을 당하면서도 민주는 꿋꿋하게 따라다니곤 했었는데, 지금 생각해 보니 그때 언니가 왜 그랬는지 이해할 만도 하다. 친구들과 노는 게 제일 속 편하고, 그 자리에 언니나 동생이 끼면 노는 자리 전체가 어색해진다는 것을, 언니와 둘이 돌아다녀도 쉽게 알 수 있게 된 것이다. 그렇다. 언니는 언니 세계가, 나는 내 세계가 있는 것이다.

토요일이 되었다. 늘어지게 늦잠을 자고 일어나서 주섬주섬 나갈 준비를 하였다. 오늘은 친구들과 함께 쇼핑을 가기로 약속이 되어 있었기 때문이다. 집에 있어봤자 고딩만 중요시 여기는 우리 집에서 대우도 못 받고, 철없는 언니 때문에 스트레스만 쌓일 뿐이다. 친구들과 쇼핑을 하고, 맛있는 것도 사먹고, 길거리 공연 구경을 하다 보니 생각지도 못하게 시간이 많이 흘렀다. 이미 통금 시간이 한참 지나버린 것이다. 당황하고 있는데 친구 핸드폰이 울린다. 민주 언니란다. 뭐야? 왜 너희들한테 언니가 전화를 해? 받아 보니 언니의 목소리는 다급했다. "야, 엄마, 아빠 오늘 여행가셨잖아. 몰랐어? 여행가시면서 너 잘 챙기라고 하셨는데, 이 시간이 되도록 오지도 않고, 핸드폰은 삶아 먹었냐? 기지배가 전화도 안 받고 말야! 너는 신나게 놀고, 언니만 안절부절 못한 거네. 얼른 들어와!" 언니의 목소리는 거의 울 지경이었다. 민주도 조금 미안한 생각이 들어서 서둘러 집으로 향했다.

언니는 정류장까지 마중 나와 있었다. 정말 오랜만에 느껴보는 언니다운(?) 풍모다. 맏딸이 이런 건가? 생각하며 언니에게 웃음을 던졌다. 언니는 민주를 보더니 와락 팔짱을 끼고 집으로 향했다. "야, 너 기다리면서 진짜 옛날 생각나더라. 우리 주택가에 살 때 말야. 나는 유딩이고 너는 네 살쯤 되었는데, 새로 산 자전거 뒤에 널 태우고 신나게 달리다가 길을 잃어버린 거야. 몇 시간을 헤매다 동네 아주머니에게 발견되어 집에 갔을 때 집안이 난리가 났었거든. 도착해서 보니 난 얼굴이 눈물범벅이 되어 있는데, 글쎄 너는 뒤에서 혼자 아무렇지도 않게 엄마한데 간식 달라고 하더라. 그 모습을 보고 엄마가 '언니는 언니다.' 라고 하셨다지? 넌 언니가 있으니까 무서운 생각이 들지 않았던 것이고. 이그, 너, 이렇게 늦게 다니면서 언니 속 썩일래?"

언니의 이야기를 들으니, 갑자기 코끝이 찡해졌다. 진짜로 '언니는 언니구나.' 싶은 생각이 들었다. 친구들 가운데 언니나 여동생이 있는 친구와 그렇지 않은 친구가 있다. 자매의 경우 티격태격하는 일도 많고 옷 갖고 허구한 날 싸우고 별 이유도 없이 한 달 내내 말 한마디 안 하고 사는 친구들도 많았다. 나 또한 언니가 언니로 보이기보다는 친구로 보일 때가 많다. 그런데 오빠나 남동생이 있는 친구들 말을 들어보면 가관이었다. 오빠가 툭하면 아빠 행세를 하려하고, 심지어 윽박지르기까지 하는 일도 많다. 남동생들은 대들지 않으면 고마울 정도인 일도 많았다. 그런 거 보면 자매가 형제나 남매보다 낫다는 생각도 든다. 그런데 왜 부모님들은 맏딸에 막내아들이 환상이라는 건지 모르겠다. 어쨌든 오늘은 언니가 갑자기 예쁘고 좋아졌다. 내일 옷 사러 간다는데, 따라가 줄까 보다. 근데, 언니야, 지난 주에 사고 또 옷 타령이니? 언제 철들래? 크크크.

09 나와 동생 사이

여동생 말고 남동생을 달라!

범수는 항상 형이나 남동생이 있으면 좋겠다는 생각을 한다. 밖에서 공을 차고 놀든, 같이 게임을 하든 남동생이나 형이 있으면 참 재미있을 텐데, 범수에겐 여동생뿐이다. 그것도 취미도 특기도 좋아하는 놀이도 다르고 심지어 좋아하는 음식도 다른 여동생 말이다. 엄마 말씀을 들어보면, 어릴 때에는 서로 잘 챙겨 주고 사이좋게 지냈다는데, 지금은 그런 모습을 눈을 씻고 찾아보려야 볼 수가 없다. 아마 초등학교 때부터 조금씩 거리가 생긴 둘의 사이는 범수가 중학생이 돼서 급격히 멀어지게 된 것 같다. 범수는 중학생이 되면서 반항기가 많아졌고 사사건건 동생과 엮이는 모든 일이 그냥 싫었다. 범수가 보기에 여동생은 초딩이라고 어찌나 초딩티를 내는지, 그냥 쳐다보면 답답하기만 할 뿐이다. 조금 예쁘고 귀엽게라도 생겼으면 좋으련만, 얼굴도 범수를 따라오려면 멀었다고 여겨진다. 막내라고 어리광만 부리고 부모님의 사랑을 독차지하는 여동생의 모습이 범수에겐 눈엣가시였다.

여동생은 심부름꾼

이런 범수가 여동생과 대화를 하는 유일한 길은 '심부름' 시키는 일이었
다. 엄마가 범수에게 시키는 심부름을 꼭 다시 여동생에게 되시키곤 한다.
동생이라고 하나 있는데, 이럴 때 써먹지 언제 써먹겠나 싶다. 동생이 반
항하면, 인상을 팍 써서 협박하거나 꿀밤 한 대 날려 주는 것은 당연한 일
이었다. 한층 힘이 세진 오빠에 비해 한없이 약한 여동생이었다. 게다가
중학생이 되면서 엄마가 자신의 말을 더 잘 들어 준다고 생각하는 범수였
기 때문에 동생을 무시하는 일은 점점 많아졌다. 엄마가 안 계시면 라면을
끓여 오라는 둥 물을 가져오라는 둥 어디서 배웠는지 모를 못된 버릇을 여
동생에게 부리곤 하였다. 그러면서도 매번 남동생이나 형이 있으면 재미
있게 놀 텐데 하필이면 여동생이 태어나서 같이 놀지도 못하는지 또 그 이
야기를 하곤 했다. 엄마는 다른 집은 남매끼리 사이도 좋고 서로 이야기도
많이 하고 숙제도 도와주고 그런다는데, 도대체 범수 주변에는 그런 친구
들은 본 적이 없어서 엄마의 이야기는 지어낸 이야기만 같다.

동생의 유언장

어느 날, 학교가 일찍 마치고 집으로 돌아오니 집에 아무도 없었다.
학원가기 전에 시간도 남아서 집에서 뒹굴뒹굴하다가 마침 어제 동
생이 슈퍼에서 사온 과자가 생각이 났다. 기회는 이때다 싶어서 범수
는 여동생 방에서 과자를 찾아서 자기가 다 먹어버릴 생각을 하고 있
었다. 어디다 두었을까 이리저리 방을 살펴보는데, 여동생 책상 앞에
한 장의 종이가 놓여 있었다. 아니 이건 뭐? 그것은 '유언장'이었다.
범수도 초등학교 국어 시간에 유언장을 적어본 기억이 있었다. 여동
생도 그것을 하는 모양이다. 약간 궁금증도 생겨서 여동생이 오는지
문 밖을 쓱 한 번 내다보고는 유언장을 읽어 내려갔다.

나는 곧 죽을 것 같다. 그래서 유언장을 쓴다. 내가 죽는다면, 무덤에 묻지 말고, 납골당에 놓아주길 바란다. 그리고 우선 부모님께 감사한다. 낳아 주시고, 키워 주셔서이다. 부모님이 없었다면 나도 없었을 것이다. 그리고 그동안 가족들과 함께했던 추억, 친구들과 함께했던 추억을 잊지 않을 것이다. 소중한 추억들을 가슴 깊숙이 묻고 갈 것이다. 그리고 친구들에게도 고마움을, 미안함을 전하고 싶다. 내가 기쁠 때나, 슬플 때나 위로가 되어준 건 친구들이었던 것 같다. 그리고 친구들이 잘 살길 바란다. 어떻게 될지 모를 세상에서 잘 적응하며……. 그리고 제대로 말 못 했던 부모님께 미안함과 고마움과 언제나 사랑한다는 것을 말씀드리고 싶다. 그리고 우리 오빠……. 부끄럽다는 이유로 잘 표현하지 못했었는데, 이 말을 안 하고 가면 죽어서도 후회할 것 같아서 한다. '오빠, 오빠가 있어서 나는 늘 마음이 든든했고, 오빠가 앞으로 가족들을 잘 지켜줄 것 같고, 유치원 다닐 적에 다른 친구들이 나를 놀릴 때, 오빠가 그 친구들을 혼내 준 것을 기억하고 있어. 오빠도 말은 안 하지만 나를 많이 생각하고 있다고 생각해. 그때 오빠가 너무 고마웠어. 그래서 오빠의 말을 잘 듣기로 결심했거든. 그래도 한 번씩 그 생각을 잊어버리고 심부름을 잘 안 해줬던 것 너무 미안해. 중학생이 되어서 많이 피곤하고 힘들어 하는데 내가 잘해 주지도 못해서 또 미안해. 그리고 오빠, 너무 사랑해.' 나, 나는 이제 죽는다. 모두들 행복하게 사시길 바란다. 아이, 사실은 죽고 싶지 않은데, 이런 걸 왜 숙제로 내는 거지?

가상이지만 죽음을 앞두었다고 생각하고 쓴 여동생의 유언장의 내용의 대부분이 범수에 관한 이야기였다. 범수는 그 유언장을 보고 갑자기 울컥한 마음을 감출 수 없었다. 아, 괜히 봤다는 생각도 들었지만, 그래도 동생의 진심을 알게 되었다는 생각에 자신도 미안하고 고마운 마음이 들었다.

하나뿐인 내 여동생

여동생의 책상 서랍에 삐죽 튀어나온 과자 봉지를 보았지만, 오늘은 차마 그것을 먹을 수가 없었다. 오빠라고 과자 한 번 사준 적이 없었는데, 만날 빼앗아 먹을 궁리만 하는 것이 조금 미안해졌다. 저녁에 온 가족이 모였다. 밥을 먹고 엄마가 여동생 방에 잠깐 들어가셨다 나오더니, "기지배, 여자애 방이 이게 뭐야, 돼지우리도 아니고. 얼른 방 청소 좀 해." 하시며 여동생의 등짝을 한 대 때리시는데 갑자기 범수의 마음이 아팠다. "아, 엄마 왜 애를 때리고 그래. 내 방보다 깨끗하구만." 갑자기 놀라시는 엄마와 같은 반응을 보이는 여동생. 평소답지 않은 범수의 행동에 엄마와 여동생은 물론 범수 자신도 깜짝 놀랐지만 범수는 동생 방에 들어가 방바닥에 있는 쓰레기를 버려 주고 걸레를 빨아 닦아 주기까지 했다. 동생과 엄마는 '우리 오빠가 했어요.'라며 좋아했다. 괜히 멋쩍어진 범수. 유언장만 안 봤어도 이러지는 않았을 텐데, 어쨌든 유언장 덕분에 여동생에게 당분간은 엄청 잘해 줄 것 같다. 그러면서 범수는 함께 축구나 게임도 할 수 없는 여동생이지만 남매가 친하게 지내는 방법을 찾아봐야겠다는 생각을 해본다.

중학생, 학부모와 살아가기!

✌ 중학생이 가장 듣고 싶어하는 말

+ 너는 할 수 있어!
+ 너 성격 좋다.
+ 사랑해!
+ 고마워!
+ 오늘 기분 좋아 보인다.

✗ 중학생이 가장 듣기 싫어하는 말

+ 집에서 그렇게 가르쳤냐!
+ 나중에 커서 뭐가 되려고 그러니?
+ 너 어쩜 그러냐!
+ 컴퓨터 그만하고 공부 좀 해라!
+ 옷이 그게 뭐니?

 **부모님이 가장 듣고 싶어하는 말**

✚ 애를 참 잘 키우셨어요!
✚ 엄마, 아빠 사랑해요!
✚ 어머니(아버지) 존경합니다.

✖ **부모님이 가장 듣기 싫어하는 말**

✚ 엄마가 해준 게 뭐가 있어!
✚ 잘 알지도 못하면서!
✚ 엄마(아빠)는 왜 그렇게 무식해?
✚ 선생님이 내일 오시래요.

무엇이든 물어보세요
방과후교실

미래의 멋진 나를 위한 한 걸음

06

인터넷 강의를 듣기 위한 엄마 설득 작전

학원 가기 싫어

요즘 들어 정훈이는 부쩍 학원에 가는 것이 싫어졌다. 자신의 수준보다 좀 더 높게 가르치는 부분이 있어서 따라가기 힘든 점도 있고, 과다하게 많은 학원 숙제도 부담스러웠다. 게다가 밤늦도록 하는 자습 시간에는 친구들이 계속 장난을 치고 말을 걸어오기 때문에 시간 활용에도 좋지 못하다는 생각이 들었다. 그리고 학원이라는 것에 얽매이는 것 자체에 거부감이 느껴졌다. 하지만 학원에 가지 않으면 곧 공부를 하지 않는다는 것이라고 믿으시는 엄마에게 무작정 학원을 그만둔다고 말할 수는 없었다. 하루하루 괴로운 이 시간을 어떻게 하면 해결할 수 있을까? 몇 날 며칠 고민을 한 끝에 도달한 결론은 '인터넷 강의'였다. 인터넷 강의는 학원보다 훨씬 가격 부담도 적고, 선생님과 강의 내용을 선택해서 듣고 싶을 때 들을 수 있기 때문에 정훈에게는 딱일 것 같았다. 좋았어! 바로 이거야!

그날 밤, 학원에서 돌아와서 엄마와 이야기를 나누면서 정훈이는 그동안 힘들었던 학원 생활에 대해 이야기를 했다. 그리고 자신은 '인터넷 강의'를 듣고 싶다는 이야기를 조심스럽게 꺼내 보았다. 이야기를 꺼내자마자 "안돼!"를 외치는 엄마! 사실 이런 엄마의 반응을 전혀 예상하지 못한 것은 아니었다. 컴퓨터를 켰다 하면 한 시간이고 두 시간이고 게임이나 서핑을 하는 정훈이를 엄마는 너무 잘 알고 있었던 것이다. 시험 주간에는 모니터 앞에 '컴퓨터 금지 기간'을 정하고 하지 못하게 했던 엄마였다. 하지만 정훈이가 계속해서 학원 공부의 고충을 이야기하자 엄마는 주변 사람들에게 '게임 좋아하는 아이들에게 '인강'은 위험하다.' 는 이야기를 들었다고 하셨다. 엄마는 서로 좀 더 고민해 보는 시간을 갖자고 말씀하신다.

인강 들어 볼까?

정훈이는 이제 어떻게 하면 엄마를 설득할 수 있을까 고민을 하기 시작했다. 친구들에게 조언도 구해보는데, 역시나 제대로 하는 친구보다는 못하는 친구들이 많았다. 인강을 들으려고 컴퓨터를 켜면 어쩔 수 없이 게임과 인터넷 서핑의 유혹을 뿌리치기가 쉽지 않다는 이야기였다. 게임 때문에 성적이 바닥이 되어 버렸다는 왕년의 전교 1등형 이야기도 나왔다. 하지만 정훈이는 자신만큼은 잘해 보고 싶은 마음이 충만했다. 인터넷 강의가 좋지 않다면 이렇게 많은 인터넷 강의가 생겨날 수는 없을 것이라고 생각했던 것이다.

정훈이는 인터넷 강의를 잘 활용하면 좋은 성과를 낼 수 있다는 것을 스스로 증명해 보이고 싶었다. 친구들의 이야기를 종합해 '인강'이 독이 될 수밖에 없는 요인들을 정리하고, 엄마가 우려하는 일이 어떤 것인지 적어 보았다. 그리고 현재 '인강'을 듣는 친구들 중에서 '인강'의 장점을 찾아보고, '인강 사이트'에서 말하는 '인강'의 장점에 대해서도 연구하기 시작했다. 지피지기면 백전백승! 목마른 사람이 우물을 판다고!

정훈이의 '인강' 듣기 수칙

❶ '인강'에만 너무 매달리지 않는다. 정해진 시간 동안만 듣고, 철저한 자습을 병행한다.

❷ 실현 가능하고 구체적인 학습 계획표를 작성해서 공부를 하고, '인강'을 듣는 스케줄도 철저히 미리 계획해 놓는다.

❸ 컴퓨터에 저장되어 있는 게임과 게임 바로가기와 메신저들을 영구 삭제한다.

❹ 엄마가 원한다면 시중에 유통되고 있는 'PC 지킴이' 유료 프로그램을 설치하거나, 컴퓨터 자체에서 실행할 수 있는 방법으로 자주 가는 인터넷 검색 엔진을 차단해 놓는다.

❺ 시작 페이지는 인터넷 강의 홈페이지로 해 놓는다.

❻ 수준에 맞는 강의를 선택하고, 실제로 학원에서 강의를 듣는 기분으로 수업 준비가 된 상태에서 바른 자세로 '인강'을 시청한다.

❼ '인강'을 들으면서 멍 때리는 것을 방지하기 위해 철저하게 필기를 한다.

❽ '인강'을 다 듣고 난 후에, 반드시 복습하고, 문제 풀이를 한다.

❾ 모르는 문제나 의문이 든 것이 있으면 '인강 게시판'에 올려서 답을 기다린다.

❿ 주말에는 주중에 들었던 '인강'들을 필기하지 않고 빠른 배속으로 들으면서 다시 한 번 리마인드 한다.

⓫ 못 견딜 정도로 게임이 하고 싶으면 떳떳하게 PC방에 가서 한다. 내 컴퓨터는 '인강' 전용으로 원칙을 깨지 않고 잘 보존한다.

⓬ 한 강의가 다 끝나면 엄마와 함께 외식을 한다.

⓭ 이 모든 것을 한 달의 테스트 기간을 거쳐서 앞으로 계속할 것인지 정한다.

오늘, 정훈이는 드디어 '인강'의 장단점을 정리한 '보고서' 작성을 끝냈다. 이렇게까지 준비했는데 엄마도 더 이상 어떻게 하지 못할 것이다. 후훗.

엄마에게 정훈이가 그동안 정리한 것을 내놓자, 엄마 눈이 휘둥그레졌다. 정훈이가 '인강' 듣기를 원하면서 자기 주도 학습에 대해 철저히 자료를 준비해 놓은 것을 보니까, 정훈이 철부지 초등학교 때와는 달리 많이 컸다는 생각이 든다. "이 녀석, 이렇게 준비한 정성으로 공부하면 정말 잘할 수 있겠네. 아니 공부 말고도 어떤 일이라도 말이야. 엄마 완전 감동 받았네." 엄마는 뿌듯해 하시며, 정훈이의 다부진 각오를 믿어 보기로 했다. 새로운 방법으로 정훈이가 스트레스도 받지 않고 스스로 공부를 잘할 수 있다면, 그것보다 더 좋은 것은 없을 테니까 말이다. "계획만 장황하지 말고, 잘 실천하도록 해봐. 한 달 뒤에 어떻게 될 지 모르니까 말이야." 엄마는 아무래도 13번이 가장 마음에 드셨나 보다. 어쨌든 엄마를 설득시키는 데 성공!

02 학원, 애매한 거 정리해 주세요

학교 정문은 북새통

조용했던 동네가 떠들썩해지는 시간. 새까만 중학생들이 정문을 빠져 나오는 하교 시간이다. 이때만 되면 동네가 시끄러워지고 조용했던 문구점과 편의점들은 몰려드는 손님들로 활기를 띠기 시작한다. 하지만 학교 정문에는 학교를 신나게 빠져 나오는 중학생만 있는 것이 아니다. 아이들을 데리러 온 학원차와 학원을 홍보하러 나온 사람들로 언제나 북적인다.

등곳길도 마찬가지이다. 사은품도 실용적이고 약간의 고가품도 주는 학원도 있다. 잘만 하면 학교 오고 가면서 사은품을 몇 개씩도 챙길 수가 있다. 중학생이 유일하게 VIP 고객 대우를 받을 수 있는 곳, 바로 영, 수 학원이다. 학원들은 수강생 늘리는 일과 기존 수강생 꼭 붙들어 놓는 일에 혈안이 된 것 같다. 범수도 친구들과 함께 학교를 빠져 나와 초등학교 때부터 다녔던 학원으로 발길을 옮기고 있었다.

소문 무성한 학원들

범수 친구들 사이에 유명한 학원이 몇 개 있었다. 유명한 이유는 가지각색인데, 아무 학원의 무슨 과목 선생님이 진짜 잘 가르치신다더라, 아무 학원의 어떤 선생님은 간식을 많이 쏜다더라, 어떤 선생님은 개그가 쩐다더라, 어떤 학원은 여름방학에 캐리비안 베이를 간다더라, 어떤 학원에 학교 얼짱이 다닌다더라 등 다양한 이유들로 학원에 관련된 리뷰들은 정말 끝도 없었다. 공부 말고 다른 이유로 학원에 갔다가 금방 나오면서 유명세를 톡톡히 치르는 학원들도 많았다.

이런 학원의 폭풍 속에서 범수는 초등학교 때부터 줄곧 다녀온 학원에 대해 다시 한 번 생각해 보았다. 요즘 들어 부쩍 분위기가 좋지 않고, 너무 친한 친구들이 많다보니 공부보다는 오히려 놀러 간다는 인식이 커지면서 계속 이 학원을 다녀야 하는지 고민이 들었던 것이다. 오랫동안 다녀서 선생님들과도 많은 정이 들었고, 그만둔다고 하면 분명 서운해 하실 것 같은데, 성적도 계속 오르지 않으니까 좀 더 좋은 학원에 가고 싶다는 생각이 불쑥불쑥 들기 시작했다.

사촌 형이 들려준 학원 정하기 노하우

❶ 학원을 최선의 방법으로 생각하지 말고, 일단 학교 수업과 과제 능력들을 스스로 점검한다.

❷ 자신이 부족한 과목에 대한 정확한 파악을 해본다.

❸ 친구들이 말하는 고가의 학원에 휘둘리거나 흔들리지 않아야 한다. 학원은 공부에 있어 절대적인 필요 요소는 아니다. 중학교는 자기의 학습 상태가 공부를 좌우하는 경우가 많다.

❹ 학원을 정하기에 앞서 학교에서 할 수 있는 프로그램들을 파악한다.

❺ 학원을 다니기로 결정했다면, 종합반을 다닐 것인지, 단과반을 다닐 것인지를 정한다. 보통 영, 수만 전문으로 하는 학원도 있고, 전 과목을 하는 학원도 있지만 굳이 혼자 할 수 있는 과목까지 학원을 다닐 필요는 없다.

❻ 주요 과목 말고도 도움이 필요한 과목이 있다면 그 과목만 들을 수 있는 학원을 찾아보는 것이 좋다.

❼ 수강 인원이 너무 많은 학원보다는 10~15명 안팎의 정원이 수업을 들을 수 있는 학원을 선택하는 것이 좋다.

❽ 학원을 바로 등록하지 말고, 수업 하나를 청강할 수 있도록 요청한다. 맛보기 수업이 있다면 그것을 활용해서 판단해 본다.

❾ 시간, 체력적인 소모를 줄이기 위해서 집과 학교에서 멀지 않은 곳을 선택하는 것이 좋다.

❿ 성실한 친구와 함께 다니는 것은 동기 부여도 되고 공부를 하는데 많은 도움을 받을 수 있다.

주말에 사촌 형이 모처럼 놀러 왔다. 범수는 사촌 형에게 학원에 대한 고민을 털어 놓았다. 사촌 형은, 광고와 친구들의 입소문으로 학원을 정하는 경우들이 많이 있지만, 학원을 정하는 노하우가 따로 있다고 말해 주었다. 범수는 구체적으로 형의 노하우를 전수 받고 싶었다. 형, 자세히 좀 알려줘!

범수는 사촌 형이 들려주는 '학원' 이야기를 들어 보니 자신이 그동안 너무 단순하게 여겼다는 생각이 들었다. 친구들은 너도나도 학원비가 얼마라며 자랑하듯이 이야기하고, 큰 학원에 다니는 애들을 보니, 작은 학원을 다니는 자신이 보잘것없이 여겨진 것도 사실이었다. 그래서 학원을 옮기고 싶다는 생각이 컸는데, 학원을 옮기더라도 신중한 선택을 하지 않으면, 괜히 부모님께 죄송한 일만 될 것 같다. 오늘 형에게 전수받은 '학원 선택 노하우'를 바탕으로 하나씩 살펴보면서 판단해야 할 것 같다.

정작 나에게 필요한 공부가 무엇인지도 모르고 막연하게 학원을 옮기려고 했던 자신의 모습이 부끄럽다는 생각이 들었지만, 이렇게 다른 사람들의 조언을 들으면서 생각이 조금씩 깊어지는 것이 아닐까? 부족한 나의 그릇에 차곡차곡 삶의 노하우들이 채워져 갔으면 좋겠다. 형, 고마워!

03 방과 후 학교 100배 활용하기

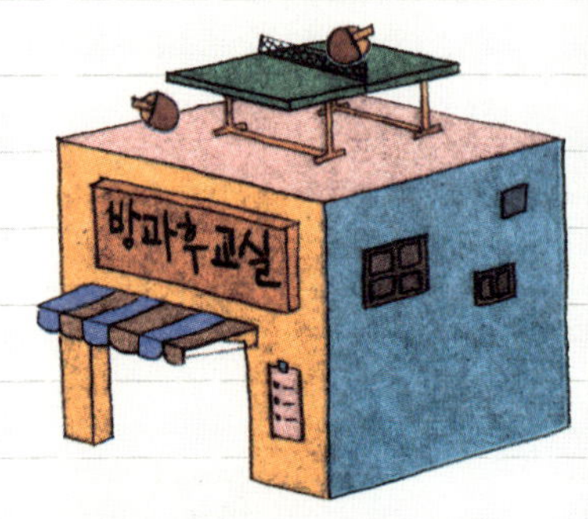

최초의 면접?

원재는 오늘 방과 후에 면접을 보기로 했다. 태어나서 처음 보는 면접이다. 중학생이 되니 방과 후 학교 활동이 초등학교에 비해서 많이 활발했다. 많은 프로그램 중에서 담임선생님은 원재에게 '꿈나무 아카데미'를 추천해 주셨다. 귀띔으로 '무료'라는 말씀에 원재는 왠지 마음이 끌렸고, 학교 끝나고 집에 혼자 있는 것도 싫었기 때문에 선뜻 하겠다고 했다. 그러자 담임선생님께서는 수업이 끝나면 복지실 선생님께 가보라고 하셨다. 중학생이 되니 학교에 복지실 선생님이 계시는 것도 특이했는데, 무료로 공부를 배울 수 있는 곳이 있어서 원재는 좀 놀랐다.

원재네 가정은 몸이 좋지 않은 아버지를 대신해서 엄마가 혼자 돈을 벌고 있었고, 지금까지는 방과 후에 집에서 종일 컴퓨터만 하면서 지냈기 때문에 성적이 좋지 않았던 것이 사실이었다. 복지실 선생님은 형편이 좋지 못한 친구들을 많이 신경 써 주셨기 때문에 벌써 복지실 선생님과 고민 상담까지 하는 친구도 있었다. 마음 따뜻한 복지실 선생님과 관련된 곳이라면 원재도 좋을 것 같았다. 그런데 '꿈나무 아카데미'에서 면접을 본다고 하니까 마음이 두근두근하다. 어떤 걸 물어보시려나? 말썽 안 피우고 열심히 한다고 하면 되는 건가?

수업 후 복지실에 도착해 보니 같은 반 창윤이도 있었다. 선생님은 '꿈나무 아카데미'에 대해 자세하게 설명해 주셨다. 학교에서 시행하는 방과 후 학교는 교내에서 이루어지는 방과 후 학습과 교외에서 이루어지는 학교 지정 방과 후 학교가 있다. 지역사회에서 학교에 지원해 주는 사업과 연결되어 있는 것으로 비영리 재단에서 운영하는 곳과 기타 보조를 받는 사설 학원 등이 방과 후 학교로 지정이 되어 있는데, '꿈나무 아카데미'는 비영리 재단에서 운영한다고 하셨다. 모든 중학교에 복지실 선생님과 지역 연계 방과 후 무료 학습 지원 센터가 있는 것은 아니지만, 우리 학교에는 시행이 되고 있고 요즘 다른 중학교들도 많이 증가하는 추세라고 한다.

학교 지정 방과 후 학교에 지원을 할 수 있는 학생은 일정한 자격 요건을 갖춰야 하는데 원재도 창윤이도 해당이 되니까 열심히 다니기만 하면 된다고 하셨다. 그곳에 가면 친구들도 많이 있고, 저녁밥까지 주는 혜택도 있었다. 완전 감탄이었다. 참, 그런데 면접! 선생님, 면접을 본다면서요? "아, 거창하게 생각하면 면접이지만, 그곳에 계신 선생님들이 너희들이 와서 열심히 할 건지 다짐을 받아 두고 싶어 하셔서 생긴 자리란다. 너무 부담을 갖지는 말고. 반 편성 하려면 약간의 테스트를 할 수도 있을 거야." 테스트라는 말에 조금 당황스럽긴 했지만, 반 편성을 위한 것이니까 그냥 솔직하게 해야겠다는 생각이 들었다.

드디어 '꿈나무 아카데미'에 갈 친구들이 모두 모이고, 복지실 선생님과 함께 학교에서 그리 멀지 않은 그곳으로 향했다. 도착한 '꿈나무 아카데미'는 생각한 것보다 규모도 크고 시설도 좋았다. 그리고 이미 2학년, 3학년 선배들이 공부를 하고 있었다. 뭔가 설레는 느낌이 있었다. '꿈나무 아카데미' 선생님들과 약간의 면접을 거친 후, 우리는 시설 구경에 나섰다. 창윤이는 사실 '직접 본 후에 마음에 안 들면 안 갈 것'이라고 했지만, 직접 보더니 마음에 드는 눈치다. 원재 또한 이렇게 좋은 기회를 놓칠 수가 없었다. 선배들과도 친해질 수 있는 시간도 생길 것 같고, 집에 있으면 외로웠던 시간들이 이곳에서는 즐겁게 보낼 수 있을 것 같았다. '드디어 나도 학원에 다니는구나!'라는 생각에 신이 나기도 했다.

원재는 워낙 공부가 바닥이었기 때문에 갑자기 공부를 많이 하는 것이 익숙하지는 않았지만, '꿈나무 아카데미' 선생님들이 친절하게 잘 가르쳐 주셔서 조금씩 해 나가고 있었다. 시간이 지나면서 '꿈나무 아카데미'는 원재의 중요한 생활이 되었다. 그곳에서 저녁을 먹고 나면, 형들과 함께 농구도 하고, 탁구도 칠 수 있어서 너무 좋았다. 학교가 끝나면 아직 '꿈나무 아카데미' 수업 시간이 되지 않아도 미리 가서 친구들과 놀기도 하고, 선생님들과 상담도 하곤 했다. '꿈나무 아카데미'는 봄과 가을에 소풍도 가는데 즐거운 바비큐 파티도 있었다. 이젠 '꿈나무 아카데미'가 없는 원재의 삶은 무미건조할 것 같은 생각이 들 정도였다.

그러던 어느 날, '꿈나무 아카데미'가 시끌벅적했다. 무슨 일인가 싶어서 보니, 모르는 형, 누나들이 이곳에 온 것이다. 누구지? 궁금해 하는데, 선배 누나들이 반갑게 맞이하는 것을 보니 졸업생 형, 누나들인 것 같았다. 선배들은 '중학교 때 이곳에서 받았던 사랑이 너무 컸다'며 스승의 날을 맞이해 선생님들께 인사하러 온 것이었다. 게다가 지금 중3 형, 누나들에게는 진학 조언도 해준다고 했다. 이곳에서 공부했다는 형, 누나들을 보니 신기하고, 나도 저런 때가 올까 하는 생각도 들었다. 어쨌든 분명한 것은 나도 나중에 내가 받은 큰 사랑을 되돌려 줄 수 있는 때가 왔으면 좋겠다는 것이다. '꿈나무 아카데미 파이팅!'

04

특기 적성 시간에 현모양처를 꿈꾸다

특기, 적성 교육?

학교에 현수막이 걸렸다. 이번 학기에 특기 적성 교육을 모집하는 공고가 크게 걸린 것이다. 용선이는 모집 공고를 자세히 읽어보기 시작했다. 요리, 논술, 헤어디자인, 방송댄스, 보컬, 플루트 연주……. 와, 정말 다양하고 많았다. 작년에 용선이의 연년생 언니가 요리실습에 푹 빠져서 집에 매일 직접 만든 빵을 가져왔던 생각이 났다. 용선이도 언니처럼 빵 만드는 것을 너무 해보고 싶었는데, 드디어 기회가 왔다. 빵집에 들어가면 풍기는 고소한 향기를 떠올리니 벌써부터 행복해진다. 언니보다 더 맛있게 만들어야지. 각오도 대단했다.

공부보다는 요리하는 것이 더 재밌는 용선이. 학교는 공부만 하는 곳이라는 생각이 들어서 너무 재미없었는데, 학교에서 요리를 할 수 있다는 생각을 하니 앞으로 등교가 더욱 기다려질 것 같다. 지난번에 선생님께서 설명해 주신 내용은, 특기 적성 교육은 학교에서 하는 방과 후 학교 중의 하나인데 저렴한 수강료를 지불하고 학교 교사들이나

외부의 강사를 초청해서 수업을 듣는 것이라고 하셨다. 물론 특기 적
성 교육에는 교과 부진 학습도 있어서 부족한 과목을 배울 수 있는 기
회도 있지만, 용선이는 교과 외에 취미를 살릴 수 있는 '요리'를 하기
로 마음먹었다. '요리'라면 빡빡한 학교생활에 아름다운 꽃이 될 수
있을 것 같다. 당장 선생님께 가서 '요리' 수업을 신청하겠다고 말씀
드려야겠다. 아차차! 혼자 하면 그래도 좀 심심할 수 있으니까 승혜
를 꼬셔 볼까?

한번 해볼 테다

용선이는 쉬는 시간에 옆 반에 있는 소꿉친구 승혜를 급한 듯이 불렀
다. 어리둥절해 하며 나오는 승혜에게 "너, 특기 적성 뭐 할 건지 골
랐어?" "아니, 근데 그거 꼭 해야 하는 거야?" "그런 건 아닌데, 보니
까 재밌는 거 많이 있더라고. 그리고 너랑 하고 싶은 게 있어
서 말야." "나랑? 뭐?" "요! 리!" "아, 그래? 그런
게 있었나? 나도 요리에 관심 많은데?"
사실 승혜는 담임선생님으로부터 특기 적성 수
업에 관한 이야기를 듣고, 뭘 해볼까 고민을 하고 있던
중이었다. 그런데 수업의 종류가 너무 다양해서 선뜻 판단
이 서질 않았다. 짝꿍 범수는 '축구 교실'을 한다고 설레발이
었는데, 그런 모습을 보면서 나도 뭔가 뚜렷하게 하고 싶은
것이 있으면 좋겠다고 생각했었다. 그런데 단짝이자 소꿉
친구인 용선이가 요리를 추천하는데, 생각해 보니 재미도
있을 것 같고, 용선이랑 하면 더 좋을 것 같아서 흔쾌히 동
의했다. "알겠어! 나도 그럼 담임선생님께 '요리' 신청할

게. 근데 우리 진짜 잘할 수 있을까?" 승혜가 걱정 반, 설렘 반으로 용선이에게 되물었다. "승혜야, 우리 나중에 커서 결혼하기 전까지 같이 살기로 했잖아. 그때 나만 요리할 수는 없지 않겠어? 너랑 나랑 잘 배워서 돌아가면서 하자고. O.K.?"

금요일은 맛있는 냄새가 폴폴

첫 '요리' 수업이 있던 날, 용선이와 승혜는 긴장된 표정으로 가사실 문을 열었다. 수업 시작할 무렵이 되자 한 스무 명 정도 되는 아이들이 모였다. 보통 특기 적성 교육은 평일 수업 후에 이루어지는데, 일주일에 한 번에서 세 번까지 하는 것으로 다양하다. 요리는 일주일에 한번뿐이어서 아쉽기는 하지만 그래도 용선이가 제일 좋아하는 금요일에 하게 되어서 너무 좋다. 여자 아이들만 많을 줄 알았는데, 간간히 남자 아이들도 있었다. 다른 반 친구들과도 친해질 수 있는 기회가 될 수 있을 것 같았다.

외부에서 온 요리 선생님께서 '앞으로 약 두 달에 걸쳐 매주 한 번의 요리 실습을 한다.'고 설명해 주셨다. 요리는 정성과 사랑이 들어가

야 맛있으니까, 요리 실습하는 날은 언제나 즐거운 마음과 친구들을
사랑하는 마음으로 오라고 하신다.

용선이와 승혜는 왠지 신이 났다. 학교에서 '요리' 실력을 갈고 닦아
서 집에서도 부모님께 요리를 해드리고 싶은 생각도 든다. "요리사
가 꿈인 친구들도 있을 텐데, 그 친구들은 더욱더 열심히 해야겠지만,
그렇지 않은 친구들도 '요리'는 언제나 우리와 가까이 있는 것이니까
이 시간만큼은 공부만 하던 일상에서 벗어나 행복한 시간으로 보내
봐요."

용선이와 승혜는 아직 구체적인 꿈은 없지만, 선생님의 말씀처럼 행
복한 마음으로 이 시간을 배우고, 혹시 소질이라도 있으면 꿈으로?
이런 즐거운 생각을 해보며 본격적으로 요리를 만들 다음 주를 벌써
부터 기다린다. 용선이와 승혜의 금요일은 이제 맛있는 냄새가 폴폴
나는 행복한 시간이 될 것이다.

05

대학생 멘토링

친오빠가 있었으면……

민주의 소원은 절대 이루어질 수 없는 것이었다. 소원이 '친오빠'이기 때문이다. 오빠가 있는 애들 말로는, 오빠라고 하나 있는 게 만날 괴롭히기만 한다고 하던데, 그래도 민주는 오빠가 필요했다. 요즘 학교는 다양한 복지 프로그램 신청으로 시끌벅적대는데, 민주는 무엇을 해야 하나 고민하다가 며칠 전에 은지 언니에게 들은 '대학생 멘토링'이 생각이 나서 그것을 신청했다. 은지 언니 말로는 대딩 오빠들이랑 함께 과외처럼 공부를 하는 거라고 하던데, 그럼 혹시 정말 훈남 오빠가 나를 가르쳐 줄 수 있지 않을까? 민주가 요즘 순정만화와 로맨틱 소설에 빠져 있더니, 생각이 아주 딴 데에 집중이 돼 있는 것 같다. 멘토링의 목적은 부진한 학습을 도와주고 함께 다양한 체험 활동과 문화 활동을 하는 것이라고 한다. 이 모든 것을 대딩 오빠와 할 수 있다면 정말 너무 재미있을 것 같았다. 공부하는 것만 쏙 빼면 더 좋을 텐데……. 민주는 정말 멘토링이 기대가 되었다.

애정녀, 멘토링 좀 알려 주세요

민주는 수업이 끝나고 얼른 은지 언니 교실을 찾아갔다. 대학생 멘토링을 선택한 이상 좀 더 구체적으로 들어야 할 것 같았다. 혹시 민주가 준비해야 하는 것들은 없는지, 이럴 때는 선생님보다 한 번 경험해

본 선배의 말이 백번 리얼할 거다.

언니를 보자마자 거두절미하고 물어보았다. "언니, 나 멘토링 신청했거든. 저번에 언니가 살짝 이야기한 것 듣고 신청은 했는데, 좀 구체적으로 어떤 건지 듣고 싶어서." "아, 멘토링 신청했구나. 잘했어. 언니도 1학년 때 멘토링 했었거든. 어떤 학교는 방학 때만 멘토링 하는 곳도 있고 학기 중에도 하는 곳이 있는데, 다행히 우리 학교는 학기 중에도 할 수 있는 멘토링이야. 우선 공부는 집에서 하거나 학교에서 하거나 두 가지를 선택할 수 있는데, 언니는 학교에서 했어. 1주일에 한 번씩 대학생이 와서 주요 과목을 가르쳐 주는데, 시험 주간에는 전 과목 힌트를 받을 수도 있어. 크크크. 그리고 놀토 때는 가끔 같이 공연도 보러 가고 그랬어. 진로에 대한 고민 상담도 잘해 주시고 말이지. 난 대학교 구경하고 싶다고 졸라서 대학교 캠퍼스에도 가보고 그랬지. 나름대로 재미있었던 것 같아. 사실 나이 차이도 심하게 안 나니까 마음도 잘 맞고, 공부도 꽤 잘 가르쳐 주고 말이지. 그리고 방학 때는 멘토링 캠프라고 해서 멘토링하는 대학생들하고 우리들하고 함께 캠핑 가는 것도 있어. 내 생각에는 멘토링 좋은 것 같아. 참, 근데 내 친구 경재 있잖아. 걔는 멘토링 몇 번 하다 말았거든. 멘토였던 대학생이 좀 많이 바빴나 봐. 수업을 좀 빼먹기도 하고 그랬대. 그리고 경재도 숙제도 잘 안 해오고 말도 잘 안 듣고 그랬대. 경재는 그래서 멘토링 하다가 방과 후로 돌렸어. 그러니까 좋은 멘토를 만나야 하고, 너도 멘토샘의 말을 잘 듣고 하는 게 중요할 것 같아." 우와, 그렇구나, 언니 이야기 너무 고마워요. 민주는 언니의 이야기를 듣고 나니 이제 좀 실감이 났다. 멘토링이 어떤 건지 막연했는데 말이다.

드디어 멘토링 하는 날

드디어 멘토링 첫날, 민주는 대딩 선생님 얼굴을 볼 수 있는 기대감에 마음이 부풀어 올랐다. 민주 평생에 잘생긴 친오빠 하나 갖고 싶었던 바람이 간접적으로 이루어지는 것은 아닐까? 집에 가면 엄마 잔소리에, 줄줄 딸린 초딩 동생들만 돌보느라 서러웠던 민주에게 멘토링 시간은 꿈같은 시간이 아닐까? 그리고 대딩 오빠한테 잘 보여서 대딩들이 우글우글한 대학교도 한번 구경시켜 달라고 해야지. 사실 안 그래도 키도 크고 잘 빠진 민주를 보고 대딩이냐는 사람들도 있었는데, 도통 대딩의 정체가 뭔지 민주는 알지도 못했다. 이참에 대딩의 세계에 대한 궁금증도 낱낱이 해결해야겠다. 룰루루. 대딩 선생님이 오는 소리가 들린다. 두구두구두구두구-. 헐, 뭐야. 잘못된 거 아냐? 민주가 본 것은 대딩 핸섬 오빠가 아닌, 언니였다. 으악, 좌절이다. 오빠를 원했는데, 대 실망이었다.

하지만 잘 보니 착하게 생기고, 환한 미소를 띠고 있는 언니의 얼굴이 민주의 마음을 끌었다. 왠지 후광도 비춰지는 것도 같았다. 언니, 아니 선생님 안녕하세요? 내가 공손하게 인사를 하자 웃으면서 "그냥 언니라고 해도 돼."라고 하면서 따뜻하게 대해 주었다. 그래. 오빠가 아니면 어떠냐? 언니도 없는 민주였으니 언니가 생긴 것을 감사하게 생각하자 하고 마음을 추스르는데, 헉! 언니의 전공이 수학이라고 한다.

첫 시간부터 수학을 하려고 하는 언니, 생긴 건 국어샘인데, 내가 제일 싫어하는 수학을……. 수학 시간마다 시킬까 봐 맘 졸이면서 살아서 스트레스가 넘쳤는데, 또 그 고통의 시간을 매주 두 번 더 겪어야 하는 것인가. 민주는 한숨만 나왔다. 그래도 다행인 것은 학교 샘처럼 무서운 호랑이는 아닐 테니 좀 덜하겠지 싶었다. 그리고 학교 샘도 아닌데, 잘 못 풀어도 둘이 하는 거니까 그렇게 창피하진 않겠지 싶었다. 에엣, 맘 고쳐먹고 이참에 수학을 좋아해 봐? 생각은 발전에 발전을 거듭해 여기까지 이르렀다. 민주가 생각해도 정말 바람직한 발전이었다. 솔직히 아직 중학교 1학년인데 수학을 좋아하진 않지만, 일찍 포기하고 싶은 마음도 없다. 언니처럼 좋은 대학교 대딩이 돼 멋진 남자 친구도 사귀고 싶은 것도 사실이고. 뭐 까짓것 부담 없이 모르는 것 팍팍 물어보고 그래야겠다. 이야기를 하다 보니 이 언니, 나랑 말도 잘 통한다. 좋아하는 연예인도 같고 말이다. 수학 공부 잘 하면 같이 콘서트도 가자고 한다. 앗싸!

꿈을 꿈꾸며

민주는 멘토링 선생님과 매주 만나서 공부하면서 급속도로 가까워졌다. 언니는 앞으로 소외된 이웃을 위해 할 수 있는 일을 하는 것이 꿈이란다. 그 얘기를 들으니까 왠지 언니가 멋있어 보였다. 언니도 꿈을 꾸고 있지만, 민주도 민주에게 맞는 꿈을 찾기를 바란다는 이야기를 해주었다. 꿈이 생기고 목표가 생기면 뭐든지 열심히 하게 되는 동기가 된다고. 아직 구체적으로 정한 것이 없으면, 언니와 함께 다양한 이야기들을 접하면서 한 발 한 발 찾아 나가자고 하였다. 언니의 이야기를 들으니 언니에 대한 고마운 마음이 생긴다. 그리고 얼른 꿈을 찾고 싶은 마음도 말이다. 그리고 언니가 도와준다면 금방 꿈을 찾을 수 있을 것 같다.

친구 확대를 위한 우월한 종결자, 동아리 활동

동아리 정하기

학기 초, 동아리 가입 시즌이 돌아왔다. 동아리들에 대해 설명하는 선생님의 말씀을 들어보니 초딩 때는 동아리를 아무거나 해도 큰 의미가 없었는데, 중학생이 되니 동아리의 종류도 더 다양해지고 내용도 깊어진 것 같았다. 동아리 활동은 언제 하는 거예요? 재민이의 질문에 선생님께서는 "보통 C.A(Club Activity)라고 하는 동아리 활동은 토요일 전일제 때 하게 되는 경우가 많을 거야. 때에 따라서는 동아리 별로 따로 모이는 시간을 더 가질 수도 있고."라고 대답해 주셨다. "봉사 동아리 같은 경우는 독거노인들을 찾아가는 활동을 많이 하는데, 그때는 학교에서 모이지 않고 밖에서 모여서 가기도 해. 모든 동아리가 꼭 학교에 모여서 하는 것은 아니니까 한번 어떤 것을 할지 관심이 가는 것으로 정해 봐."

재민이는 음악에 관심이 많아서 악기와 관련된 동아리에 들고 싶은 마음이 있었다. 재민이처럼 관심사가 뚜렷한 친구들은 원하는 동아리에 들지만, 많은 친구들은 독서 같은 정적인 동아리 활동을 하기도

한다. 선배들 이야기를 들어보니 중학교 동아리도 정말 활동적인 것
과 그렇지 않은 것으로 나뉜다고 보면 된다고 한다. 동아리는 보통 교
내에 담당 선생님이 계시지만, 활동적인 동아리는 학생들이 주도해
서 진행된다고 했다. 학교에 따라 완전 특색이 있는 큰 동아리들이 있
는데, 재민이네 학교는 '풍물반'이 그런 동아리였다. 재민이는 친구
승윤이와 동아리 순례에 나서기로 했다.

동아리 현장 방문

먼저 풍물반에 가보니 북, 장구, 꽹과리 소리가 넘쳐나는 음악실에 선
배들이 가득했다. 벌써부터 가을에 있을 축제 이야기로 떠들썩했다.
각자 연습하는 소리도 정신이 없었지만 한편으로는 그 소리들에서
심장을 두드리는 힘찬 기운을 느낄 수 있었다. 그 소리를 듣고 있자니
재민이도 얼른 초딩티를 벗고 이 무리 속에서 함께 어울리고 싶은 마
음이 들었다. 다음은 밴드 동아리. 개성 강한 형들이 연습에 열중하고
있었다. 탁구 동아리는 열심히 탁구를 치고 있었고……. 둘러보니 정
말 다 재미있을 것 같았다. 하지만 동아리는 하나밖에 선택할 수가 없
으니 정말 고민이었다. 승윤이는 자신은 탁구 동아리를 들겠다고 한
다. 전부터 배워 보고 싶었는데, 이 기회에 살도 뺄 겸 운동 동아리를
하는 것이 좋겠다고. 사실 승윤이는 거대한 몸매를 자랑하기 때문에
탁월한 선택이라고 여겨진다. 재민이의 마음은 점점 '풍물반'으로 굳
혀져 가고 있었다. 자, 동아리를 관찰했으니 이제 교실로 가볼까? 그
런데 발밑에 커다란 종이가 떨어져 있었다. 재민이와 승윤이는 커다
란 종이를 들고 천천히 훑어보기 시작했다. 이건 뭐지?

여러 가지 이야기들도 실려 있고 선생님들을 재미있게 그린 캐리커
처도 들어 있는 이 커다란 종이는 선배들이 만든 '학급신문'이었다.
만든 지 한참 지나서 학교에서 나뒹굴고 있는 것이 분명했다. 재민이
와 창윤이는 좋은 무언가를 득템한 것처럼 마주보면서 웃고는 선배
들이 만든 학급신문을 들여다보았다. 학급신문에 마침 '풍물반' 동아
리 생활에 대한 선배들의 인터뷰 내용이 있었다.
그래 정했어, 풍물반!

'풍물반' 김은지 인터뷰

Q 풍물반을 들게 된 동기는 무엇인가요?

A 원래 음악을 좋아했고요, 하지만 국악이나 풍물에 대해서는 잘 몰랐는데, 선배들의 소개로 친구와 함께 얼떨결에 들어가게 되었어요.

Q 풍물반에서 맡고 있는 것은 어떤 것이고, 그 악기의 매력은 어떤 걸까요?

A 꽹과리를 맡고 있고요. 꽹과리는 진짜 신나요. 그리고 스트레스를 풀어 주는 아주 좋은 효과가 있어요. 과학적으로 연구해 보고 싶을 만큼 말이죠.

Q 풍물반을 하면서 가장 기억에 남는 일이 있다면요?

A 뭐니 뭐니 해도 학교 축제에서 연주를 했던 것이 가장 기억에 남습니다. 축제에서 보여주기 위해 동아리 친구들과 선배들이 정말 열심히 연습했거든요. 그때 최고의 인기를 자랑하는 밴드부 못지않은 환호를 받아서 우리 가락이 흥겹다는 것을 전했던 일이 너무 뿌듯했습니다.

Q 풍물반을 통해서 얻은 점이 있다면 어떤 것이 있을까요?

A 풍물반 활동은 호흡이 잘 맞아야 하는데요. 각기 다른 사람이 통일된 소리를 보여주는 연습을 할 때, 가장 전율을 느낍니다. 물론 잘 안 될 때는 화도 나고 짜증도 나고 힘도 들지만, 다 같이 열심히 연습해서 환상의 소리가 나면 피로도 다 잊게 될 만큼 좋아요. 그리고 풍물반을 통해서 많은 선배들과 후배들을 알게 되었다는 사실도 기쁘고요. 그리고 뭔가를 배운다는 게 기쁘잖아요?

Q 풍물반의 앞으로의 계획이 있다면요?

A 풍물반은 겨울에 있을 동아리 경연 대회를 준비하고 있어요. 그리고 내년 신입생들을 멘토제로 연습시키기 위해서 선배들이 더 열심히 준비하고 있고요.

Q 마지막으로 풍물반에 들어올 후배들에게 해주고 싶은 말이 있다면?

A 애들아, 풍물반뿐만 아니라 동아리 활동에 적극적이면 좋겠다. 동아리를 하면 새로운 것을 배우는 것도 좋지만, 반 친구들 말고 다른 친구들, 선배, 후배들을 만날 수 있는 기회가 있으니까 좋을 거야. 그리고 동아리 대회를 통해서 좋은 경험도 쌓을 수 있어. 정말 대선배님들 중에는 동아리 대회에서 입상도 하시고 그것을 살려서 전문 국악인이 되신 분도 계신단다. 꿈을 찾는 하나의 기회가 될 수도 있을 거야. 그러니까 동아리 활동 열심히 하렴!

07 특기를 살려주는 인큐베이터, 도서관 사용 설명서

중학생이 된 형석이가 제일 궁금한 것은 학교 도서관이다. 형석이는 소설광이다. 특히 판타지 소설이나 추리 소설들을 무척 좋아한다. 도서관이 없는 초등학교를 다닌 형석이는 도서관이 있는 학교에 다니는 친구들이 무척 부러웠다. 아쉬운 대로 동네에 있는 어린이 도서관을 이용했지만, 학교에 도서관이 있으면 너무 좋겠다는 생각을 갖고 있다.

형석이는 중학교에 입학해서 학교를 살펴보다가 도서관이 있다는 것을 알았다. 생각보다 크고 많은 책들이 있었다. 그리고 책을 보는 사람들도 꽤 많고 분위기도 좋았다. 친구들이 떠들고 놀고 있을 때, 이곳에서 책을 보면 재미있겠다 싶었다. 점심시간에는 좀 더 오랫동안 책을 볼 수 있겠지? 책을 빌려 주는 지도 궁금했다. 도서부 누나에게 물어 볼까?

Tip

도서부 누나가 알려주는 학교 도서관 이용 팁!

❶ 이용 시간 학교에 있는 시간 동안은 언제든지 도서관에 와도 돼!

❷ 출입 시 주의 사항 음식물은 반입 금지! 이건 모든 도서관의 수칙이지.

❸ 도서 검색 방법 도서관에 있는 PC로 책제목, 저자명, 출판사로 검색할 수 있어.

❹ 책 대출, 반납 방법 도서부에게 대출과 반납을 하면 되는데, 대출은 한 사람이 두 권, 1주일 안에 반납해야 해. 제 시간에 반납을 못 하면, 못 한 기간만큼 대출도 금지된다는 사실.

❹ 기타 도서관에 있는 PC로 프린트를 할 수 있어. 두 장만 가능하지만 말야. 그리고 책 읽을 때마다 독서 일지를 써 두면, 나중에 써먹을 때가 꼭 있고, 또 너의 포트폴리오(모음집)로 만들어 놓으면 좋아. 다독자로 선정이 되면 대출 권수가 더 많아진다는 사실!

도서관에 자주 오고 도서부에 들어와, 누나가 잘해 줄게.

또 다른 도서관?

도서부 누나의 친절한 설명으로 도서관에 대한 의문점이 싹 풀린 형석이. 친절한 도서부 누나처럼 도서부에 들고 싶다는 마음이 생겼다. 형석이는 생각보다 즐거운 마음으로 중학교 생활을 할 수 있을 것 같다. 학교를 마치고 집에 가려는데, 새로 사귄 친구 경재가 도서관에 가지 않겠냐고 한다. 엥? 도서관? 어디? 어린이 도서관? "아니, 형석아, 우리 이제 중학생인데 어린이 도서관은 좀 그렇지 않냐? 형들 공부하는 도서관이 있어. 어른들도 오시기도 해."

형석이는 그런 곳이 있는지 몰랐다. 학교가 동네에서 약간 거리가 있었는데, 학교 근처에 구립 도서관이 있었던 것이다. 형석이는 당연히 따라 나선다고 했다. 도착해서 보니 형석이가 초등학교 때 다닌 어린이 도서관과 차이가 있는 큰 규모였다. 게다가 책을 빌리는 곳, 공부만 하는 곳, 영화를 볼 수 있는 곳, 음악 감상을 할 수 있는 곳 등 정말 많은 것을 할 수 있는 장소였다. 어떤 곳에서는 아줌마들이 무언가를 배우고 나오는 듯 쏟아져 나왔다. 구립 도서관에서는 문화 강좌도 많이 열리나 보다. 혹시 학생들이 할 수 있는 것도 있는지 홈페이지 들어가서 한번 알아봐야겠다.

형석이는 드디어 동네를 벗어나 더 큰 세상에 눈을 뜨게 된 것 같은 기분이었다. 형석이가 좋아하는 장르의 책도 잔뜩 있고, 만화책에 잡지책까지 무척 많았다. 어린이 도서관에서 학교 도서관, 거기에서 구립 도서관까지 형석이는 마치 도서관의 진화 과정을 보고 있는 것만 같았다. 혼자 오든, 친구랑 오든 이곳에 있으면 정말 심심할 틈이 없을 것 같다. 경재 덕에 좋은 도서관을 알게 된 형석이가 떡볶이를 쏘겠다고 한다. 둘은 도서관 앞 분식집에서 빨갛고 맛있는 떡볶이를 먹으면서 즐거운 대화를 이어갔다. 경재는 사촌 형 따라서 대학교 도서관에도 가본 적이 있었다고 이야기해 주면서 자기가 다녀본 도서관 스토리를 쫙 회상해 주었다.

"대학교 도서관도 되게 좋아. 일단은 책이 엄청 많아. 잡지는 여기랑 비교도 안될 걸? 그리고 전시실 같은 곳도 있고, 자판기도 엄청 많고, 먹을 거 파는 데도 있고 말야. 나중에 방학하면 자전거타고 한 번 같이 가보자."

형석이와 경재는 한바탕 구립 도서관 투어를 하고, 어둑어둑해질 즈음에 집으로 향했다. 옛날 어린이 도서관보다는 거리가 조금 멀었지만 집으로 향하는 형석이의 발걸음이 가벼웠다.

중학생이 되면서 좀 더 먼 곳의 학교를 다녀도, 초등학교 때보다 다양한 친구들을 만나고, 다양한 이야기를 듣게 되는 점이 신기하기도 하고 뿌듯하기도 했다. 그리고 동네를 떠나본 적이 없는 형석이에게 중학교가 새로운 동선을 제공하면서 새로운 세상에 대해 알아가는 것도 재미있었다. 그러면서 문득, 형석이는 자신이 좋아하는 판타지나 추리 소설 외에 다른 종류의 책도 재미있지 않을까라는 생각이 들었다. 앞으로 자신이 너무 작은 세상에 고립되지 않기 위해서 책도 다양하게 읽고, 다양한 경험들을 해봐야겠다는 생각이 들었다. 그럼 이번 학기 다독상은 형석이?

08

의무 봉사활동에서 배우는 인생의 대박

봉사활동 20시간?

봉사활동 20시간을 채우라고요? 담임선생님의 말씀에 정훈이는 깜짝 놀랐다. 초등학교 때는 이러지 않았는데, 중딩이 되니 봉사활동이 의무사항이란다. 정훈이는 초등학교 때, '독거노인 도시락 나누기' 봉사활동을 한 적이 있었다. 하지만 그건 완전 저학년 때 했던 것이고, 엄마랑 같이 하는 것이었지만, 막상 봉사활동 시간을 채우라고 하니까 너무 막연했다.

중학교에 올라오니 뭐가 이렇게 할 일이 많은지 머릿속이 복잡하다. 이런 내 모습을 본 승혜가 말을 걸어온다. "표정이 왜 이렇게 복잡 미묘하냐? 봉사활동 때문에? 그냥 하면 되지. 3년 동안 20시간이면 1년에 7시간만 하면 되는데 그 정도 봉사는 좀 해줘야 되는 거 아니야?" 정훈이와 같은 초등학교를 나온 승혜는 늘 꼼꼼하고 똑 부러지는 성격이다.

"너 봉사활동 해본 거 뭐 있어?" "아니, 이제 알아봐야지. 근데 언니 오빠들 보니까 동사무소에서 봉투 받아서 쓰레기 채워 오고 그러면 시간 막 불려서 주고 그런다더라. 아파트 관리사무소 같은 곳에서도 찍어 주고. 심지어 엄마, 아빠가 회사에서 찍어오는 경우도 있다는 거야. 근데 난 이왕 할 거면 제대로 하려고. 그리고 20시간이라고 딱 20

시간 채우는 거 너무 정 없지 않냐? 난 할 수 있는 한 많이 해보려고.
같이 할 거지?" "나도? 음……." "호호호, 뭘 고민해? 어차피 해야 하
잖아. 그냥 같이 해. 하기로 한 거다, 잉?"

봉사활동 신청!

똑순이 승혜 말에 틀린 것이 하나도 없었다. 친구들을 보니 봉사활동
을 한 시간도 안 하고도 부모님 통해서 7시간을 척척 받아 왔다. 정훈
이와 승혜는 계속 어떤 봉사활동을 하면 좋을지 알아보고 있는 중이
었다. 그러던 중에 담임선생님께서 '라파엘의 집'이라는 장애인 센터
에서 봉사활동을 하고 싶은 사람을 모집하셨다. 승혜는 기회는 이때
다 싶어서 정훈이 손까지 함께 번쩍 들었다.

이왕 하기로 한 거, 승혜랑 의미 있는 봉사활동을 하면 좋겠다고 생각
은 들었지만, 어째 장애인 시설은 좀 거부감이 느껴졌다. 승혜는 아무
렇지도 않은 듯, 우리가 찾고 있던 봉사활동을 하게 되었다고 좋아한
다. 선생님께서는 돌아오는 토요일 2시까지 '라파엘의 집'에 가면 된
다고 말씀하시며 약도를 한 장 주셨다. 토요일에 늦잠도 못 자고 멀리
가야 할 생각을 하니 정훈이는 슬슬 짜증이 올라왔다. 하지만 승혜는
아무렇지도 않은 듯, "야, 봉사를 하려면 희생이 따르는 거 모르냐?"
정훈이 생각에 승혜는 착한 건지 무작정 씩씩한 건지 모르겠다.

라파엘의 집

어느덧 토요일, 정훈이와 승혜가 봉사활동을 가기로 한 날이 다가 왔
다. 둘은 버스를 타고 한 시간가량 걸려 '라파엘의 집'에 도착했다. 정
훈이와 승혜는 먼저 사무실에 들려 사회복지사 선생님을 만났다. 사
회복지사 선생님께서는 오늘 정훈이와 승혜가 해야 하는 일들을 알

려 주셨다. 생각보다 어려운 일은 아니었다. 같이 놀아 주고, 옷 갈아
입혀 주고, 밥 먹여 주고 하는 일들이 우리가 해야 할 일이었다.

두근거리는 마음으로 장애인들이 있는 곳의 방문을 열었다. 순간 정
훈이와 승혜에게로 쏠린 시선, 생각보다 사람들이 많았다. 그리고 정
훈이와 승혜를 열렬히 환영해 주었다. 장애인들은 초등학생처럼 보
이는 아이부터 나이 많은 아줌마까지 다양한 연령층이었고, 대부분
지체장애를 겪고 있는 사람들이었다. 처음에 정훈이는 좀 놀라서 도
망가고 싶고 무서운 생각이 들었지만, 승혜는 자연스럽게 다가가서
웃으며 한 명, 한 명 인사를 나누었다. 장애인들과 놀 때는 행동들이
크고 과격해서 좀 놀라기는 했지만, 승혜는 시간이 지날수록 능숙하
게 장애인들을 대하였다.

드디어 밥 먹는 시간. 정훈이와 승혜는 혼자서 식사를 하기 어려운 장
애인들 옆에서 밥 먹는 것을 도와주었다. 장애인들의 식사를 돕는 게
결코 쉽지는 않았지만, 그럭저럭 무사히 일과를 끝내고 집에 돌아갈
시간이 되었다.

사무실에서 봉사활동 확인서를 받으러 가는데 복지사 선생님께서
말씀하신다. "오늘 너무 고마웠어요. 처음 와보는데 능숙하게 잘해서
너무 놀랐어요. 수고 많았네요. 선생님도 어린 시절에 동네에 있는 고
아원에서 봉사활동을 했던 것이 계기가 되어서 평생 동안 어려운 사
람들을 돕는 복지사의 길을 택했어요. 그때 같이 봉사활동을 했던 친
구들도 여러 방면에서 일하고 있는데, 봉사활동을 했던 경험들이 사
회생활에 아주 큰 도움이 된다고 하더라고요. 우리 두 학생들도 오늘
의 경험을 소중하게 간직하길 바랄 게요. 여기 봉사활동 5시간 확인
해 줍니다. 우리는 더 주는 거 없어요. 호호호. 하지만 확인서보다 더
값진 것을 얻었을 거라고 생각합니다." "네!" 우리의 대답은 우렁찼

다. 돌아가는 길, 그새 정이 든 친구들이 팔이 빠지도록 손을 흔들어
서 배웅해 준다. 알 수 없는 짠함이 정훈이의 마음속에 새겨졌다.

"어땠어?" 집으로 돌아오는 길, 승혜가 정훈이에게 물었다. "아, 처음
에는 좀 무섭고, 그랬는데 시간이 지날수록 적응이 되더라고. 근데 신
기한 거는 우리는 그 사람들을 장애인이라고 생각하고, 불쌍하게 여
기잖아. 근데 솔직히 그 사람들은 자신들을 그렇게 생각하지 않는 것
같아. 그냥 일반 사람들보다 더 밝은 것 같기도 하고. 우리가 그들을
편견을 가지고 볼 뿐, 그 사람들은 스스로 생각하기에 행복하고 똑같
은 한 인간에 불과한 것 같아. 정훈이의 말에 승혜도 거들었다. "그랬
구나, 완전 심오한데? 나도 오히려 밝은 에너지를 받고 가는 기분이
야. 우리가 봉사 활동 하러 왔는데, 훨씬 많이 배우고 가는 것 같다. 그
치?" 승혜의 이야기에 정훈이도 끄덕거
렸다. 그리고 1년 동안 채워야 하는 7시간
의 봉사 활동을 단 한 번으로 5시간을 채
우게 된 것을 보니, 20시간은 1년 동안 채
우고도 남지 않을까 싶었다. 처음 생각했
던 막연함이 자신감으로 바뀌는 순간이
었다.

Tip

봉사 활동 사이트

1365자원봉사포털 http://www.1365.go.kr/
청소년자원봉사센터 http://www.dovol.net
사회복지 봉사활동 인증관리(http://www.
vms.or.kr/)
서울자원봉사센터 www.volunpia.or.kr
선플달기 운동본부 http://www.sunfull.or.kr/
web/main/main.html
해피빈(http://happybean.naver.com/
volunteer/VolunteerMain.nhn)
아세아 봉사단 http://cafe.naver.com/dktpdk/
세이브더칠드런 http://www.sc.or.kr/
기아체험24시간 http://www.famine24.net/

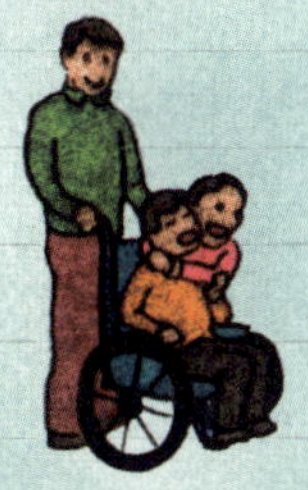

09

공부보다 재미있는
오디션 스터디

뜨아, 얼른 집에 들어가야겠다. 친구들과 신나게 놀던 형석이는 오늘 TV에서 하는 가수 공개 오디션 프로그램을 보려고 서둘러 집으로 향했다. 매주 가장 기다리는 시간. 형석이는 가수가 꿈이 아닌데도, 이 프로그램은 어째 중독성이 있어서 매주 본방을 사수하고 있었다. 가족들도 한 명씩 TV 앞에서 모여서 형석이와 함께 오디션 프로그램 시청을 하고 있었다.

한참 TV를 보시던 엄마가, "형석아, 너도 다음에 저기 한 번 나가 볼래? 형석이는 엄마 닮아서 노래를 좀 하잖아." 농담인지, 진담인지 모를 엄마의 말에 아빠는, "에이, 내 생각에 형석이는 가수는 아니야. 요즘 만날 사진기 가지고 다니면서 취미 생활에 빠졌더구만. 사진 공모전 같은 거나 응모해 봐." 사진 공모전? "아빠 TV 오디션 프로그램 보다가 웬 사진 공모전이에요? 그게 뭐예요?" "형석아, 오디션은 가수가 되기 위해서 보는 것이랑, 배우나 탤런트들이 영화나 드라마에 캐스팅되기 위해서 보는 것을 말하잖아? 그런데 공모전이라는 것도 이것과 다르지 않아. 세상의 많은 분야에서 공개적으로 실력 있는 사람들에게 기회를 주는 것이 있거든. 그게 바로 공모전이라는 거야." 요즘은 연예인이라는 직업이 친구들 사이에서는 되고 싶은 직업의

순위 중 높은 순위를 차지한다. 그래서 가수, 배우, 밴드 등 여러 분야
들을 TV에서 공개 오디션을 보는 것이 대세가 되어 버렸기 때문에
아빠의 말씀은 참 생소하고 신선하게 느껴졌다. 아빠, 좀 더 자세히
말씀해 주세요.

공모전, 그 신기한 기회

"허허, 녀석, 관심이 가는 이야기인가 보네? 자자, 형석이가 관심을
가지니까 아빠가 한번 제대로 이야기 좀 풀어 볼까? 공모전의 세계
는 오디션과 굉장히 닮은 점이 있어. 공모전마다 조금씩의 차이는 있
지만, 나이와 학력 같은 객관적인 배경과 상관없이 지원할 수 있는 것
이 많거든. 관련 분야에 대해 주어진 과제를 수행하는 것으로 평가를
하는 것이 공모전의 장점이야. 입상을 하면, 그 분야에서의 경력으로
인정되고 상금도 받을 수 있고, 더 발전하면 작가가 될 수도 있어. 취
직할 때 가산점이 되기도 하지. 아빠의 옛 추억을 이야기 하자면, 신
문사에서 매년 초에 열리는 '신춘문예' 라는 것이 있었거든. 말하자
면 글짓기 오디션 같은 거지. 소설, 동화, 시, 수필 등 다양한 분야의
글을 모집해서 좋은 작품을 가려냈는데, 거기에 뽑히면 등단 작가라
는 호칭을 얻고, 작가로 활동할 수가 있었어. 아빠도 몇 번 시도는 했
었지만 경쟁이 쟁쟁해서 그냥 꽈당 했지. 요즘은 사회가 더 다양해지
고 풍부해져서 공모전이 정말 많아졌지. 공모전이라는 거 사람을 모
집한다는 의미에서 오디션과 비슷하지?" "아빠, 그럼 작가랑 사진작
가 말고 또 공모전에는 어떤 것이 있나요? 너무 재밌는데요?"

"일단, 그 이야기를 하기 전에 몇 가지 더 이야기해 보자. 얼마 전에 아이유가 대학 진학을 포기했다고 이슈가 되었지? 자신의 분야에 대한 소신과 대학에서 원하는 수학능력 사이에서 고민한 끝에 내린 결정이었다며 '개념 스타'라는 칭찬을 받기도 했잖아. 물론 대학에 가서 꿈을 찾는 경우도 있기 때문에 신중하게 생각을 해야 하겠지만 말야. 오디션을 보는 사람들을 보면, 평소에 얼마나 그 분야에 대해 좋아하고, 노력해 왔는지에 대해 이야기를 해주잖아. 그리고 그것을 직업으로 만들고 싶어서 열심히 준비해서 오디션으로 기회를 얻으려고 하는 것이고. 아빠가 생각하는 공모전의 자격 요건이 하나 있다면, 그것은 그 분야에 대한 열정과 노력일 거야. 그럼 세상에 얼마나 많은 공모전이 있을지 살펴볼까?"

이제, 준비, 땅!

정말, 내가 몰랐던 세계가 많이 있구나. 형석이는 새삼 놀라지 않을 수 없었다. 아빠, 오늘 말씀해 주신 것 진짜 감사해요. 아빠 말씀 들으니까, 막 마음속에 열정이 꿈틀거리는 것 같아요. 저도 제가 참가할 수 있는 사진 공모전이 어떤 것이 있는지 알아보고, 준비해서 응모해 볼게요. 그런 의미에서 카메라 렌즈 업그레이드 좀 어떻게 안 될까요? 흥흥흥!

아빠가 이야기한 공모전의 종류

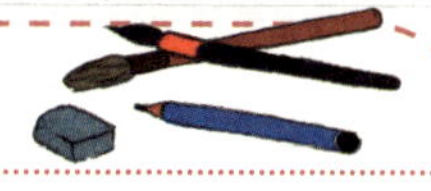

● **가수**
1. 엔터테인먼트 공개 오디션
2. 방송사 공개 오디션
3. 다양한 가요제

● **배우**
1. 영화나 드라마 제작 시 오디션
2. 국립극단 오디션
3. 다양한 극단 오디션
4. 아카데미를 통한 오디션
* 영화, 드라마, 뮤지컬, 연극, 어린이 뮤지컬, 어린이 연극

● **작가**
1. 신문사 신춘문예
2. 출판사 공모전
3. 각종 기업 및 대학교의 공모전
4. 사이버문학 공모전
* 소설, 수필, 시, 평론, 동화, 동시, 이름 표어 공모전 (카피라이터)

● **사진작가**
1. 협회 사진 공모전
2. 기업 사진 공모전
3. 대학교 사진 공모전

● **디자이너(시각, 상품, 광고, 영상, 인테리어, 패션, 귀금속공예 등)**
1. 기업에서 열리는 다양한 주제의 공모전: 아이디어, 티셔츠, 포장지, 퀼트, 신발, 회사 광고 등

● **만화가**
1. 청소년 만화 공모전
2. 협회 만화 공모전
3. 출판사 만화 공모전
4. 기업 만화 공모전
5. 창작 만화 공모전
6. 일러스트 공모전
7. 웹툰 공모전
8. 캐릭터 공모전

● **기획자**
1. 다양한 기업과 국가의 UCC 제작 공모전
2. 다큐멘터리, 영화 공모전
3. 마케팅 공모전
4. 앱 아이디어 공모전

● **발명가**
1. 국가, 연구기관의 발명품 공모전

● **요리사**
1. 지자체, 협회 청소년 요리 대회
2. 기업, 축제 행사 요리 대회
3. 대학교 주최 청소년 요리 대회

10

우리가 크면 어떤 직업들이 대박일까?

직업에 귀천 있다?

"현재 가장 존경하는 직업, 앞으로 되고 싶은 직업, 미래의 유망 직업에 대해 생각하고 조사해서 보고서 A4 용지 두 장에 적어 오도록 하세요." 기술 시간, 또 수행평가다. 다들 얼굴을 찌푸리고 싫어했지만, 주희는 그 순간 딱 떠오르는 직업이 있었다. 생기 있는 주희의 얼굴을 보던 은지가 묻는다. "무슨 생각하냐?" "어, 며칠 전에 생각했던 건데 나는 '호떡 장사'가 존경스러워". "엥? 웬 호떡 장사야? 뚱딴지 같은 소리하고는." "아니 왜, 너도 내가 호떡을 얼마나 좋아하는지 알잖아. 난 호떡 때문에 겨울을 기다린다고. 호떡 장사가 없으면 그 맛있는 호떡 어디서 먹어보냐?" 그때 은지가 하는 말, "너 그럼 커서 '호떡 장사' 하고 싶어?" "어? 내가 호떡 장사를? 뭐 글쎄, 그건 좀 힘들 것 같은데." "봐봐, 넌 '호떡 장사'를 존경한다고는 하면서, 그게 되고 싶지는 않은 거지? 돈 많이 벌고, 있어 보이는 직업을 갖고 싶은 거지?" "어? 그, 그, 그게……."

쉬는 시간에 은지와 실컷 떠들고 있는데, 잠시 교실에 들린 담임선생님께서 대화를 듣고는 한마디를 더하신다. "세상에는 정말 많은 직업이 있지. 하늘이 내려주신 직업에는 귀천이 없다고는 하지만, 요즘 세상엔 알게 모르게 사람들이 더 선호하고, 덜 선호하는 직업들이 있게 마련이지. 아무래도 경제적으로도 힘들고 하니까, 연봉이 높은 직업

을 선호하고, 그렇지 않은 직업은 인기가 별로 없어. 사람들이 직업의
귀천을 만들어 내고 있는 셈이지." 그러고 보니 그렇다. 주희도 '호떡
장사'를 존경한다고 했을 때도, 자신이 좋아하는 먹거리 제공자로써
아쉬워서 그랬을 뿐이지 진심으로 그 직업을 하고 싶다는 동경은 없
었다. 그 말을 들으니 왠지 씁쓸하긴 했지만, 대세의 직업을 갖고 싶
은 것이 주희의 진심이기도 했다.

미래 대박 직업은?

학교가 끝나고 주희는 은지를 데리고 자기 집으로 가 미래의 유망 직
종이 무엇이 있을지 머리를 맞대고 생각해 보기로 했다. "은지야, 어
떤 직업이 미래에 인기가 좋을까?" "음, 글쎄 우리가 생각지도 못한
것이 분명 있겠지. 참, 근데 말야, 난 택배 박스를 보면서 옛날에는 택
배기사가 없었을 텐데라는 생각을 했었거든. 옛날엔 인터넷 쇼핑이
없었잖아. 이런 것처럼 사람들이 많이 이용하는 것에서 힌트를 얻어
야 할 것 같아. 근데 인터넷 쇼핑을 처음 시작한 사람은 그럼 진짜 대
단한 거다, 그치?" 아, 근데 미래에 또 뭐가 인기 있을 줄 아냐고.
둘 다 숙제를 하려니 막연하기만 했다. 간식을 가져 오신 엄마가 둘의
이야기를 듣고 좀 참견을 하셨다. "모르는 것 있으면 인터넷이나 도
서관에 가서 자료를 좀 찾아보지 그래. 그리고 니들 얘기 들으면서 엄
마가 생각한 건데, 미래에는 '베란다정원사'가 유망한 직업이 될 것
같아. 요즘 다들 아파트에 사니까 정원이 없잖아. 그래서 요즘 '베란
다꾸미기'를 많이 하려고 하더라고. 어때? 엄마 아이디어 좋지? 그리
고 또 있어. 각종 분야의 소믈리에인데, 너희들 소믈리에 들어봤지?
와인 골라주는 사람이잖아. 근데 요즘은 채소 소믈리에, 북 소믈리에
등 다양한 곳에 소믈리에라는 신직종이 탄생한 거야. 그래서 그 분야

의 전문가가 소비자들에게 맞는 것을 조언해 주는 거지. 완전 미래 유
망 직종 아니니? 반면에 지금의 인기 직업이 앞으로 별 볼일 없는 직
업이 될 수도 있어. 유망 직종은 그렇게 상상만으로 작성하기보다는
조사가 필요할 거야. 이거 먹고 천천히 생각들 해봐라. 호호호."
엄마가 요즘 부업을 많이 알아보시더니, 정말 많은 정보를 얻으셨나보
다. 엄마가 말씀하신 대로 직업 관련 사이트를 찾아보니, 미래의 유망
직업으로는 여가생활을 풍부하게 보내는 요즘 시대에 맞게 마술사, 공
정여행가, 전문요리 명인 등이 있었다. 주희는 숙제를 다 하더라도 평
소에 미래의 유망 직종에 대해 관심을 가져야겠다는 생각을 했다.

대기업 취직?

다시 기술 시간. 선생님께서는 민재에게 꿈을 물으셨다. "S사 취직이
요." 민재는 앞뒤 없이 S사 취직이 꿈이란다. 알 만한 사람들은 아는
S사는 연봉을 많이 준다고 소문이 나있기에 돈을 많이 벌고 싶은 민
재에게는 망설임이라고는 하나도 없는 'S사 취업'이 꿈이 된 것이다.
그럼 S사는 무엇을 하는 회사일까? 민재는 알고 있는 것이 거의 없었
다. 요즘 대기업들은 다양한 사업들을 한다. 전자, 화학, 외식, 가구,
금융 등 다양한 분야들이 있지만, 그런 분야에 대한 관심은 안중에도
없는 '대기업 취직'의 꿈은 선생님의 마음을 답답하게 했다. "선생님
이 알려준 수많은 직업들은 직업이기에 앞서 다양한 세계에 대한 분
류이기도 해. 그중에서 먼저 좋아하는 분야를 정한다면, 그것이 S사
든, L사든, 좋아하는 일을 하면서 살아갈 수 있지 않을까? 물론 그렇
다 할지라도 힘들고 좌절될 때가 있게 마련일 거야. 그래도 너희들은
아직 중학생이니까 신나게 꿈을 꿀 수 있고, 좋아하는 일이라면 어려
움도 이겨낼 수 있는 힘이 생기지 않을까?! 얘들아, 선생님은 너희들

에게 좋아하는 일에 꽂혀보라고 말해주
고 싶다!"

정말 정신없이 많은 직업들

정말 많고 많은 직종과 관련된 직업들을
보니, 주희가 잘 아는 직업도 있고, 뭐 하
는지 모르는 직업들도 있었다. 선생님께
서 커리어 넷에 들어가면 더 자세한 설
명을 볼 수 있다고 말씀하셨으니, 시간
날 때 한번 들어가서 자세하게 봐야겠
다. 그리고 세상의 직업과 관련한 TV프
로그램을 시청하는 것도 많은 도움이 될
거라고 말씀해 주셨다. 또한 직업을 미
리 체험해 볼 수 있는 프로그램들도 종
종 웹상에서 발견할 수 있으니까, 방학
을 이용해서 그런 활동을 해보라고 권하
셨다. 와! 정말 생각보다 할 수 있는 것이
많다는 생각에 마음이 뿌듯해졌다.

유엔미래보고서 2025에서 제시한 미래 유망 직업

경제 · 경영 분야 1 브레인 퀀트 / 2 최고경험관리
자 / 3 세계 자원 관리자 / 4 금융기술 전문가 / 5 대
안화폐 전문가 / 6 창업투자 전문가 / 7 오피스 프
로듀서 / 8 인재 관리자 / 9 매너 컨설턴트 / 10 개
인 브랜드 매니저 / 11 인도 전문가 의료 · 복지분
야 1 복제 전문가 / 2 기억수술 전문 외과의 / 3 생
체로봇 외과의 / 4 장기 취급 전문가 / 5 두뇌 시뮬
레이션 전문가 / 6 유전자 상담사 / 7 치매 치료사 /
8 임종 설계사 환경 · 에너지 분야 1 탄소 배출 점
검 기록 전문가 / 탄소 배출권 거래중개인 / 3 우주
관리인 / 4 에너지 수확 전문가 / 5 제4세대 핵발
전 전문가 / 6 날씨 조절 관리자 / 7 극초음속 비행
기 기술자 / 8 종 복원 전문가 / 9 환경병 컨설턴트 /
10 미세조류 전문가 / 11 수소연료전지 전문가 IT
· 로봇 분야 1 홀로그래피 전문가 / 2 증강현실 전
문가 / 3 인공지능 전문가 / 4 양자컴퓨터 전문가 /
5 정보보호 전문가 / 6 무인 자동차 엔지니어 / 7
로봇 기술자 / 8 군사로봇 전문가 문화 · 예술 분야
1 특수효과 전문가 / 2 내로캐스터 / 3 나노섬유 의
류 전문가 / 4 캐릭터 MD / 5 미래 예술가 / 6 디지
털 고고학자 생활과 여가 분야 1 아바타 관계 관리
자 / 2 미래 가이드 / 3 결혼 및 동거 강화 전문가 / 4
세계 윤리 관리자 / 5 건강관리 전문가 / 6 배양육
전문가 / 7 식료품 구매 대행 / 8 단순화 컨설턴트
/ 9 우주여행 가이드 / 10 익스트림 스포츠 가이드

✚ 직업 관련 정보 사이트

http://www.careernet.re.kr
http://know.work.go.kr
http://www.krivet.re.kr/
http://ntis.hrd.go.kr/

중딩을 지내면서 기술의 달인을 꿈꾼다면 '마이스터고'에 주목하라

마이스터고는 산업 수요 맞춤형 고등학교로 전문적인 직업 교육을 하기 위해 맞춤형 교육 과정을 운영하는 고등학교다. 이를테면 기술 분야의 달인을 위한 학교라는 것! 중딩을 보내면서 자신의 적성을 고려해 기술직을 꿈꾸는 친구들에게 권해 주고 싶은 학교다. 하지만 직업 교육 위주의 학교이기 때문에 섣불리 짧은 생각으로 선택을 하려 한다면 자칫 힘들 수 있기 때문에, 자신의 적성과 꿈을 철저히 고민해서 신중히 선택하는 것이 중요!

●마이스터고의 특징
❶ 기술전문가에게 기술을 전수받는다.
❷ 마이스터가 된다면 졸업 후에 우수 기업에 취업할 수 있다.
❸ 각 분야의 기술명장으로 성공하도록 경력관리를 지원해 준다.

●마이스터고의 특전
❶ 수업료, 입학금, 학교운영비 면제, 기숙사 제공.
❷ 우수 학생, 저소득층 학생에 장학금 지원.
❸ 해외 직업전문학교 연수 등 해외 진출 지원.
❹ 산업체, 지자체와 협력해 우수 기업 취업 지원.
❺ 취업 후 계약학과, 사내대학, 사이버대학 등을 활용해 근로경험과 연계한 고등교육 기회 제공

✚ 전국의 마이스터고

번호	학교이름	개교년도	지정분야	지역	홈페이지주소
01	미림여자정보과학고등학교		뉴미디어콘텐츠	서울	http://www.e-mirim.hs.kr/
02	서울로봇고등학교	2013년	로봇	서울	http://www.seoulrobot.hs.kr
03	수도전기공업고등학교		에너지	서울	http://sudo.hs.kr
04	부산기계공업고등학교	2010년	기계	부산	http://bmt.hs.kr/
05	부산자동차고등학교		자동차	부산	http://automotive.hs.kr
06	부산해사고등학교		해양	부산	http://www.maritime.hs.kr
07	경북기계공업고등학교		기계 · 메카트로닉스	대구	http://www.gbgigong.hs.kr/
08	인천전자마이스터고등학교		전자 · 통신	인천	http://www.intec.hs.kr/
09	인천해사고등학교		해양	인천	http://www.inm.hs.kr
10	광주자동화설비공업고등학교		자동화설비	광주	http://www.gat.hs.kr/
11	동아마이스터고등학교		전자 · 기계	대전	http://www.dongah.hs.kr
12	울산마이스터고등학교		기계 · 자동화	울산	http://www.ulsanmeister.hs.kr
13	울산컴퓨터과학고등학교		에너지	울산	http://www.ucs.hs.kr
14	수원하이텍고등학교		메카트로닉스	경기	http://www.sht.hs.kr
15	평택기계공업고등학교		자동차 · 기계	경기	http://www.ptmt.hs.kr
16	삼척전자공업고등학교	2013년	발전산업	강원	http://www.set.hs.kr
17	원주의료고등학교		의료기기	강원	http://www.wonjuit.hs.kr
18	진천생명과학고등학교		바이오산업	충북	http://www.jcbt.hs.kr
19	충북반도체고등학교		반도체장비	충북	http://www.cbsemi.hs.kr
20	공주공업고등학교		전자	충남	http://www.gong.hs.kr
21	연무대기계공업고등학교		자동차	충남	http://yeonmutech.hs.kr
22	합덕제철고등학교		철강	충남	http://steel.hs.kr
23	군산기계공업고등학교		조선 · 기계	전북	http://www.kunsan-mh.hs.kr/
24	전북기계공업고등학교	2010년	기계	전북	http://www.cmt.or.kr
25	전남생명과학고등학교	2013년	친환경농축산	전남	http://www.jn-life.hs.kr
26	한국항만물류고등학교		항만물류	전남	http://www.kpl.hs.kr
27	구미전자공업고등학교	2010년	전자	경북	http://www.gnet.hs.kr
28	금오공업고등학교		모바일	경북	http://www.koths.or.kr
29	평해공업고등학교	2013년	원자력발전설비	경북	http://www.pyth.hs.kr
30	포항제철공업고등학교	2013년	철강	경북	http://www.pocheoltech.hs.kr
31	거제공업고등학교		조선	경남	http://geoje-th.hs.kr
32	공군항공과학고등학교		항공	경남	http://atc.airforce.mil.kr:7030/kokyo
33	삼천포공업고등학교		항공 · 조선	경남	http://www.samgong.hs.kr

참고_ http://www.meister.go.kr/